学融とモード論の心理学

人文社会科学における学問融合をめざして

サトウタツヤ

新曜社

はじめに

　本書は，筆者がモード論を活用して行ってきた学融的な活動の記録といえるものである。モード論そのものについて論じた論考，モード論の実践たる日本学術振興会の人文・社会科学振興プロジェクト研究事業に関する論考，法，医療，教育，科学，に関する学融の実践に関する論考，の三部からなる。結果としてそれぞれの原稿にモード論に関する言及がなされており，冗長な感じもしてしまうのだが，それぞれの部を独立したものとして読むには欠かせない部分であるので，その点には目をつぶることにした。

　モード論とは，科学社会学において研究と社会との関係を考えるためのメタ理論の一つである。モード論では，研究を基礎と応用に二分するのではなく，学範(ディシプリン)の関心に駆動されるモード（モードⅠ）と社会関心に駆動されるモード（モードⅡ），という二つのモードの違いであると考える。そもそも研究という言葉に代えて知識生産という語を用いることを好む。

　論文や本を読んで研究テーマを設定して知識生産を行うのがモードⅠ，現実に存在する問題を取り上げて問題解決という知識生産を行うのがモードⅡということになる。そして，モードⅡ的な知識生産を可能にするためには異なる学範(ディシプリン)の協働作業たる学融が必要となる。ここで学融とは，Trans-disciplinarity の訳である。つまり，Trans を「融合」の意味に訳そうとしているのである。現在日本では TPP が問題になっているが，この T は Trans の頭文字である。Trans を「超える／越える」という意味で訳す場合もあるが，環太平洋融合交易圏とでも訳せば，その実情がよくわかるのではないか。Discipline を学範と訳すことも含め，海外の概念を日本語に置き換えることは，西 周(にしあまね) 以来の日本の人文・社会学者の役割の一つと考える。TPP について賛否を語ろう！というより環太平洋融合交易圏の賛否を考えよう！の方が多くの人が自分の言葉で語れる言葉（庶民語）であることは疑いない。

　話を学融について考えることに戻ろう。良く問われる問いとして，「学際

i

的研究とどう違うのか？」というものがある。学際は「際」が示すとおり，学範の際(きわ)で行われるものである。一方，学融は「融」が示すとおり，学範の融合である。前者は問題の共有があれば足り，後者は解決の共有が目指される。たとえば，家族心理学と家族社会学の学際研究は，お互いの学範が，何らかの事情で家族について研究しようと決め，それぞれの立場から研究をすれば足りる。ところが，学融研究は実際に解決すべき問題がある時にのみ立ち上がり，その解決こそが目指される。

今日で言えば，引きこもりや自殺について，その解決を目指すのであれば学融的知識生産が必要なはずである。従来型の学際研究ではなく，学融的知識生産が求められているのである。

筆者がモード論について初めて知ったのは，『通史日本の心理学』（佐藤・溝口，1997，北大路書房）を準備・執筆中のことで，立正大学社会福祉学部溝口元先生からの情報であった。とにかくワクワクするような理論を教えてもらったという気持ちであった。本来のモード論は科学社会学の範疇(はんちゅう)にあり，資金配分などについても議論の範囲に含めるものであったが，筆者にとっては，「モード」という概念が，性格概念にとってかわるものであると感じられ，また科学社会学ならぬ科学心理学を構築するのに有用だと感じられたのである。現在，モード論の使われ方については批判も存在するが，筆者の「科学心理学」的なモード論にはそうした批判はあたらないのではないかと愚考する次第である。

モード論について本格的に論じたのは，福島大学行政社会学部に所属していたときであるが，東京都立大学故加藤義明(のりあき)先生の追悼論文集であった。思えば筆者は恩師・詫摩武俊先生のもとで心理学を学んだのだが，興味が拡散しがちな不肖の弟子を温かく見守ってくれた学恩に常に感謝している。筆者はその後福島大学行政社会学部に勤務することになり，法と心理学の研究・教育を始めることになった。その時のパートナーは菅原郁夫先生（2012年4月から早稲田大学）であり，法学とのコラボレーションは決して一筋縄ではなく，苦しさもあったが，その時の導きの糸こそがモード論であった。筆者はさらに，その後立命館大学に異動したが，指宿信先生（現成城大学教授）ほか多くの法学者の方と法と心理について考え，語ることができた。また，

自白研究の第一人者である浜田寿美男先生（現立命館大学特別招聘教授・奈良女子大学名誉教授）の研究会に参加する機会も得た。こうした環境のもとで法と心理を専攻する学生も増えてきている。そして，さらに重要なことであるが日本学術振興会の人文・社会科学振興プロジェクト研究事業に参加することができた。公募のプレゼンにおいてはモード論を前面に押し出し，また5年間の活動期間中もモード論に基づく学融的活動のあり方を追究してきたつもりである。このプロジェクトのリーダーである東京大学城山英明先生ほか多くの人文・社会科学の有為な方たちと知己を得ることができ，育ててもらった。また，顧問格の東京大学名誉教授石井紫郎先生が「学融合は核融合より難しい」と常々語っておられたことも感慨深く思い出す。

　現在，筆者は文化心理学を中心にしながら，「法と心理学」ならびに「厚生心理学」を展開している。また，「経済心理学」や「政策の心理学」にも歩みを進めようとしている。ややもすると拡散しがちな活動がなんとかまとまっているのは，モード論という核心があるからである。また，複線径路等至性モデルという方法論を確立することができたからである。そして言うまでもなく，福島大学や立命館大学において筆者のもとに集まってくれている学生・院生・研究員・同僚の助けがあるからである。直接お名前を出すことはできないが，オープンシステム（開放系）としてのサトウタツヤの周りで協働してくれているすべての方に感謝を捧げ本書を捧げたい。また，すでに述べた日本学術振興会の人文・社会科学振興プロジェクト研究事業のほか，科学研究費補助金をはじめとする多くの研究資金の恩恵に浴することができたことも本書の元となった諸研究を支えてくれた。記して感謝したい。

2012年3月
サトウタツヤ

目　次

はじめに　i

第一部　モード論と心理学の関係　　　1〜76

1章　モード論からみた心理学 ── 進展する「心理学と社会の関係」── 3
　1　モード論とは何か　3
　2　コラボレーションの実際 ── 目撃証言の信憑性をめぐって　8
　3　新しい知識生産様式としてのモードⅡ　13
　4　モードⅡを発信する媒体（メディア）　17
　5　今後の課題　20

2章　モードⅡ・現場（フィールド）心理学・質的研究 ── 心理学にとっての起爆力── 25
　1　評価の問題　26
　2　モードⅡとは何か ── 社会に開かれた知識生産　29
　3　現場（フィールド）心理学のあり方をめぐって　36
　4　質的研究　42
　5　モードⅡ・現場（フィールド）心理学・質的研究への批判と議論　58
　6　再び評価の問題　61

3章　モード論 ── その意義と対人援助科学領域への拡張 ── 65
　1　心理学者の体験談 ── 異文化としての法　65
　2　モード論という補助線　70
　3　おわりに ── 対人援助科学におけるモードⅡをめざして　75

第二部　モード論とボトムアップ人間関係論　　　77〜125

4章　ボトムアップ人間関係論の構築 ── 79
　1　心理学からボトムアップ人間関係論へ　80
　2　学融をめざして　85
　3　学融のアリーナとしての人社プロジェクト　87

4　オルタナティブオプションズの研究　91
　　　5　学融プロジェクトの評価・歴史・理論　94

5 章　クリニカル・ガバナンスと切り結ぶボトムアップ人間関係論の構築という視点 ―――――― 99
　　　1　水平的人間関係の構築　100
　　　2　裁判員制度は法曹関係者に対人援助職的マインドを求める　104
　　　3　おわりに ―― 水平的人間関係を構築するために　107

6 章　融合に立ち向かう心理学 ―― 学融, セク融, 国融と心理学 ―――――― 109
　　　1　融合とモード論　109
　　　2　学融・国融に向けた取り組み　111
　　　3　心理学が提供できる理論化の方法
　　　　　―― ボトムアップ思考からアブダクションへ　116
　　　4　評価を未来に開く　117

7 章　水平的社会の構築
　　　―― オルタナティブオプションズによるボトムアップ人間関係論の構築 ―――― 119
　　　1　人社プロジェクトの中のボトムアップ人間関係論の構築　120
　　　2　ボトムアップ人間関係論の構築へ向けての提言　122
　　　3　今後の課題　124

第三部　学融をめざすモード論の実践　　　127〜283

8 章　法と心理学という学融の実践 ―――――― 129

Ⅰ　取調べ可視化論の心理学的検討

　　　1　取調べ可視化のための試行　129
　　　2　録音・録画と人間関係構築論の関係　135
　　　3　録音録画と心理的バイアス　140
　　　4　全過程録音・録画を心理学的に考えるための補足　144

Ⅱ　司法臨床の可能性 ―― もう一つの法と心理学の接点を求めて

　　　1　司法臨床の概念と方法　150
　　　2　さまざまな現場からみた司法臨床のあり方　154

3 司法臨床において問題解決を支える諸理論　159
4 司法臨床の可能性　163

9章　厚生心理学 ── 医療（特に難病患者の心理）と心理学という学融の実践 ── 171

I　QOL再考 ── 死より悪いQOL値を補助線として

1 QOL（Quality of Life）の何が問題か　171
2 健康に関連するQOLとその内容　173
3 一人称的QOL（individual QOL）＝ iQOLの可能性　191
4 おわりに──数式で数値を算出して質を表現すること　197

II　時・文化・厚生

1 時を扱う方法としてのTEM　200
2 TEMは文化をどのように考えるのか　203
3 医療ではなく厚生（心理学）のためのTEM　208
4 TEMがめざすもの　213

10章　教育と心理学という学融の実践 ── 217

I　モードⅡ型学習としてのサービスラーニング
── 対人援助学との融合をめざして

1 サービスラーニングとは何か　217
2 サービスラーニングを支える新しい考え方　221
3 サービスラーニングにおけるサービスとラーニングの関係　227
4 対人援助とサービスラーニング　237

II　水平的人間関係を築きながら問題解決に迫る仕掛けとしての
ゲーミングシミュレーション ── SNGの意義とその展開

1 コミュニケーションとしてのゲーミングと未来の言語としてのゲーミング　241
2 「説得納得ゲーム」の特徴　244
3 「説得納得ゲーム」の転用可能性とその問題点　248
4 結語──説得の理解から納得の理解へ　255

11章　科学と心理学という学融の実践 ── 263

1 リスクとリスクコミュニケーション　263

2	食品をめぐる科学的判断　267
3	科学的根拠がないとされる情報としての地震予言　276
4	東日本大震災のあとで ── ボトムアップ人間関係論からの社会提言　280

あとがき　285
文　　献　287
人名索引　299
事項索引　301
初出一覧　305

装幀＝虎尾　隆

第一部
モード論と心理学の関係

1章
モード論からみた心理学
—— 進展する「心理学と社会の関係」[1]

　モード論とは，個々の学問に個別のディシプリン（学問体系内の規範＝以下「学範」と訳す[2]）を超えて，知的な生産活動全体を規定するモードが存在していると考える科学社会学的な考え方である（小林, 1996）。ここでモードとは「様式」のことであり，「知識生産」の様式のことである。

　本章では，心理学を含むさまざまな研究活動のあり方について，「モード論」を援用しつつ考察を行う。

1　モード論とは何か

1-1　モードⅠとモードⅡ

　モード論では様式を2つ措定する。モードⅠとモードⅡである。本書でも頻出する用語なので，小林（1996）を参考に素描しておこう。1997年に発行されたギボンズ編著／小林他訳『現代社会と知の創造』に付いている用語解説も参考になる（原著は，Gibbons et al., 1994）。

　【モードⅠ】
　　研究の価値がその学問体系への貢献によって決定されるようなモード。研究評価は研究者内部のピア・レビュー（同業者評価）によって行われ，研究成果は学術雑誌などの制度化したメディアに掲載されるものが重要であると見なされる。学範（ディシプリン）が明確な知識生産の様式であり，研究テーマの設定から専門職への就職までが学範（ディシプリン）によって規定される。学問分野が一つのコミュニティ（共同体）をなしているものである。

【モードⅡ】
　社会に開放された知識生産のモード。取り組むべき研究テーマは現実の社会に起きた解決すべき課題として現れる。課題の設定ならびに解決は特定の学範(ディシプリン)ではなく，社会の要請によって規定される。そのため，複数の学問領域にまたがる多彩な人びとのコラボレーション（協働作業）が行われやすい。研究者同士だけではなく，研究者と実務家や行政官とのコラボレーションもありうる。なお，課題が現実社会の要請に基づくことは直接的に経済的利益を生むことを意味しているわけではない（環境問題などがそれにあたる）。

　誤解をおそれずに単純化するならば，モードⅠは学問内部の学範(ディシプリン)に強く規定される「象牙の塔」的な知識生産の様式であり，モードⅡは課題解決そのものに規定される「社会との協同作業」的な知識生産の様式である。
　ここで注意が必要なのは，モードⅡが単なる「応用」を意味しないことである。応用という語が意味するのは，ある学問の基礎的研究を現実場面における問題に適用することであったり，あるいは，経済的利益を目標にするような研究であったりした。つまり，あくまで一つの学問領域の中で「基礎－応用」という二項の対比がなされていたと捉えることができるのである。
　モードⅡはそのような「応用」ではない。
　また，「知識生産」ということにも注意を払う必要がある。従来的な「基礎－応用」の考え方だと，ややもすると「基礎」は研究であっても「応用」は研究と呼ぶにふさわしいとは思われないようなところがあった。モード論においては知識生産という語を使うことでそのような考え方を廃している。モードⅠ的な知識生産とモードⅡ的な知識生産があるということであり，これらの知識生産はモードが異なるだけで序列関係にあるとは考えないのである。以下本稿でも，研究という語を使う場合もあるが，知識生産という語に含まれる様式であると理解されたい。

1-2　応用ではなくモードⅡ

　モードⅡは，社会的に解決が必要な問題について，社会の側，現場の側から要請があること，その要請に対して１つあるいは複数の学問領域が協働作

業(コラボレーション)を行うこと,に力点がおかれる。また,学問領域のみでなく実務家や市民の参加も視野に入れている。さまざまな形態の「知」が集まって,個々の学範(ディシプリン)に依拠しない,独自の理論構造,研究方法,研究スタイルを生み出す。問題の解決にあたっては,普遍的な解決をめざすよりも,とりあえず現実に直面する課題が解決されればよいという立場をとるため,生み出された成果が個々の参加者の出身学範(ディシプリン)に貢献するとは限らない(結果として貢献が行われることがあったとしても,すべての参加者の学範(ディシプリン)に貢献できるわけでもないし,あくまでも結果的なものである)。存在するのは問題のフィールドであって,新しい学範(ディシプリン)が生成されるわけでもない(ギボンズ/小林訳,1997)。

　ギボンズ(小林訳,1997)は,モードⅡ的な研究の例として,環境研究をあげている。環境研究は,それまでの個別学問領域の研究活動の上に現れたというよりは,社会的な要請によって現れたものである。また,環境研究それ自体が直接的な経済利益に結びつくことはない[3]。具体的な問題として「オゾン層破壊問題」について考えてみると,オゾン破壊という科学プロセス自体は独創的な最先端テーマとはなりえない。かといって地球規模で進行するオゾン層破壊を食い止めるには,その化学的プロセスがわかっただけではほとんど無力であり,多く人のコラボレーション(研究者や行政関係者の協力体制)が必要となっている。

1-3　学融的(トランスディシプリナリー)[4]な知識生産の諸側面

　モードⅡの特徴である学融的(トランスディシプリナリー)な知識生産とはどのようなことであろうか。ギボンズ(小林訳,1997, p.26)は,学融性の4側面を以下のように指摘している。

1. 問題解決の枠組みを発展させる。
2. 解は経験的要素と理論的要素の両方を含み,それは知識への貢献である。
3. 成果は(制度的な伝達経路ではなく),参加者が参加している最中に伝え

られる。
  4. ダイナミックで流動的な過程である。

つまり,

  1. 学融的（トランスディシプリナリー）な知識は特定の要請から生まれたものであるが，独自の理論構造，研究方法，実践様式を発展させる。
  2. 解を得るためには既存の知識を利用しているとはいえ，その結果生み出されるものは独創的なものである。そして，解を得るために構築された枠組みは，元来は個別の問題解決のための枠組みであっても，課題を共有する他のグループが出現した場合には土台となり，さらなる展開を容易にする。
  3. 特定の問題の解を得たグループが，同種の（あるいは近い）課題に取り組み，新しいコラボレーションを始めるときに，成果の普及が起きる。また，新しいコラボレーションに際してはそれまでのネットワーク資源が活かされることが多く，そのことがまた，新しい成果を可能にしていく。
  4. ただし，どのような新しい問題が社会の側から要請されるのか，あるいはどのような問題に取り組んでいくのかということの予想はその流動性ゆえに難しい。

さて，異なる学問間の協力という面でいうと，学際的研究という用語がある。また，現場の実践者と研究者との交流という面でいうと，コンサルテーションとか指導・助言という用語がある。これらの語の意味することと，ここで説明してきたモードⅡあるいは学融性とはどう異なるのだろうか。

学際的（inter disciplinary）な研究は，ある課題に関して複数の学問分野が研究を行うことであるが，個々の課題はあくまで学範（ディシプリン）内の興味であることが多い。また，学際的研究の場合には1つの課題の異なる側面を複数の学問分野がそれぞれ担当するのであり，課題そのものについて共同で作業・検討することは少ないし，ある分野の成果に対して他の分野が異議をさしはさむ

ことでよりよい成果をめざすようなことはほとんどないと言ってよいであろう。学際的研究では，問題は共有されているが，その後の作業や解は共有されなくてもよいのである。その一方，学融的（トランスディシプリナリー）研究の場合は，問題の共有とともに，何よりも解の共有こそが重視される。コンサルテーションは，現場で実践をしている人が，その活動について専門家の助言や指導を受けるという意味合いが強い。現場で解決困難な問題について，一歩引いた立場からの助言は有用であることが多いものの，そこでは情報の「交換」というよりは「指導」が行われていることが多く，対等の立場で新しい知識生産が行われているとは言いがたい。それに対して，学融的（トランスディシプリナリー）な交流では，実践者と研究者は対等であり，問題解決の妥当性についても厳しい相互チェックが行われることになる。

1-4　モード論成立の前提あるいは心理学に適用することの意義

　モード論は，科学技術分野における研究様式の展開をその主な対象としており，心理学的研究を対象にした議論として始まったわけではない。モード論の背景には欧米における科学技術研究費の頭打ちという切実な事情（研究費が一定の場合にどのような研究に研究費を振り分けるか＝どのような研究が研究費を獲得できるか）もあり，このことは日本における近年の科学技術関連費の伸びを考えれば当てはまりにくい。
　ギボンズたちの書（1994／1997）は人文科学・社会科学についても分析してはいるものの，その分析は雑駁であり，心理学がその分析の対象になっていることもない。したがって，モード論を心理学に無批判に適用することへの留保は必要である。だが逆に考えれば，モード論の視角から心理学的な研究のあり方，知識生産のあり方を検討することが，モード論自体の有効性を検討する議論にもつながるわけである。
　ここで，なぜ私がモード論に興味をもち，それを論じようとしているのかを述べておけば，これまでに自分が心理学に対して感じていた違和感や「心理学論」と称して論じた事項（佐藤・尾見，1996; 佐藤，1997など）やさまざまな活動が，モード論という補助線を引くことによって非常に見通しよく理解

でき，かつ未来への展望につながるように思えたからである。

このことを実感したきっかけは『通史　日本の心理学』(佐藤・溝口, 1997) 執筆の過程においてモード論を知ったことである。この書は，日本の心理学について2つのモードの絡み合いという視点からの叙述こそ十分ではなかったが，とにかく，心理学史を対象にモード論を意識した初めての書であろう。

以下では，心理学に関するモードⅡ的研究として「目撃証言」研究を取り上げる。すでに述べたように，モードⅡは単なる「応用」以上のことを含意する概念であり，本稿の展開にあたっては，その中心点を「現場発想的な問題解決」および「コラボレーション」にあてたいと思う。

2　コラボレーションの実際 ── 目撃証言の信憑性をめぐって

2-1　法律学と心理学のコラボレーション[5]

ここで「目撃証言の信憑性」を取り上げるのは，この問題が現実的な問題から立ち上がっていることと，法律学と心理学のコラボレーションとして機能していること，さらに筆者自身が現在このような領域に取り組んでいるからである（菅原・佐藤, 1996 参照）。法律学というモードⅠ的学範(ディシプリン)出身者と心理学というモードⅠ的学範(ディシプリン)出身者とが，目撃証言の信憑性に関する課題に取り組んでいる例であり，このことこそ，知識生産に関するモードⅡなのだ。

目撃証言に関する法律学と心理学のコラボレーションの歴史は大正時代にさかのぼることができる（佐藤, 1996）が，ここではその詳細は割愛し，1997年現在の流れを簡単に紹介してみると，『現代のエスプリ』で「目撃者の証言」が特集され（1996），『季刊 刑事弁護』で「目撃証言の心理学」が特集される（1997）など，目撃証言を中心にした法心理学関連の話題が注目されていることがわかる。さらに，専門学術誌である『認知科学』で「目撃証言と記憶研究」が特集され（1996），『ジャパニーズ・サイコロジカル・リサーチ（Japanese Psychological Research）』でも「目撃証言〈Eyewitness Testimony〉」

が特集されている (1996)。

このようなコラボレーションの兆候は，犯罪における精神鑑定とはやや異なったものであり（実際，精神鑑定は精神科医が行い，心理学者はほとんど関与しない），「甲山（かぶとやま）事件」公判ならびに「自民党本部放火事件」公判という実際の裁判において心理学者が協力を要請されたこと（ならびに長期にわたって協力をしてきたこと）によるところが大きい[6]。いずれの２件とも目撃証言の信憑（びょう）性が問題とされた例であり，前者については心理学者自身による関与のきっかけが（浜田, 1997a），後者においては刑事弁護人自身による心理学者への依頼の経験などが発表されている（一瀬, 1997）ので参照されたい。

さて，裁判とは，争われている事案について，当事者（および代理人）がそれぞれの立場から証拠を提示し，それらの証拠に基づいて裁判官（および裁判員）が事実を認定し，その結果判決が下されるというプロセスをとる。

民事事件の例をあげれば，ある人Ｘが「Ｙに100万円貸したのに返さないので返してほしい」という訴えを起こせば，その事実があったのかなかったのか，あったとしたらＹが返却するべきなのか，などを証拠に基づいて裁くことになる。刑事事件の例をあげれば，殺人事件が起きた際に，現場の証拠，聞き込みなどから警察が容疑者を突き止めるのであるが，その容疑者が実際の犯人であるかどうかを決定するのは，証拠に基づく事実認定を行う裁判プロセスである。

目撃証言は刑事事件で問題となることが多いので，刑事事件の例を続ける。たとえば，殺人事件において，「現場に凶器があり，凶器には指紋がついていて，その指紋の持ち主が現場から離れた土地で自首し，その自白に基づいて捜査したところ，遺棄された死体が発見された」，などという事件では，おそらく容疑者＝犯人であり，有罪判決が下り量刑が定まり，その人は刑に服することになる。刑事事件全体の事件数からすると，本人も罪状を認めているこのような事件の方が圧倒的に多い。だが，少なからぬ事件においては，現場に物証が無い場合がある。そのような場合，地道な捜査等によって目撃証言が得られ，容疑者が割りだされて起訴されることがある[7]。

ここで目撃証言の信憑性という問題が立ち現れてくるのである。解決が期待されている問題は，現場的に言うと「目撃証言という証拠[8]」のみで当

該等事件を行った犯人であると認定されてよいのか？　ひいては有罪判決を受けることがあっていいのか？　目撃証言はそんなに正確なのか？　という問題である。

　刑事弁護を請け負う側から言うと，冤罪を救うというストーリーになる。一方で捜査を担当する側からすると，正確な目撃証言を得ることは犯人追及並びに公判維持にとって重要であるし，目撃証言を手がかりにして真犯人に到達できないとも言い切れない。本来，2つのストーリーは一致するはずである[9]が，限られた証拠しかない裁判の場では，なかなかそうはなりにくい。そして，そうなっていないことこそが「目撃証言の信憑性」という課題が成立する背景でもある。

　目撃証言の研究のコラボレーションにおいて登場するのは，刑事弁護や捜査の実務家であり，その教育を担当している法律学者や心理学者，さらに公判に協力を要請された法律学者や心理学者ということになる。

　目撃証言という課題がそれぞれの学問においてどのような領域に位置づく（と了解される）のかを簡潔に述べれば，心理学においては「記憶心理学[10]」であり，法律学においては「事実認定論」である。コラボレーションの成果は，「課題にとって何が重要なのか」という合意によって吟味される。多くの場合その合意は，それぞれの学問領域においてそれなりの妥当性を求められることになる。しかし，それぞれの出身学範（この場合は法律学と心理学）において価値を認められても，実際の裁判で意義を認められなければそのような成果はあまり意味をもたない。もたらされた解（解決）は，それぞれの学問領域が妥当だとされる合意のみに規定されるのではなく，使われる現場（ここでは裁判）で妥当だとされねばならないのである。

　このような事情であるから，目撃証言に関する研究成果があがっても，それが現実の場面に反映されないということはありうる。単なる誤解から用いられないとしても，「使われない」という現実の方が遙かに大きな意味をもつことになる。

　もちろん，お互いが相手に対して反論や再反論をすることは可能であるから，研究会のレベルや論文のレベルでそのような絶えざる努力を続けることは大切である。比較的中立的なものとして，菅原（1997）が，心理学と法律

学の両者についてその課題をリストアップしているので参照されたい。

2-2 モードⅡにまつわる制度的な問題点

モードⅡ的な知識生産様式では，研究者予備軍である学生（院生）が（モードⅠ的な）研究者として育ちにくい。このことは，モードⅠが大学を拠点とした制度化されたシステムで学範(ディシプリン)に基づいた知識生産をするために，その内部で研究者を育てることができるのとは対照的である。そして，モードⅡが学融性（トランスディシプリナリティ）な特徴をもち，流動的で社会的に分散していることの結果でもある。

このことを法と心理学に即して指摘するために，まず，目撃証言の研究が盛んなアメリカの様子を素描してみよう。邦訳もされている『目撃証言』（ロフタス，1987）の著者エリザベス・ロフタスは研究者としても著名である。また，認知研究の大家であるナイサーが，それまでの実験室的な記憶研究を批判し，日常生活における記憶研究が大切であるという指摘を行ったこともある（ナイサー，1988）。しかしこういった研究が研究者の関心・指向によるのであればそれは心理学の内部の問題であり，つまりはモードⅠ的なものである。現場からの要請はどんなものであろうか？

アメリカの刑事裁判においては，まず事件直後から被疑者には弁護士が立ち会うことになっている（ミランダ・ルールと呼ばれる）。その結果，被疑者は自分に不利な自白を行うことがきわめて少なくなった[11]。そしてそういった事情から捜査側は自白以外の証拠として目撃証言に頼ることを余儀なくされている面があるのである。

アメリカで法心理学への関心が高いもう一つの事情は，陪審制の採用である。一般人の中から選ばれた人たちが判断をする制度では，陪審の説得ということがきわめて重要である。そしてこのような目的のための心理学が発達した側面がある。

こういった事情から，アメリカでは法と心理学に関する研究一般が精力的に進められており，専門雑誌もいくつか発刊されている。そしてその中の課題の一つとして，目撃証言の研究が行われているのである。

だが，このような成果を学び，さらには日本に適用しようとする人たちは二重の困難にさらされることになる。一つは言語の問題である。研究者やそのタマゴたちが英語くらいできて当たり前という声も無いわけではないが，実務家や，初学者にとっては言語学習と他分野の専門学習の両立は難しい。しかもこのようにして読解した文献の内容が，アメリカ法制度と直接関連しているのであるから，制度の異なる日本にそのまま適用できるとは限らないのである。

　モードⅠ的な学問の目的の一つは普遍的真理への到達であるから，アメリカで行われた研究を日本で追試することもたしかに意義はある。しかし，そのような追試研究は，日本におけるモードⅡとしての法心理学にとって意義がないことすらある。陪審ではなく裁判官が自由に心証を形成して事実を認定するシステムにおいては，そのシステムを無視した研究はあまり役に立たないわけである（日本においても，2009年から裁判員制度が開始されたため，事情は少し異なりつつある）。

　海外の知見を日本で役立てるためには，日本の刑事裁判システムや判例に関する文献を渉猟する必要が出てくる。しかしこの「判例」が，他分野の人間にとっては外国語を読むような難解なものなのである。

　このような事情であるから，モードⅠ的な関心から目撃証言に取り組む際には非常な困難が現れる。ただし，「このような研究はあくまでモードⅡであり，この課題が終わればまた異なる社会問題でも扱うさ」というように割り切った態度をとる場合にはこの限りではない。

　一方，すでに紹介したように，『認知科学』や『ジャパニーズ・サイコロジカル・リサーチ (*Japanese Psychological Research*)』においても「目撃証言（Eyewitness Testimony）」が特集されている。このようなことは，成果を学術誌に掲載するという意味では，モードⅡ的な活動がモードⅠの中で認められることであり，非常に望ましいことである。だが，その成果が母語以外で発表された場合には，それは誰に向けて発信されたのか（バフチンの語で言えば宛先），その読者にとって有意義な内容なのか，という問いを受けることになるだろう[12]。

3 新しい知識生産様式としてのモードⅡ

3-1 現実問題は「基礎」発展を待ってくれない

　　心理学では裁判に関する研究は「応用」だと見なされることが多いが，研究者のなかには「応用」は純粋な科学よりも一段下だと考えている人がいるらしい。

　この文は，ある日本人心理学者がアメリカの目撃証言研究の第一人者のロフタスやその他の人びとと話していて感じたことであるという。そしてロフタスは，その日本人心理学者に対して，「科学的方法を捨てたのか」と言われないように，研究が「応用」だけにならないように ── 少なくともそう見えないように ── というアドバイスをしてくれたという（仲, 1997）。

　冒頭の文のようなことは日本の心理学界でもおそらく感じられることだろう。しかし，目撃証言のように現実に起きている社会的な問題を解決するということは，心理学の「基礎」を単に「応用」することではない。社会と接点をもつような研究が「応用」だという認識こそが改められなければならない。モード論はそのように主張する。すでに述べたようにモードⅡは応用ではないのだ。

　刑事裁判に 20 年以上も関わっている浜田（1997b）は，心理学が刑事裁判の問題に関わるだけ十分には成熟していないとしたうえで，では心理学の進歩を待ってから適用を考えるべきかと問いを立てている。彼の自問自答の答えは「否」である。筆者も賛成する。

　そもそも，「心理学の進歩を待ってから」などというのは単なるレトリックあるいは詭弁なのであり，モードⅠにはモードⅠの規範があり，それが自己完結的に進歩するのをまってモードⅡ的な知識生産を行うべきだということにはならないのは明らかである。

浜田の自問自答は決して架空のものではない。現実的な問題である。私が見聞きした社会心理学という「社会」を冠した学問であっても、そこには社会との接点をなるべく無くそうとする人たちがいるのである。そして，基礎－応用という二項対立が必ず出てくる。

　しかしそうではない。モードⅠとモードⅡという異なる知識生産の様式があるにすぎない。「基礎－応用」という言い方を許容している限りは，基礎重視主義者の論点に絡め取られてしまう。「基礎」「応用」という名称自体に，すでに序列が現れているのであり，したがって基礎がないのに現実問題を扱うのはダメだと言われれば，従わざるをえなくなってしまう。

　繰り返すが，モードⅡという社会問題に開かれた様式をとることは，モードⅠとは基本的に独立なのである。そこには交点はあっても序列はない。ましてや時間的な優先順位もなく，どちらかを先にやらなければいけないということもない。モードⅠ的知識生産をする人とモードⅡ的知識生産をする人がいて，その成果の発表をするだけなのである[13]。モードⅠの研究が，現実の社会で問題となっている課題に解を提供できないことを恥じることはできても，モードⅡ的研究を止めることはできないのである。そうではなく，モードⅡ的研究を可能にするにはモードⅠの立場からどのようなことが言えるのか，ということこそが問われるべきだろう。モードⅠによるモードⅡの後方支援こそが望まれており，それこそが真に生産的な態度ではないだろうか。

　かつて，ある心理学者が「日本の心理学は応用が先で基礎が後であった」と述べたことがある（大村, 1990）。これも言い得て妙であるが，理解するのが難しい。日本の心理学においてはモードⅡ的知識生産から始まり，それがモードⅠ的知識生産を活性化し，その知見がまた新たなモードⅡ的知識生産につながっていった，と表現すれば解釈が自然になるのではないかと思う。基礎－応用などという二分法は，先に現れたロフタスの言葉のように，どうしても序列的に語られてしまうことになりがちである。特に時間的順序として基礎をやってから応用へなどと言われがちであるが，そのようなことはないのである（次項参照）。

3-2 モードのパラドックス

　社会から要請される課題を解決しようとすると，問題に適切な形で知識や技術を配置する必要があるし，研究を実施する際にはこれまでの知識や技術では間に合わないことが多い。これはまさにモードⅡの特徴である。そして，ここではモードⅠを否定しているわけではない。むしろ逆であるとさえ言える。

　モードⅡ的研究を行うには，自分が訓練を受けたモードⅠによって生産された知識に通じているということが実は大事なことなのである。まず，ある問題を解決するために新しい研究をせずとも利用可能な知見があるかもしれない。解決を迫られている課題は多様であるから，利用できる知識を参照でき，適切な形態で配置すること（コンフィギュレーション）は，その後の研究の効率を著しくアップさせる。

　もちろん，現実問題は決して単純な形の研究のみで解決できるわけではない。そのときには，自分が得意な方法にのみ固執することは許されない。それ以上の方法を求められることもある。ここでも目撃証言の例をあげれば，あるグループは実験室実験心理学者の集まりであったが，心理学的鑑定のためにフィールドワーク的シミュレーションを行うことになった。また，他の心理学者は，相関調査やフィールドワークしか行っていなかったが，この問題に関わるようになっていくつもの実験的研究を行うことになった。モードⅡにおいては，研究技法に固執する必要がない。問題を解決することに固執しなければならないのである。

　このようにしてモードⅡに利用された知見や新しく行われた研究は，モードⅠにも返っていく。

　まず，解決方法として提示されたものは，何よりもその問題に即した妥当性がなければならない。その一方，社会問題はさまざまな利害の絡む場であるから，利害の対立する両者を説得する必要がある。そのためには，「明確な論理，厳密な方法で行われた精度，再現性の高い厳密な知見」，が求められるのである。

次に，モードⅡ的知見をまとめて理論を作ったり新しい研究を導くという作業は，まさにモードⅠ的なものとして残されていく。たとえば，教育に関するモードⅡ的知見研究があり，「教師がある理論を取り入れたことで子どもたちが主体的になった」というような知見が得られたとき，モードⅡ的観点からすれば，「子どもたちが主体的になった」というその結果が第一義的に重要であり，それを目標とする他の人たちもその方法に倣えばよいことになる。だが，ここで報告された効果は，「理論そのもの」の効果なのか「教師が何かに取り組んだということ」の効果なのかを問う必要がある。少なくともそのような問題点の指摘が必要であるし，そのような仕事はモードⅠ的なものとして残されている。

　本稿で再三取り上げている目撃証言の信憑性に関していえば，この問題が単に法律学と心理学の接点であるだけではなく，他にも展開可能かどうかという検討が必要になる。たとえば，子どもの頃に「やってもないことの犯人」にされて傷ついた人は少なくないだろうが，こういった問題に，法心理学に関するモードⅡ的知見が適用可能であることを指摘することができる。このような理論的展望を示すこともまたモードⅠ的な仕事として残されている。

　さらに，モードⅡ的知識生産をすると，結果として自分が訓練を受けたモードⅠ的学範(ディシプリン)に関する帰属意識が高まるということがある。実際，他分野の研究者や研究者以外の人とのコラボレーションをするようになると，自分が主として属しているモードⅠ学範について自覚が高まるし，そういったことをきちんと知っていないと他の学範(ディシプリン)出身の人びとから信頼されないのである。モードⅡ的になろうとすればするほどモードⅠ的にもなっていくという，ある種のパラドックスが体験的に感じられる。

　モードⅡ的であろうとすればするほどモードⅠ的になってしまう，ということを「モードのパラドックス」と呼んでみたい。

4 モードⅡを発信する媒体（メディア）

4-1 モードのパラドックスとしての学術誌への投稿

　モードⅡに集まるさまざまな人びとのうち，学者や研究者，そのタマゴたちは，その成果を研究報告書や学術論文の形で公刊する必要に迫られる。このような必要もまた，「モードのパラドックス」の一形態であろう。すなわち，社会に開放されたモードに参加し，特定の課題を解決する研究者たちは，その課題が解決された折りには，何らかの研究成果を発表しなければならない[14]。しかし，特定のモードⅡ的な研究だけに門戸を開くような好意的で恒常的な発表の場は用意されにくい。

　論文を発表する際，紀要などの場合は事実上無審査のこともありえるが，査読のある学術誌に投稿してピア・レビューを受けると，ここにもまた困難が現れる。たとえば，社会的に重要だとされる問題に関する実践的研究を学術誌に投稿したときに，レフリーに意義を認められずに不採択となることなどは容易に想像できる。そういうことこそ，これまでにモードⅡ的研究を行ってきた研究者が直面してきた問題である。しかも，掲載拒否のレフリーコメントなどには，レベルが低い，普遍性が低い，などと書かれていたりもした（つまり研究自体の価値が低い，ひいては研究者の評価も低いということになる）。そして，学術誌に掲載を拒否された論文は，他のメディア（発表媒体）を探さなければならなくなり，それが紀要などに落ち着くということになる。もちろん現場に研究結果を返すという意味ではそれで十分であるが，これでは研究者が報われない。

　だから，「基礎」的なことをやるべきだ，と言うのだろうか？
　そうではない。学範（ディシプリン）に従った研究というのは基礎的ではなく，学範の伝統的規範に沿っているというだけなのかもしれないのであり，レベルが低い，普遍性がない，といった言葉で切り捨てられるものではなく「モードが違う」と語られるべきであったのである。

4-2　モード論の時代の成果公表のあり方

　モードⅡ的な論文はレフリーの審査によって落とされやすいということを前項で取り上げた。その理由としては，まず，モードⅠ的なレフリーには「現実問題を検討することの意義」自体が感じられない場合がある。もちろん，これは価値観の問題であり，善悪の問題ではない。次に，モードⅡ的な研究は現実的な制約が多いために，変数の統制などが不十分である場合があり，それがモードⅠ的な評価基準に達しないということがある。これもまた，評価基準の問題であり，善悪の問題ではない。

　しかし，論文が不採択になるのは投稿者としては避けたい事態であり，不採択が予想されるような研究に取り組まない人が出てくるのもまた当然であろう。そうなると，結局のところモードⅠ的な研究をせざるを得ない状況に追い込まれる。このことは，研究者（特に定職に就く前の若い研究者）にとっては死活問題だからである。

　こうなると，モードⅠ的評価基準や価値観のために，モードⅡ的研究が行われなくなってしまう。このことの弊害は明らかである。

　そこでいくつかの解決私案を呈示してみたい。

　結論として一言で言ってしまえば，モードⅡ的研究に取り組む人が集まる場を作ろうということになる。ここで言う「場」とは「学会を新しく作ろう」などという話ではない。あくまでも「場」を作ろうということである[15]。モードⅡ的研究者が集まることの困難は，実は各人が抱えている社会問題が共有できないということにある。ゴミ問題，目撃証言，乳幼児保育，教室の私語，その他もろもろの課題にそれぞれ取り組んでいる人びとは，決して問題そのものを共有することはできない。しかし，その取り組み方（方法の開発姿勢などを含む）はお互いに参考になるだろうし，個々のモードⅡ的研究から役に立つところを抽出することは可能である。先に述べたように，個々のモードⅡ的研究から何かを抽出して他のモードⅡ的研究に援用することは，モードⅠ的研究姿勢である。

　モードⅡ的研究を共有するための場をモードⅠ的な場に作る，ということ

が重要なのである。その方法論について述べたい。

　まず，学会の年次大会を利用する方法がある。シンポジウムや自主企画を開催したり，あるいはセッションを同じくして研究発表をすることである。後者のやり方としては，1994年から続いていた「定性的研究の実際」がある。

　次に，研究成果を利用しやすくすることである。モードⅡ的研究は，すでに述べたような理由でレフリーペーパーとして学術誌に掲載されることは少ないが，紀要に発表された論文を検索して入手するのは難しい（ことに初学者にとっては，心理学者が発表する研究機関の紀要類を網羅的に検索するのは難しい）。そこで，さまざまな形で公表された研究を1つにまとめてリスト化したり公刊すれば便利であろう。諸外国のように「論文集」が出版社から発行できれば望ましいが，現在の日本ではそれは難しい。「心理学の新しい表現法に関する論文集」のような名称で論文をまとめて共有するのが望ましい形態の一つかもしれない。論文をまとめて読むことができれば，新しく研究を行う際にも非常に参考になるだろう。

　さらに，学会や論文集のような大きなことではなく，日常的なコミュニケーションを促進することも重要である。インターネットその他の発展により，地域的，言語的な制限をこえてさまざまな人びととのコミュニケーションが可能になってきた。メーリング・リスト機能などを用いたコミュニケーションは大きな可能性をもっている。「現場心理学メーリング・リスト」がその例である[16]。以上のような方法は，多少の努力と献身があればとりあえず立ち上げることが可能であろう。だが，このような活動だけでは，モードⅡ的でありながら，モードⅠ的な研究成果が必要となる人たちの要望に応えることにはならない。最終的には学会という場の中において，新しい価値観や評価基準をもった学術誌が必要になると考えられる。

　今，仮にその名前を『モードⅡ心理学研究』としておこう。

　おそらくこの種の雑誌の最大の問題はレフリー制度であり，レフリー制度が現存する学術誌と同じであれば，結局のところ同じ学術誌が2つできるだけになってしまう。

　そこでレフリーは3名にしたらどうかと思う。そして，その3名の配置を

考えるのである。ひとりはモードⅠ的学問（本稿の例でいくと心理学）の人，もうひとりは解決すべき問題に詳しい人，である（この場合，学会員であるかどうかは問う必要はないと思う）。ここにおいてレフリーの中立性が損なわれるという感じをもつ人もいると思う。だが，中立性は多少損なわれてもピア（友好者）の立場からコメントはできるはずである。そしてさらに編集委員としてもう１名が参加する。

このような形でレフリー制度を整えれば，『モードⅡ的心理学研究』は新しい形の学術誌となりうるのではないだろうか[17]。（『モードⅡ的心理学研究』という雑誌名はいかにもわかりにくいので，代わりの題名を考えるとしたら『実践的心理学研究』になるだろうか。）

また，著者の資格について，他のモードⅠに属する研究者や実践家などが共著者として加わる場合には，投稿時点で会員であることを求めるようなことはしない。掲載が決定された時点で何らかの負担を求めるのは仕方ないが，掲載されるかどうかわからない時点で負担を迫ることは，かえって論文数の減少を招くことになりかねない。

このような学術誌発行の可能性については，長年にわたって「学問と実践性」の問題に自問自答し続けている日本教育心理学会で話題に取り上げられているようである。教育という社会的に重要な営為と切り結ぶ教育心理学という学問の性質上，ぜひその実現を希望する。

もちろん，心理学におけるモードⅡは教育以外の社会問題をも含んでいるのであり，可能であれば日本における代表的な学会の一つである日本心理学会が発行したり，あるいは，設立の当初から社会的な問題との関連に取り組んできた日本応用心理学会が作ることも可能なのではないだろうか。幅広い選択肢が生成されることを期待したい。

5　今後の課題

ここでみてきたさまざまな研究活動の様式がある程度永続的なものになるかどうかは，今後にかかっている。ただし，モードⅡ的な研究のみが行われ

るわけでもなく，特に研究者の育成という面ではモードⅠ的な研究が必要であることは間違いない。

これもまたパラドックスの一つであるが，モードⅡ的な知識生産は制度化されていないし，活動期間が短期であることもあって，制度化の必要も感じられない。だが，モードⅠ的な研究者養成がなければモードⅡというコラボレーションが生まれないということも，また事実なのである。

そういった意味で，あらゆるモードⅡはモードⅠ化するという興味深い現象があり，それに注目する必要がある。

また，教育心理学という，もともとはモードⅡ的な領域に目を向けることも必要だろう。実際問題として，日本の心理学がドイツ型ではなくアメリカ型の制度を模倣したおかげで，心理学者が飛躍的に増大したという認識は重要である。「教育という社会的な問題」に関与することを期待された学問として心理学が成立していたのである。

日本教育心理学会では，「教育心理学の実践性」が常に大問題となっている。たとえば，奈須・鹿毛・青木・守屋・市川（1993）は前年に自分たちが行った自主シンポジウムをふまえて『自主シンポジウム「教育心理学の実践性をめぐって」報告集』を公刊しており，これをもとに論じるべき点は多い。だが，時間的制約および紙数的制約から本章でこの点を扱うことはできなかった。稿を改めて論じたい。

本章では，モード論という考え方によって心理学の現状がどのように見えるのか，今後どうすべきなのかについて検討したものである。その検討は「目撃証言」に見られる法律学と心理学のコラボレーションを参考例として述べただけで，それさえもまだ十分とは言えない。だが，モードⅠとモードⅡを分節化することによって知識生産（研究活動）の新しいあり方が見えてくるという確信だけは伝わってほしいと願う。

【謝辞】草稿段階の本稿に対して貴重なご指摘を賜った立正大学・溝口元教授，東京大学・下山晴彦助教授，慶應義塾大学・鹿毛雅治助教授，福島大学行政社会学部・菅原郁夫助教授，同・岡田悦典専任講師に感謝いたします（肩書きはすべて当時のもの）。

【註】

[1] 本論文は故加藤義明教授追悼論文集に収録された。当時の所属は福島大学行政社会学部であり，さらに言えば本稿は文部省内地研究員として東京大学文学部心理学研究室に滞在中に執筆されたものである。東京都立大学には 1989-1994 年在職（人文学部助手）。

[2] 本稿では学問における discipline を学範と訳すことを提唱する。また，これ以外にもいくつかの訳を提唱することになる。その理由はカタカナ語の氾濫による理解不能性を避けることであるが，新しい語の使用もまた，読者の理解の妨げにならないとも限らない。そこで，本稿では煩雑をいとわず新しく提唱する訳語の後にはすべてカタカナ語を併記することにした。このような処置を諒とされたい。また，カタカナ語であってもモードやコラボレーションなどはそのままにした。訳語の制定は今後の課題である。

[3] 環境計画が経済効果を生まないと言っているわけではない。直接的な利益を生まないということを指摘しているのである。こういった研究に企業内の資金や科学研究費補助金その他の助成金が投入されることも当然ありうるが，このような，問題限定的な研究費の投入ということ自体がモードⅡ的なものと言え，モード論の考察対象である。

[4] trans-disciplinary を学融的と訳す。trans の訳として融を充てるということである。従来，たとえば trans personal の trans はカタカナのままか「超」と訳されることが多かった。だが，超個的などという訳はニーチェの超人発想さえ思い出しかねない。trans を融と訳せば，トランスパーソナル的な思想の一種独特なマイナス面をも表すことができて便利だと思う。本稿での学融的とは，学問同士や学問と現場が相互におもねるのではなく，批判も行いながら融合的に調和するという意味が込められている。

[5] 以下，この章の議論は，法心理学という領域の細かなことにまで言及が及ぶ。実際の問題について認識が必要になるのはモードⅡの必然であり，1つ1つの問題について理解しなければ真にモードⅡ的であるとは言えない。

[6] 法律学の側では植村秀三による一連の翻訳紹介や渡部保夫『無罪の発見』などの影響も小さくない。

[7] 目撃証言よりも，むしろ不正確な目撃証言によって逮捕された人物が自白をすることが多く（しかもそれが虚偽であることが多い），日本の現実の刑事裁判においては自白の問題の方が大きいと言われている。だがここではこの問題に触れない。

[8] 証拠とは…。この語の意味を捉えるには日本の裁判制度についてある程度の知識をもっている必要がある。この語一つをとってもモードⅡ的なコラボレーションが多大な困難を伴うことが理解されよう。

[9] 現行法上罪を犯した者を刑に服さしめることに異論のある弁護士はいないし，もしいるとしたらそれは刑事政策の問題でありここでは扱わない。一方，冤罪が起きると

いうことはとりもなおさず真犯人を逃がすことであり，冤罪を無くすことに反対する捜査担当者はいないし，いるとしたらこれもまた刑事政策の問題であり，ここでは扱わない。
[10] 最近はむしろ「想起」の問題であるとされるが，当初は「記憶」の問題だとされていた。
[11] もちろん，この中には，自分がやったことを認めない人と，自分がやってないことを虚偽自白させられなくてすんだ人，という2群の人たちが含まれている。
[12] 写真帳の面割りのように実際の法制度とは比較的独立な問題もあるので，話は単純ではない。
[13] モードということを考えれば，2つのモードを別の人が担う必要がないとも言える。つまりある個人が2つの異なるモードをとり，異なるタイプの知識生産活動を行うこともできるということをモード論は含意することができる。
[14] 研究成果の発表が必要だと言い切れないかもしれないが，近年における研究者の自己責任・説明責任論，任期制導入の根底にある「業績が少ない事への批判」を考えれば，モードⅡ的研究に従事しているという事実だけではなく，それを研究の形で発表する気運は高まると考えられる。また，さまざまな学問が集まる場であればこそ，特定の学問がどのような貢献をしたのか明らかにしなければいけなくなるし，そのような形で専門知見の蓄積は説得力を高める手段となりえ，それはまた将来において新しい事実が発生した折りにモードⅡの場に参加を要請されるか否かの条件となるだろう。
[15] 学会あるいは研究会を作るというのも現実的な選択ではあるが，現在の日本の心理学会のように，研究者が広い地域に分散してる場合にはあまり現実的ではない。また，会を作れば必ず事務仕事が発生し，多くの場合それは院生のシャドーワークとなる。筆者はなるべくそれを避けたいし，現存する学会などという社会資源を有効に使うべきだと考える。
[16] このメーリングリストは2012年春で事実上休止となった。
[17] ただし，このような雑誌はあくまでもモードⅠの枠内のものであることに注意する必要はある。つまり，あくまで，研究論文としての体裁は求められるのであり，実際報告のようなものが学術誌に掲載されにくいことへの解決にはならないのである。実践報告などについては，日本教育心理学会が行っている「フォーラム・レポート」のような形式での公刊が一つのあり方であろう。

2章
モードⅡ・現場心理学(フィールド)・質的研究
―― 心理学にとっての起爆力

　本章は心理学に限らず学問実践において,「基礎-応用」という二分法を脱し,社会とつながりのある活動を行うための理論的考察と方法論的考察を試みる。

　以下では,モード論,現場心理学(フィールド),質的研究,という3つの言葉をキーワードにして論じていく。なお,本章の内容は論文や研究の評価の問題から始まるが,それはこの問題がある意味で筆者の興味の中心でもあり,かつ私たちにとって重要な問題だという事情による。評価主義を標榜するつもりは毛頭ない。評価の問題を抜きにした活動は自己満足に陥るだけか,あるいは,自暴自棄に陥るか,の2つの道をとることになってしまうということに注意を喚起しておきたい。

　ここで,モード論,現場心理学,質的研究という三題噺(ばなし)風の題目について,ごく簡略に解説を加えておきたい。筆者の議論はすべて広い意味での学問論=「心理学論」(サトウ・渡邊・尾見, 2000)であるが,そのなかでの色分けをすると図2-1のようになる。

```
モード論………大げさに言えば生き方論
現場心理学(フィールド)……大げさに言えば学問論
質的研究………大げさに言えば方法論
```

図2-1　モード論,現場心理学(フィールド),質的研究の「心理学論」での位置

1　評価の問題

1-1　投稿論文の評価

　査読のある学術誌では，当然ながら，ある基準に基づいて投稿論文が評価され，最終的にはゼロイチ判断に収斂し，掲載されるものと掲載されないものに二分される。その比率は雑誌によって異なる。雑誌への掲載判断は多くの場合，編集委員会に一任されているので，掲載するかどうかの責任を負っているのは編集委員会ということになる。

　学術誌に掲載されている論文はつまらない，といういつの時代にでも適用できるような批判がある。「＊心理学研究（ワイルドカード心理学研究と読む）」という雑誌が 20 種類もできている現在も，各雑誌についてこのような批判が投げかけられている。

　実際には，たまに面白い論文とか良い論文とかが載っていたとしても，長いこと「面白くない論文しか載っていない」と思っている人は雑誌の目次しか見ないので（最近は封筒が透明だったりするので，封筒を開ける必要さえないが……別に『教育心理学研究』や『心理学研究』のことではなく，一般的な話である），一種のラーンド・ヘルプレスネス（学習性無力感）の状態に陥ってしまうのであろう。

　しかし，一方で学術誌の編集委員会は多くの編集委員を擁し，日々投稿される論文に対して査読を行い，判断を下しているのだから（しかも，ほかの日常業務の合間に），何か言いたくなるというものであろう。曰く「良い研究は載っています」。それはそうであろう。それなりの審査をしているのに良い研究が載っていないのでは困る。とはいえ，「論文が載らないのは論文が悪いからだ」と言われたのではこれまた困るのである。良い論文「も」載っているということが正しいとしても，載らない論文は悪い論文だ，ということにはならない。

1-2　評価と評価基準

　論文評価ということについて，より具体的な例をひいてみよう。学術論文に限らず，あるものの評価には（顕在的か潜在的であるかは別として）何らかのモノサシがあるはずである。それが一次元の直線であれば，そのモノサシの上に評価されるものをおけば評価が可能になる。単純に考えれば，「良い－悪い」という直線上で個々の論文が評価されることになり，一定以上の評価があれば掲載可能，そうでなければ掲載不可ということになる（図2-2，図2-3も参照）。

```
評価は
　評価する基準
　評価されるものの
　　　　インタラクション
```

図 2-2　評価とは何か

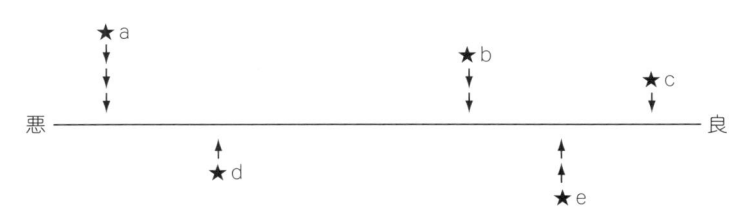

図 2-3　一次元的評価（5つの星の間に一つの評価軸をひいた例）

　しかし，このような測定・評価の考え方は，物理学のような学問ではすでに時代遅れの感がある。評価は評価する基準と評価されるものの交点に存在する。あるいは，両者のインタラクション（相互作用）と言ってもいいのかもしれない。したがって，ある論文の評価が低いときには論文が劣悪だという場合だけでなく，適切な評価基準がなかったという可能性が存在する。

　やや雑駁ではあるが，簡単な比喩的モデルを作って考えてみたい。星印

(★) が論文を表すもものとする。図 2-3 においては，二次元上に散らばった 5 つの論文があるときに，水平線上の基準を描いたものである。この場合，各論文の評価は各論文（★マーク）から基準上におろした垂直の線のところになり，図 2-3 では c, e, b, d, a という順序づけができることになる。線の中央が論文採択ラインであれば，その右に位置する b, c, e は採択，ほかは不採択ということになる。

ところが，(あくまで比喩的な例であるが) 図 2-3 について，最初の水平線と異なる評価基準を設定することが可能なことに気づく。最初の水平線は点線で表すことにし，図 2-4 の垂直線を実線にして「good」-「bad」という軸にしておくと，この基準においては，a, b, c, d, e という順序に並ぶことになる。図 2-3 では一番低い評価だった a の評価が図 2-4 ではもっとも良くなることになる。一方，図 2-3 で 2 番目に高い評価だった e の評価が図 2-4 ではもっとも悪いということになっている。

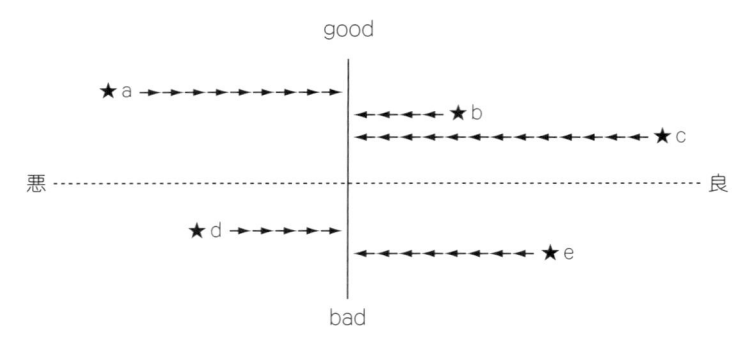

図 2-4　多次元的評価（二次元の例）

今回の 2 つの図は，基準となる軸が直角に交わっていて，基準同志に相関がない（独立だ）という設定なので，かなりわかりやすい結果をデモンストレーションできたわけである。論文の評価などの場合には，これほど単純なことにはならないが，評価が単なる「価値づけ」ではないということは実感できたのではないだろうか。

投稿論文の多様化をもたらすためには，評価を多様にすることが必要であり，そのためには，評価軸を多様にすることが重要なのである。

2 モードⅡとは何か ── 社会に開かれた知識生産

2-1 モード論とは何か

　これまで，論文評価の問題を考えてみたが，もしかしたら，学範(ディシプリン)のなかにすでに何らかの序列が存在するのではないだろうか。そういうことを考えてみよう。

　心理学に限ったことではないが，基礎-応用という二分法がすぐに思い浮かぶ。こうした「基礎-応用」という二分法は，基礎が応用よりもアプリオリ（先験的）に優れているという価値観を思い起こさせずにはいない。基礎は尊いもので，応用の価値は低い。こうした序列のある二分法を克服しようというのがモード論なのである。

　モード論は科学社会学という学問分野における学問論の一つである。ギボンズ（Gibbons, M.）らの『知識の新しい創造現代社会における科学と研究のダイナミクス』という本によって世に知られるようになった（Gibbons et al, 1994）。邦訳も出されている（ギボンズ編著／小林信一他訳『現代社会と知の創造』1997）。

　さて，モード論におけるモードとは，やり方，ふるまい方の様式を意味している。最近では，モードという語が人間行動や集団行動の記述にも使われるようになったので，違和感が少なくなってきたと思われる。「ヤクルト・スワローズが首位独走モードに入った」のような表現におけるモードと，モード論におけるモードとは，ほぼ同じ意味だと考えてもらっていい。「あこがれていた人と恋人モードに入った」などという表現もあるようだ。

　モード論におけるモードには，どのようなモードがあるのだろうか。

　モード論では，研究者・学者による知識生産のモードを2つ考える（図2-5）。ここで知識生産という言葉が出たが，知識を作り出す，というくらいの意味に考えておいてほしい。この単語を使う意義については後述したい。

| 学範内好奇心駆動型 / 社会関心駆動型 |
| （モードⅠ）　　　　（モードⅡ） |

図 2-5　知識生産のモード

　研究者・学者のモードは，自分が訓練を受けて所属しているある学範（ディシプリン）（たとえば，心理学，社会学，など）のなかの興味に駆り立てられて何かを行うモードと，学範内部の関心に縛られるのではなく，社会で関心をもたれていることや社会で問題になっていることを扱うように駆り立てられるモードがある，というのがモード論の考え方である（図2-5）。前者では，もともと関心の似通った人たちが緩やかに作っているコミュニティのなかの関心事項が優先されていくのに対し，後者では，そうしたコミュニティは前提とされずに，むしろ複数の学問的なコミュニティをまたがるような問題を解決しようとするのある。前者は学範的（ディシプリナリ）であり，後者は学融的（トランス・ディシプリナリ）ということになる。

　つまり，知識生産におけるモードのうちの一つは，学範内における問題解決を志向するモード，もう一つが（学範内ではなく）社会で発生している問題解決を志向するモードである。

　それって「基礎と応用」ってことじゃないの？という質問が聞こえてきそうである。そこで，次に図 2-5 のような言葉づかいや考え方をすることの意義について説明しようと思う。

　モード論にはいくつかの特徴がある。ここではわかりやすく，キャッチフレーズ風にまとめると，表 2-1 のようになる。

表 2-1　モード論の特徴

1　研究ではなく知識生産
2　モードに序列はない（直交軸）
3　一人の人が違うモードに入ることも可能

　私見によれば，モード論においてもっとも重要なことの一つが，「研究」という言葉に代えて「知識生産」という言葉を使うことだと思われる。なぜ

なら，研究は非常に限定的な意味をもっていて，どうしても純粋な学問という雰囲気を作ってしまう。そうなると，研究に対する言葉として実践という言葉を使わねばならず，「研究」対「実践」という二分法にならざるを得ず，これは先ほど述べた「基礎」対「応用」という序列のある二分法に絡め取られてしまいかねないからである。

すなわち研究ではなく知識生産。使いなれないうちは変な感じがするかもしれないが，知識生産という言葉を意識することがモード論では重要なのである。

次に重要なことは，すでに述べたように，2つのモードは便宜的にⅠ，Ⅱと付けただけであり，上下関係はないということである。数字自体に序列性がある（ⅠがⅡより前にある）ので，ついⅠの方が先とか上とか考えてしまいがちであるが，そうではない。たとえて言えば，2つの直交する軸のようなものである（評価における独立した直交軸という考え方は，図2-4を参照）。

最後に重要なのは，一人の人（研究者・実践者）が異なるモードに入ることも可能だという視点をモード論が与えてくれることである。この考え方は筆者がモード論を拡張したもので，モード性格論にまで発展している（佐藤，1988）。私たちが日常生活において固定した性格をもたず，時と状況によって異なるモードをとっている（親に対する態度と恋人に対する態度が同じ人はほとんどいない）のと同様に，一人の人（研究者・実践者）が，モードⅠ的な研究（正しくは知識生産）に邁進する場合と，モードⅡ的な知識生産をする場合とがあっていいということである。日本の心理学シーンにおいても実際にはそういうことが行われているのであるが（もっとも良い例は，知覚心理学者が交通心理学に取り組む場合），それを理解する枠組みがないから，モードⅠ的な人はモードⅠ的なアイデンティティしかもち得ないということが起こっているのではないだろうか。実際には，複数のモードの知識生産をみんな行っているのである。

2-2 モードⅡとその特徴

モード論について全体的な説明が終わったので，ここではモードⅡの特徴

について再度詳しく検討していきたい。

表2-2は，モードⅡの特徴を示したものである。モード論の話をすると，いくつかの疑問をもたれることがあり，そうした疑問に応えるために作ったものである。

表2-2　モードⅡの特徴（モードⅠとの対比）

1　学際ではなく学融
2　普遍ではなく事例
3　一般ではなく専門

表2-2の1「学際ではなく学融」については，学問と学問の交流ということなら，すでに「学際的研究」というのがあるではないか，という疑問がありえる。モード論におけるコラボレーション（協働）は，学際的研究とどう違うのだろうか。学際は"inter-disciplinarity"の訳だが，（前述のように）モード論ではこれに代えて学融（trans-disciplinarity）という語を使う。

学際的研究は，扱う対象はたしかに同じでも，方法論についての融合がなかったといえる。日本の人文社会科学領域においては，戦後に9学会連合というものが存在し，学際的研究を行っていた。日本言語学会，日本考古学会，日本社会学会，日本宗教学会，日本心理学会，日本人類学会，日本地理学会，日本民俗学会，日本民族学協会，の9学会が連合して，たとえば，対馬，能登，奄美など地域を共通課題として各地域の自然・文化・社会の総合的調査を行っていたのである。こうした活動は学際的研究である。

モード論がいう学融的研究とはどう異なるのだろうか。すでに述べたように，学祭研究の場合，対象が同じであっても方法の融合がみられない，ということがあげられる。これはたとえて言えば，「平和」について表現するときに，短歌と水彩画と楽器演奏を同じ会場でプログラムの進行に従ってそれぞれ独立に行うようなものである。また，9学会連合の例が「学融的」と異なるのは，問題解決がめざされていたわけではないということである。問題解決がめざされていないので，学範に特有な方法に「安住」して研究を行い，決して他領域がやっていることを犯さないということになっていたのであろ

う。また，研究の最中に異なる学範同士で議論をして良いものを作っていくという志向も希薄だったようである。

　こうした例は，現在でいうと「自殺」の研究を例にとることができるように思える（誤解だったらすみません）。自殺というのは重要な現象であるが，現時点では「社会統計」などの研究者，「いのちの電話」などの実務者，「カウンセリング」などの実務者，保険支払いに関する実務者，が本当の意味でのコラボレーションをしているとは言いがたいようである。

　学融的研究においては，問題解決がめざされるのであり，そのためには異なる学範(ディシプリン)の人間が集まって，侃々諤々(かんかんがくがく)の議論を行って，最終的な一つの答えを見つけていこうとする。代表者が傾聴しあうのでなく，実務者の議論が行われるのがモード論における学融的研究である。「平和」について表現するときに，短歌を詠む人，水彩画を描く人，楽器演奏をする人が，同じ場で，お互いの顔を見ながら，相手を尊重しながら一緒にセッションするようなもの —— フュージョンと言ってもよいかもしれない —— である。

　先に自殺研究は学際を脱していないのではないかと述べた。異なる分野が生産した知見を紹介して，それを活かすも活かさないも自由というのでは，それは学際的ということになる。自殺防止ということについて異なる立場・学範の人たちが常に問題解決重視のコラボレーションをする体制作りが重要であり，それはモード論における学融的な仕事ということになるのである。

　表2-2の2，「普遍ではなく事例」というのは，今，まさに問題になっている問題の解決がめざされるということである。とにかくとりあえず，問題解決がなされることが重要であり，悪く言えば，偶然でもいいし，他の事例に適用できなくてもいいから，その場の解決が求められるという刹那(せつな)主義的な解決にも結びつきかねないものでもある。

　しかし，問題になっていること（たとえばある地域におけるゴミ問題）は固有の歴史性，地域性をもっているし，そこに集まっている人たちもある種の偶発性をもっているのだから，事例性をもつのはやむを得ないことだともいえる。とにかく，そこにいる人たちによって問題を解決するしかないのである。

　もちろん，こうした事例性が，刹那主義にならないように工夫する必要が

あるし，そうはならないというのがモード論の考え方である。ある問題が生じてそれを解決しようとするとき，その問題が，ほかとはまったく関わりのない孤立した問題であることは少ない。ゴミ問題を例にとれば，ある市のある地域で分別収集が行われるとき，その問題とまったく同じ問題はおそらく日本全国を見てもないだろう。しかし，かといって，まったく共通点がないということもありえないだろう。したがって，当該問題について，ほかのどのような問題と関わりをもちうるのかを理解することができれば，特殊な問題が普遍的な性格をもつようになっていくわけである。

そのためには，「ゴミ問題の解決」のような一般的な広い概念での記述はむしろ妨げになる。事例の特殊性を明らかにしていくことが必要なのである。一種のパラドックスであるが，特殊性の記述は普遍に通じるのである。話は飛ぶけれども，日本人映画監督・小津安二郎の映画は，なぜ世界中の人に受け入れられるのだろうか？　それはおそらく，ある特定の時代の特定の人のことを深く描いているからではないだろうか。特殊が普遍につながっていくというのは，そういうことかもしれない。

特殊を記述することで普遍に近づくことができたなら，モードⅡで開発された「問題解決という知識生産」は，同様の事例を通じて伝わっていくことが可能になる。同じ人がほかの問題のところに行けば，そのノウハウが伝わるし，報告書があれば，それを読んで活かすこともできる。

表2-2の3,「一般ではなく専門」というのは，奇異に聞こえるかもしれない。これまで，「専門の枠にとらわれるな！」と言ってきたのに，それと矛盾するような感じがするかもしれない。

しかし，実際にモードⅡ的な活動をして，他分野の人たちと接するようになると，自分に必要なのは，自分の専門だということが痛感されるようになる。筆者自身の例をあげれば，「法と心理学」についてのモードⅡ活動に参加したとき，筆者に求められるのは心理学の知識である。たとえば，暗闇での目撃証言がどれくらい信用できるか，という問題を解決しなければいけなくなったとき，人間はどれくらいの明るさのとき，どれくらいの距離まで見ることができるのか，ということを知る必要がある。そして，それは知覚心理学の基本的な知識にほかならない。そうした知識を暗記して知っている必

要はないが，少なくとも，その知識に到達できるような技量を求められるのである。法について理解しようとする姿勢も必要かつ不可欠であるが，それ以上に，自分の本拠地である心理学の知識をどれくらい知っていて，どれくらい利用できるか，ということが「法と心理学」に参加する心理学者として求められていることなのである。したがって，筆者は「法と心理学」の領域に関わるようになってから，一般的な心理学の知識や実験手法について詳しくならざるを得なかった。必要な場合には実験的研究も行ったのである。

つまり，モードⅡで行った問題解決的知識生が新しいモードⅠの知識になることは十分ありえることである（表2-3）。

表2-3　モードⅡにおけるモードⅠの重要性

自分が所属する学範（モードⅠ）に対して自己言及的になる（反省的視点）
問題解決のために有用だというアピール

しかし，研究者（ことに院生）は，現場における問題解決がなされても，何か書かれたもの（多くの場合論文）が必要となることが多い。「小学校の実践で良い教室を造るための学融的プロジェクトに参加して良い教室を造りました」ということが心理学の大学院で業績として認められるかどうかは（遺憾であるが）きわめて厳しい状況にあると言わざるを得ない。特に表2-4のような問題が生じ，それは他の分野と関わったり，現実問題と関わらなければ生じない問題なのである。

表2-4　心理学におけるモードⅡの苦悩

内在的苦悩	倫理・非統制性・非公開性
外在的苦悩	テーマへの批判・技術論的批判

もちろん，こうした問題があるからといって，絶望してモードⅡ的であることをやめてしまうのは本末転倒であり，むしろ，こうした問題をも解決していくような枠組みが必要であろう。

そこで，私たちは，モードⅡ的な問題意識をもって現場性を重視しつつ，

モードⅠ的な知識生産を行うという非常に贅沢な取り組みをしていく必要があるのである。そして，こうした野心的な知識生産を可能にするためには，そのための枠組みが必要である。日本の心理学シーンにおいては，現場心理学という考え方が有用であるかもしれない。もちろん，日本における現場心理学には一定の歴史があり，ここで論じたモードⅡとは同一のものではない。しかし，ここでは現場心理学という考え方に歩を進めていこう。

3　現場心理学のあり方をめぐって

3-1　現場心理学とは何か

　日本における現場心理学のルーツをどこにとるかは心理学史的な検討がまだまだ必要であるが，ここでは，近年の流れのみを追ってみたい。ここで重要なのは，「モデル構成を目指す現場心理学の方法論」という方法論的論文（山田，1986; やまだ，1997に再録）だと思われる。この論文は多くの人から参照・引用され大きな影響をもっているし，「現場心理学の発想」「カタログ現場心理学」という流れも作り出していった。
　さて，この論文において重要なのは，現場心理学が「モデル構成」を目的としているとしたことである。ここでモデルとは「関連ある現象を包括的にまとめ，そこに一つのまとまったイメージを与えるようなシステム」（印東，1973）であり，こうしたモデルを構成していくことをめざすところに，やまだ的な現場心理学の特徴があると言ってよいであろう。もちろん，モデルを作ること自体に目的があるのではなく，一つひとつの現場における問題の解決や把握がめざされることも重要である。やまだ（2002a）は，モデル構成的現場心理学の特徴を，次のように述べている。

　　　モデル構成的現場心理学は，まず私たちが生きている日常生活のローカルな現場を研究の土台として，その現場から問題や方法を立ち上げてモデルを作り，より多くの場や文化において共有できるように一般化していくことを

めざしている。

　こうした現場心理学は，これまでの心理学の研究動向のなかにどのように意味づけられるのだろうか。幸いなことに尾見（2001）が，そうした整理を試みている。尾見は現場における心理学的研究を現場研究として意味づけているので（尾見, 2001），彼の考えを参照しながら，本章でも独自に現場心理学の意味を考えていきたい。まず最初に，尾見によるフィールド研究の位置づけをみてみよう（図2-6）。

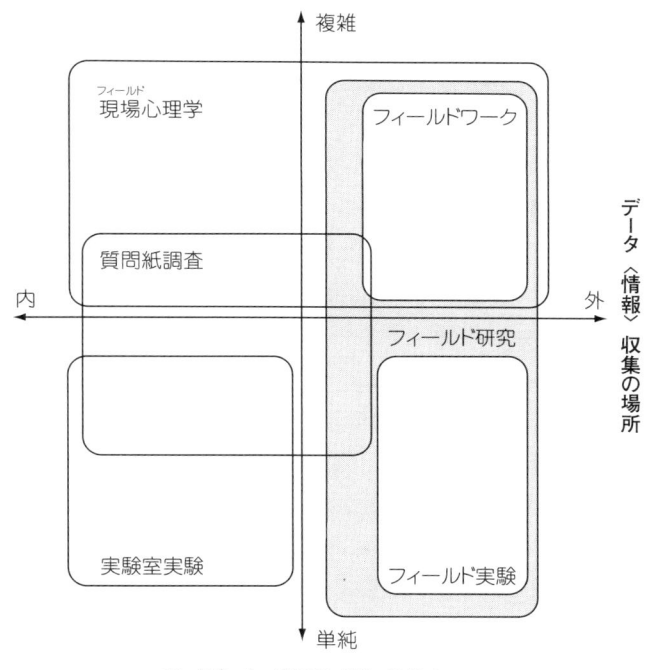

場（データ〈情報〉源）の見方

図2-6　フィールド研究の位置づけ（尾見, 2001, p.10）

　尾見は，現場心理学，フィールドワーク，フィールド研究という3つの似通った概念の整理を試みるなかで図2-6の座標を設定したのだが，以下では彼の座標軸の大枠を借りつつも，筆者なりの異なる説明を試みていく。

図2-7は尾見（2001）による図を参考にして筆者なりに作図したもので，波線で囲まれた部分にあたるのが現場心理学ということになる。方法論的には，現場に即した研究法，やはり質的研究が中心ということになる。なぜそうなるのかと言えば，よくおわかりのとおり，こうした研究では，条件を統制した研究，ことに実験が非常にやりにくい，ということがあるからである。たとえば，保育園において保育士の養育態度と子どもの行動の関連を検証する，ということができるだろうか。「冷たい養育態度をとる保育士に接している子どもは行動が攻撃的になる」よいうような仮説を立てたとして，保育園における接し方を実験的に変更することは不可能である。また，子どもの養育にあたっているのは，保育士のほかに親がいるわけであるから，親の養育態度もコントロール（統制）する必要がある。

質的

ナラティブ・物語	フィールドワーク
実験室実験	実験室外実験

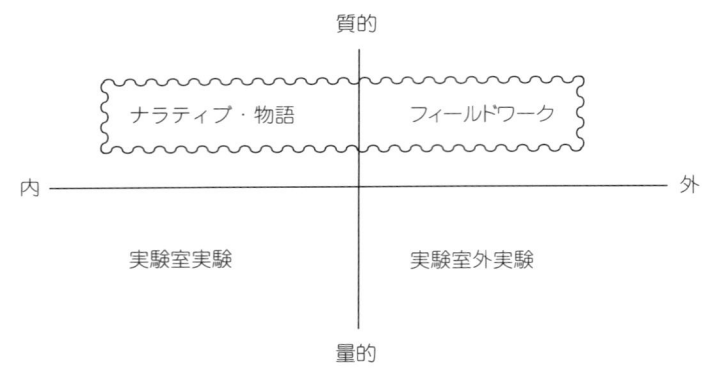

内　　　　　　　　　　　　　　外

量的

図2-7　心理学のなかの現場心理学

　こうした手続きをとることは実際問題として不可能である。しかし，子どもたちの発達の場として保育園という場所・システムは現存している。それらについて研究することや反省的視点をもつことが重要であることは論を俟たない。もちろん，ここでの「反省的」とは，その場で，好ましくないことが起きているのであればそれを指摘するというだけではなく，好ましいことが起きている場合でも，その意味を適切に読み取ってそれをほかに伝える等をするという意味である。

　実験ができなければ，質問紙などを用いて大量データをとって相関研究に

持ち込む，というのも一つの手段である。しかし，相関研究はある程度のサンプル数がないと，2つの変数間の関係を見づらい。また筆者のように，尺度（それも翻訳モノ）を用いた相関研究に肌が合わないという思いをお持ちの方もおられよう。むしろその場に即した観察を行って，その場で起きていることの意味づけを行っていく方がよいと思うわけである。その場に即した観察がフィールドワーク，その場で起きていることの意味づけがエスノグラフィということになる。図2-7における現場心理学には，「ナラティブ・物語」というのがあるが，この場合にはインタビュー（面接）が主な方法になり，これもまた質的な研究である。現場心理学が（多くの場合）方法論として質的な研究を志向することがわかる。質的研究の問題については後に述べることにして，ここでは，現場心理学の諸類型について考察を進めることにしたい。

3-2　現場心理学の類型

ここまでは，心理学や近接領域の研究分野のなかで現場心理学というものを位置づけて考えてきたが，今度は現場心理学それ自体について同様の考察をしていきたい。すでに述べたように，やまだによる現場心理学はその初期から「モデル構成を目指す」ものとして構成されていた（山田, 1986）。しかし，やまだ・サトウ・南編（2001）による『カタログ現場心理学』に掲載された諸論文などを見ると，現場心理学の範囲はかなり大きくなっていることがわかる。そこで，それらの論文を吟味しながら，日本における現場心理学のあり方についていくつか整理をしてみた。

まず，研究に使用する材料からみると，図2-8のようになると思われる。

人によって何を強調するかは異なるが，どれか一つでやらなければいけないというものでないことは言うまでもない。むしろ，マルチメソッド，「恥知らずの折衷主義」（佐藤, 1992）が推奨されている。図2-8で重要なのは，材料に「資料・文書」が入っていることであろう。実験心理学などでは，こうしたものは心理学の対象にならないことが多かったからである。しかし周知のように，近代心理学の祖とされるヴント（Wundt, W. M.）は，精神に関

する実証的学問（心理学）を「個人心理学」と「民族心理学」の2つから成るものとして構想しており，前者については実験による意識の研究を行い，後者については一般的には観察を用いたうえでさらに神話・民俗的資料なども対象にして研究を行っていた（図2-9）。現在でも，社会心理学を中心に資料や文書の活用が行われている。発達心理学でも，たとえば，ある保育園の研究をするときには自分がフィールドとして選んだ保育園についての記述が必要となり，そのときには資料・文書が必要になる。

```
              内在
               |
    面接       |    行動観察
               |
直接 ——————————+—————————— 周接
               |
    実験       |    資料・文書調査
               |
              外在
```

図2-8　材料からみた現場心理学

名称	研究対象	方法
個人心理学	（個人の）意識	実験
民族心理学	（民族の）意識	観察

図2-9　ヴントによる近代心理学の構想

次に，現場心理学の研究テーマの大枠を捉えると，図2-10のようになる。

対話療法というのは，口頭による会話を通じて行う対面的な心理療法のことをここでは指している。集団精神療法と対比させているほか，行動療法や芸術療法などを含まないことも意味している。その一方，対面の遊戯療法なども広義の対話療法に含めてもよいが，要するに，誰かと誰かが1対1の関係になって，ある人が自分の話をすることで治療を求めるというプロセスの

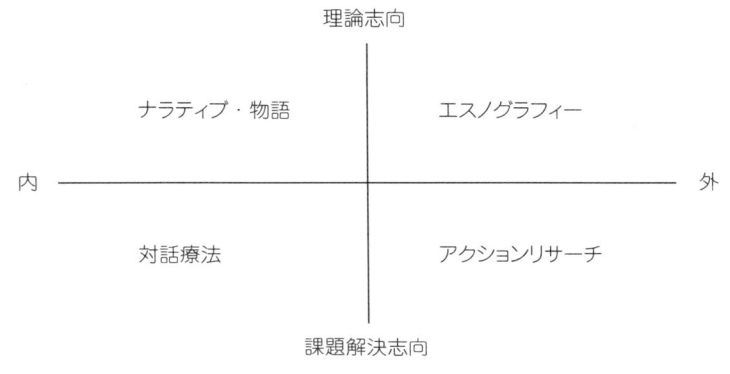

```
            理論志向
             │
ナラティブ・物語  │  エスノグラフィー
             │
内 ───────────┼─────────── 外
             │
   対話療法    │  アクションリサーチ
             │
          課題解決志向
```

図2-10 テーマから現場心理学

ことである。もちろん，治療であるから，単に話を聞くだけではなく，セラピストの側が積極的に働きかけをする（何もしないという働きかけも含む）。この意味で，同じ対面プロセスであるナラティブ研究との近さ（時計回り）と遠さ（反時計回り）が理解されるのではないだろうか。

　最後に，現場心理学の根本的志向について考えてみたのが図2-11である。

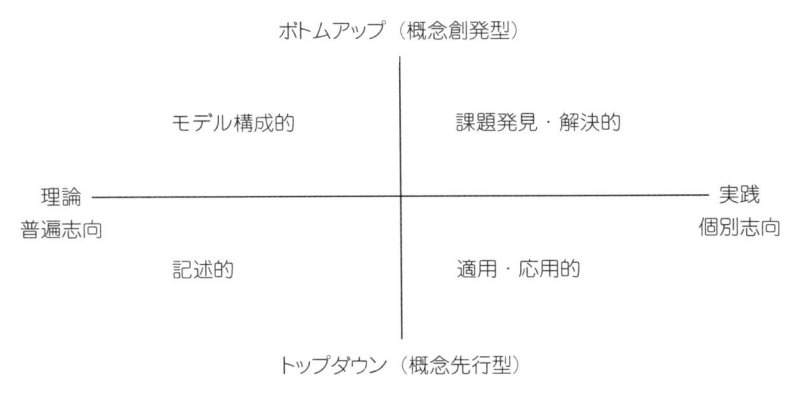

```
            ボトムアップ（概念創発型）
                  │
      モデル構成的   │   課題発見・解決的
                  │
理論 ─────────────┼───────────── 実践
普遍志向           │             個別志向
        記述的     │    適用・応用的
                  │
            トップダウン（概念先行型）
```

図2-11 現場心理学の類型

　ここで重要なのは，図の上部にある「モデル構成的」および「課題発見・解決的」とほかの2つとの違いである。軸の名称が「ボトムアップ」対「トップダウン」になっていることからわかるように，その場に即して問題を発

見したうえで，モデルとなる理論を作ったり，課題解決を図ろうとしたりするのか，研究者の側があらかじめ用意した枠組みで現場の問題を記述したり解決しようとしたりするのか，の違いがある。筆者自身としてはこの違いが非常に大きいと考えている。ただ現場にいるだけでは，現場心理学たりえないのである。一方で，図 2-11 によれば，「モデル構成的以外の現場心理学にはどのようなものがあるのか」という問いにも答えることが可能になっている。ボトムアップ（概念創発型）的な活動にもとづく課題発見・解決型現場心理学，がその答えである。この場合，現場に即した問題発見が重要であり，それは多くの場合，地道なデータ収集・資料収集から始められるべきものである。資料は図 2-8 に示されたものであれば，特に限定をつける必要はないと思われる。

　これまで，現場心理学の特徴についてみてきた。現場心理学を行うことは，ある意味で困難であるという印象をもった人が多いのではないだろうか。それはなぜだろうか。その大きな理由が，トップダウンに研究計画を立てることの難しさと，スッキリした量的研究に追い込むことの難しさにあるように思われる。しかし，現場志向の研究にとって量的研究が行いえないのは承知のうえ。ほかの方法を模索していくしかないのである。

　そこで私たちは，次に質的研究のあり方について考えていく必要があるように思える。

4　質的研究

4-1　質的研究とは何か

　質的研究とは何かという問いに対して，能智（2001）は「同義反復めくが」と断りを入れたうえで，扱われるデータと結果の表示が質的であることだと指摘している。この質的ということについてマイルズとヒューバーマン（Miles & Huberman, 1984）は「言葉の形式によって表されたもの」であるとしているが，澤田・南（2001）はそれを一歩進めて，言葉に限定せず，図や映

像，音声など，事物や出来事の様態を写したり記したりしたもの全般が質的データであるとしている。こうした定義は「数量に還元されないもの」という消極的定義とは異なり，質的の意味を明確にしてくれる。さらに澤田・南（2001）は，質的に分析するということについて色を例にして説明している。そこで，それを参考に，質的に分析することの意味について考えてみたい。

たとえば，赤とか青とかの色を波長という数量データで表すことができる。ある人がある場所から見る空を「本当の空だ」と言ったとしよう。そのとき見た空の色を波長で表すこともできるが，こうした数量的分析がその人の知覚経験をすべて表せるとは思えない。むしろそうではなく，いつどこで誰と一緒に居るとき（あるいは誰かが居ないとき）の空がその人にとって「本当の空」だったのかを分析することが重要だということは，容易に理解されると思う。つまり，心理学における質的分析とは，「空の色を見る」体験を記述し，そこに含まれる成分，構成要素を明らかにし，他の類似の体験との関係において，この体験の特質・特徴を浮きだたせるところにある（澤田・南，2001）といえる。

次に，質的研究の特徴はどこにあるのだろうか。澤田・南（2001）と能智（2001）がまとめたものを表の形にしたのが表2-5である。これらは各々，テイラーとボグダン（Taylor & Bogdan, 1984）とボグダンとバイクリン（Bogdan & Biklen, 1998）を参考にしたものであり，ボグダンが両方に関わっていることが興味深い。前者が研究者側の視点を強調しているのに対し，後者が対象理解の視点を強調しているという違いもあるが，「帰納的」であることについては見解が一致している。ここではこれ以上詳しく触れられないので，それぞれの文献にあたっていただきたい。

表2-5 質的研究の特徴 (澤田・南, 2001; 能智, 2001)

澤田・南（2001）	能智（2001）
帰納的	自然な状況でのデータ収集
対象となる事態と人びとを全体的に見ていく	プロセスに対する注目
研究者自身が対象に与える影響に敏感である	帰納的な分析
対象者の視点から相手を理解しようと努める	意味への関心
研究者の信念，視点，事前の前提をいったん保留する	

4-2 質的研究のプロセス

　最近，質的な心理学を志向する学生・院生が心理学のなかでも増えてきていて，それは大変好ましいことだと思っている。しかし，そのなかで従来的な心理学方法論の枠組みからはどうしても外れてしまうことがあって，自分の関心のある研究スタイルと従前の制度との間に軋轢（あつれき）が生じることが散見されるようになってきた。これはある意味で皮肉な現象である。臨床心理学の実践に従事すべく訓練を受けている院生が，修士論文では出来合いの尺度を用いた質問紙型の相関研究を行うというような場合を考えてみれば，たちまちそれまで巧妙に避けられてきた軋轢が顕在化するだろう。実践型の訓練で行っていることは質的な研究に結びつくことが多いのに，従来はそこはあえて修士論文などで取り上げないでいた。そうしている限りは，決して表面化しない軋轢だったといえる。

　ただし，軋轢や違和感はさらなる進展への原動力である。失望することはない。すでに述べたように，現場心理学志向こそが質的研究への志向を生み出していて，そこで生じるさまざまな問題を解決しなければいけなくなっている。

　私が主宰しているメーリングリストで，次のような質問が出されたことがある。やや脚色しつつ簡潔に言うと，「修士論文の中間発表において，どこまで話をするべきか」という問題と，そうした中間発表において，「ほかの分野の人（主として実験計画をきちんとたてる系）から，非常にあいまいで危なっかしいものに見えてしまうために非難がなされる」ということである。さらに言えば，最終的に出された論文などの信用が薄い，ということにもつながるようである。フィールドワークにせよ面接にせよ，研究者が自分なりの切れ味のよいカテゴリー（概念）を創造して論を展開するわけだが，最後にそれだけを見ると，非常にウソっぽく見える。ウソっぽいならまだしも，ねつ造ではないかと疑われたりもするかもしれない。つまり，研究の過程を経て最終的に到達した概念ではなく，そうした概念を適当に造っておいて，それに合わせた観察なり聞き取りをしているのではないか，という疑念を喚

起してしまうわけである。ましてや中間発表ではまだ論文としてほとんど形になっていなかったので，何で最後だけ綺麗にまとまるのか，という疑問が出たといえるかもしれない。

こうした疑問というか感想は，たしかに一面を捉えているようにも思えるが，そうだろうか。いささかの反論を展開してみたい。なお，筆者が依拠するフィールドワークの方法論は箕浦（1999）によって開発されたもので，筆者自身が彼女の訓練を受けたということを明記しておく。ただし急いで付け加えなければならないが，以下の論の責任はもちろん筆者にある。

まず一般に，修士論文の中間発表などで好ましいと思われる研究プロセスについて考えてみよう。

図 2-12 は，心理学における一般的な研究の流れを模式化したものである。多少の順番のズレや繰り返しの過程があるにせよ，実験・調査研究の多くがこうした流れに沿って行われることになっている。修士論文の中間発表などでは，たとえ理論の学習が不十分で具体的な研究計画が練られていないとしても，「一般的な心理学研究の技術」を学んでいることがわかれば，聞いて

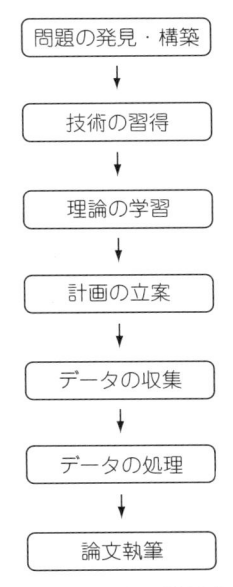

問題の発見・構築
↓
技術の習得
↓
理論の学習
↓
計画の立案
↓
データの収集
↓
データの処理
↓
論文執筆

図 2-12　一般的心理学研究の流れ

いる方も何となく安心できるという仕組みになっている。

　一方，質的研究ではどうだろうか。図2-13はオーフォード（Orford, 1992）の説明を澤田・南（2001）が紹介したものであるが，データ収集から予備的説明までが循環ループになっていることが特徴的である。もちろん，図2-12においても，データ収集のところが失敗すれば繰り返しデータ収集をすることになるが，それは全体の枠組みを崩したりすることにはなりにくい。しかし図2-13におけるループでは，何度も繰り返すことが前提でさえあり，それが異なるところである。

　次に，フィールドワーク型研究のプロセスをみてみよう。図2-14は箕浦（1999）のフィールドワーク・プロセスの図式であるが，こうしたプロセスの最大の特徴は，抽出されるべき概念などが，フィールドやそこにいる人の方に「埋め込まれて」いるということであろう。何かがある，ということはわかっているのに，それが何なのかはわからない。自分なりに「切れのあるカテゴリー」を作ったと思って観察を続けると，観察によって自分の考えが否定されてしまう。そうしたプロセスが続いていくのが現場心理学における研究のあり方なのである。具体的なデータ蓄積の技術といえば，フィールドノーツ作りか録画くらいしかないわけであるから，いかにも頼りなく見えてしまうのもやむを得ないのかもしれない。

　次に，グラウンデッド・セオリー的アプローチのプロセスをみてみよう（図2-15）。このアプローチは「データ対話型」とも呼ばれ，「ある現象に関して，データに根ざして帰納的に引き出された理論を構築するための，体系化した一連の手続き」（Strauss & Corbin, 1990; 澤田, 2000）を用いる質的研究のアプローチであり，看護学から提唱されたものである。この図は直線的なイメージで描かれているが，コード化（概念化，概念間の関連づけの過程）などのプロセスの間の矢印は双方向になっており，それぞれのステップが行きつ戻りつの往還的プロセスであることが示されている。

　なお，この図にある3種類のコード化については，能智（2001）が図2-16のように説明している。

　次に，やまだ（2002a）によるモデル構成のプロセスは，図2-17のようである。具体的には「魂の形」を各国のさまざまな人に描いてもらい，そこか

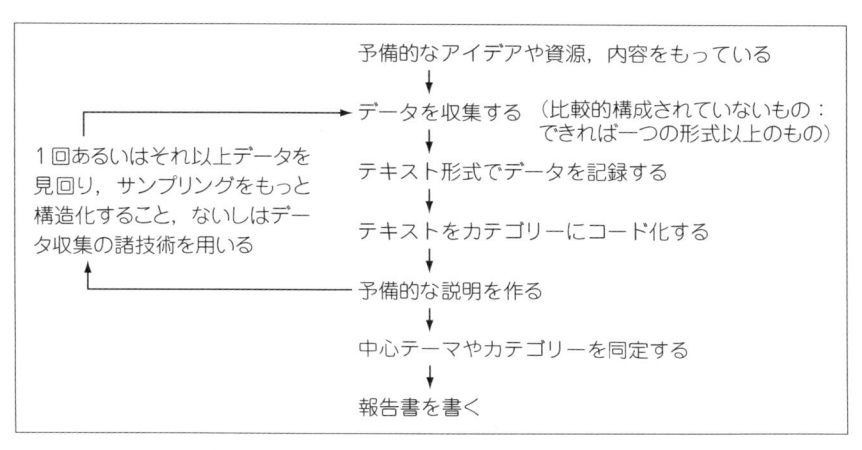

2章 モードⅡ・現場心理学・質的研究

```
                  予備的なアイデアや資源，内容をもっている
                        ↓
          ┌──→ データを収集する （比較的構成されていないもの：
          │          ↓              できれば一つの形式以上のもの）
1回あるいはそれ以上データを   テキスト形式でデータを記録する
見回り，サンプリングをもっと    ↓
構造化すること，ないしはデー  テキストをカテゴリーにコード化する
タ収集の諸技術を用いる       ↓
          └── 予備的な説明を作る
                        ↓
                  中心テーマやカテゴリーを同定する
                        ↓
                  報告書を書く
```

図 2-13 質的研究のプロセス（Orford, 1992; 澤田・南, 2001, p.51）

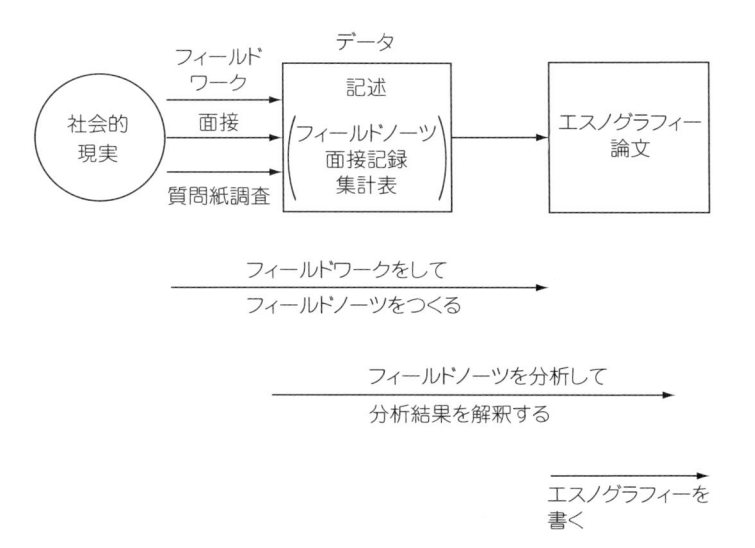

図 2-14 フィールドワーク型研究の流れ（箕浦, 1999, p.42）

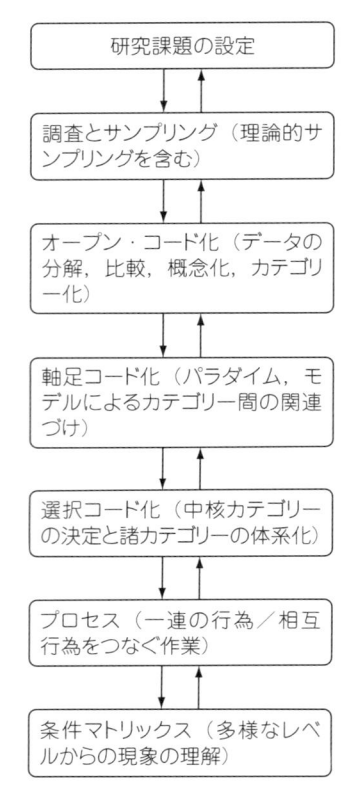

```
┌─────────────────┐
│  研究課題の設定  │
└────────┬────────┘
         ↓
┌─────────────────────────┐
│ 調査とサンプリング（理論的サ │
│ ンプリングを含む）         │
└────────┬────────────────┘
         ↓↑
┌─────────────────────────┐
│ オープン・コード化（データの │
│ 分解，比較，概念化，カテゴリ │
│ ー化）                    │
└────────┬────────────────┘
         ↓↑
┌─────────────────────────┐
│ 軸足コード化（パラダイム，モ │
│ デルによるカテゴリー間の関連 │
│ づけ）                    │
└────────┬────────────────┘
         ↓↑
┌─────────────────────────┐
│ 選択コード化（中核カテゴリー │
│ の決定と諸カテゴリーの体系化）│
└────────┬────────────────┘
         ↓
┌─────────────────────────┐
│ プロセス（一連の行為／相互  │
│ 行為をつなぐ作業）          │
└────────┬────────────────┘
         ↓
┌─────────────────────────┐
│ 条件マトリックス（多様なレベ │
│ ルからの現象の理解）        │
└─────────────────────────┘
```

図 2-15　グラウンデッド・セオリー法における分析の流れ（澤田, 2000, p.172）

ら人びとの「あの世観」をモデル化しようとした研究のなかで，やまだ（2002a）は以下のようなプロセスで（図 2-17）モデル化・理論化を行ったとしている。このプロセスの図示化自体が，ほかの現場から理論を立ち上げる際にも有用だと思われる。

図 2-17 のような方法は丁寧に段階を踏んだプロセスを経ており，すなわち帰納的な流れだといえるだろう。しかし，見方によっては生成されるカテゴリーや仮説が事後的であるともいえ，それに対する批判は起こりえる。

以上のように，質的研究の分析法は，それ自体が独自の発展過程をもったプロセスであり，事前に決定されているようなものではないことがわかる。帰納的分析の特徴だといえるであろうが，そうしたプロセスに疑念をもつ気

2章　モードⅡ・現場心理学・質的研究

1. オープン・コード化　------→ 概念ラベル

　------→ カテゴリー

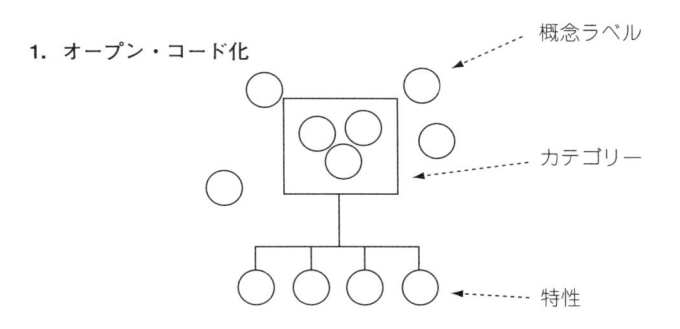

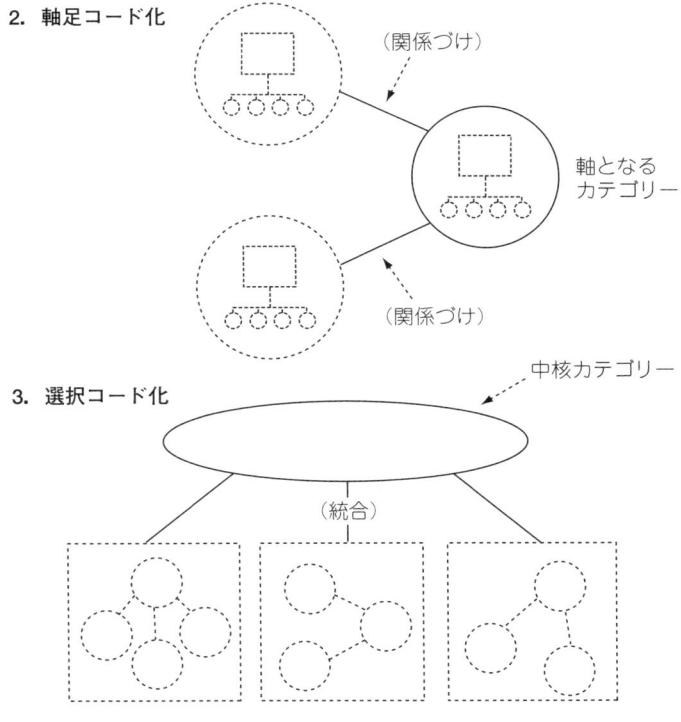

　------→ 特性

2. 軸足コード化

（関係づけ）

軸となる
カテゴリー

（関係づけ）

3. 選択コード化　------→ 中核カテゴリー

（統合）

図 2-16　グラウンデッド・セオリー法におけるコード化のプロセス（能智, 2001, p.48）

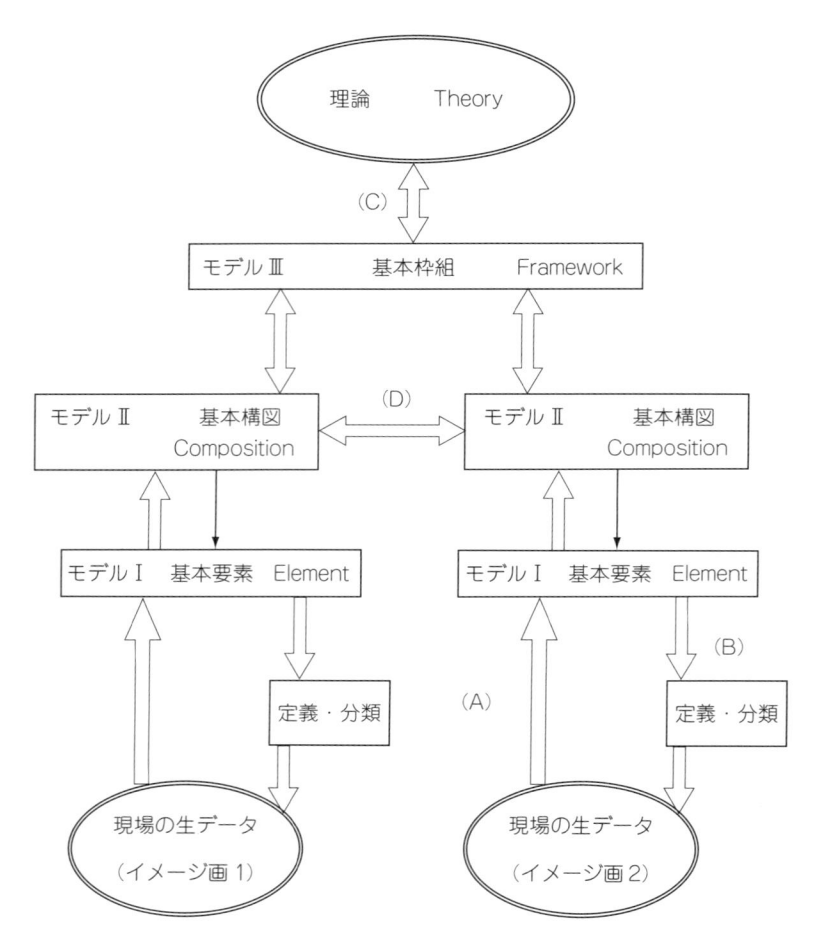

図 2-17　現場データからの 3 水準のモデル構成のプロセス（やまだ, 2002a, p.112）

持ちもわからないではない。しかし，そもそも，海外から直輸入した概念の質問紙研究なら安心で，質的研究は危なっかしいというのは本末転倒だと思うのは筆者だけであろうか。海外の研究も，その初期においてはおそらく地道な観察や考察を行って，その場にふさわしい概念を導き出しているのだから，質的研究をそのように理解してもらうのは高望みだとは思えない。

　こうした理解のズレを埋めるには，（実験実習を多くの心理学徒が経験するのと同じように），多くの人にフィールドワークなどの質的研究を体験してもら

うことが重要だと思われるが，現時点でそれを望むことはできにくい。修士論文の中間発表のような場合には，それまでのフィールドノーツの蓄積とそれまでの成果（ミニ・レポート）を出して，そこから作業の信頼性を担保してもらうしかないように思われる。

なお，フィールドワークにおけるデータの信頼性に関して，ねつ造（ねつ造と言わないまでも，ご都合主義的なイイトコどり）を疑われかねないと前述した。たしかにフィールドワークについて「恣意的解釈」や「ねつ造」が疑われることはある。しかし，そうした批判をやむを得ないことだと思って甘受してはいけない。以下のことを声を大にして言っておかねばならない。それは，心理学における最大のねつ造（これはまた科学における最大のねつ造の一つでもある）は，イギリスの心理学者，バート（Burt, C.）による知能の実験的研究だったということである。彼はデータをとらずに結果の数値だけを論文に書き，知能の遺伝規定性が高いこと，したがって，高い知能の人間を優遇し，低い知能の人間には断種も辞さないという論を唱えたのである（この政策は世界各国で実行された）。この研究によって，知能の遺伝規定性が強く喧伝（けんでん）され不幸に陥った人が少なくなかったことこそ，常に思い起こす必要がある。バートの論文は典型的な心理学の論文の形式を踏襲していた。しかし，実際には行われていない研究だったのである。

ねつ造は「方法」にではなく，「人」に属することなのである。

4-3　誤謬からのセーフティネットはあるか ── 第一の過誤の問題

ここまで，質的研究に対する批判的疑義について検討をしてきた。批判を許さないということではない。答えられる批判には答えたということである。さて，私見によれば，質的研究においてもっとも問題であるのは，判断における過誤を防ぐ手立てが未だ整備されているとは言えないことだと思われる。

たとえば，統計的検定においては，過誤を2つに分類し，そのうちの一つ（第一の過誤）を意識的に低減するようにしている。それにならって，以下の2つの過誤について意識することが重要かと思われる。

【第一の過誤】何かが無いときに有ると言ってしまう誤り。たとえば，変数AとBに相関関係が無いにもかかわらず，有ると言ってしまうときは，第一の過誤を犯していることになる。

【第二の過誤】何かが有るときに無いと言ってしまう誤り。たとえば，変数AとBに相関関係が有るにもかかわらず，無いと言ってしまうときは，第二の過誤を犯していることになる。

　生硬な表現なのでわかりにくいかもしれない。そこで少し下世話な表現をしてみよう。

　第一の過誤は，簡単にいうと「慌て者の誤り」で，早とちりで失敗するということである。たとえば，異性がこちらをしきりに見ている。気がありそうだと感じる。それで強引にアプローチして失敗した……。というのが第一の過誤になる。

　第二の過誤は，「ボンヤリ者の誤り」である。自分に気がある異性がしきりにいろいろなことをしてくれている。しかし，単なる親切だと思い，そのままウヤムヤ……。後でその異性の友だちから「バカね～」なんて言われたりする。これが第二の過誤である。

　こうした2つの誤りのうちでも，学者の世界では，第一の過誤をおそれる。無いものを有ると言ってしまってそれが誤りであったなら，世の中に非常に大きな混乱をもたらすことがある。先にバートのねつ造の例を出したが，ねつ造はともかく，知能に関して遺伝規定性があると言ってしまったために，それが政策などに反映されて大きな混乱をもたらした。知能の遺伝規定性については今日また行動遺伝学で新しい発展がみられるが，過去の研究においては，根拠のない遺伝規定性が大きく見積もられ，単に誤りだっただけでなく，優生劣廃学（eugenicsの訳）という学問を通じて多くの人の人生に負の影響を与えた。こうした誤りは，研究者としては絶対避けなければいけなかったのだ。

　やや話が拡大するが，心理学者が「血液型性格判断」に反対するのも，こうした学者のエートスのなせる業である。世間の人たちは日常の何となくという雰囲気で，血液型と性格に関係があるのではないかと感じている。しかし，心理学者は，血液型性格判断の歴史的背景，対人認知のメカニズム（＝

血液型性格判断はステレオタイプ形成によるという考え方）などを考察し，さらに最近でも散見される海外における新しい研究の説得力のなさ，などを総合的に判断し，第一の過誤すなわち「慌て者の誤り」を犯さないようにしているのである（佐藤・渡邊, 1996 を参照）。

では，学者のエートスにおいて第二の過誤の話はどうなってしまうのだろうか。血液型性格判断の話に戻ると，もし仮に本当に関係があるというような証拠が出たらどうするのだろうか。答えは単純。そのときに認めればよいのである。学者は「一番重い腰」をもっている必要があるのである。現在でも一部の人たちから心理学者は「血液型と性格の関係を認めようとしない頑固者」として非難されている。しかし，それでよいのである。私たちが関係あると認めてしまって，実際に血液型別育児・保育・教育がなされることになったら，取り返しがつかないからである。

話を質的研究に戻そう。質的研究は，自分の仮説や結論が誤っているとどのように判断できるのか。これが問うべき問いだと思われる。

4-4 質的研究のセーフティネット

質的な研究は，定量化されていないデータ・資料を「読み込んで」解釈枠組みを作り説明を試みるプロセスである。したがって，そうしたプロセスにおける独断化を避ける必要がある。よく知られているように，私たちの認知の仕組みは，解釈枠組みが一度できあがってしまうと，非常に強力に私たちの見方を規定してしまう。したがって，自分だけで作った枠組みの検討が表面的だと，独善的な解釈しかできなくなっていく。これを回避するには，まず，地道なフィールドワークをすること。これに尽きる。現場で丹念にデータをとり続ければ，自分の解釈が妥当かどうかは多少わかるものである。しかしこの対策もまた個人的なものであり，これだけで誤りを避けるのは難しい。そこで，概ね表 2-6 のような方法を研究プロセスに組み込むことが必要になるだろう。

研究仲間による評価というのは，たとえばゼミでの発表や研究会での発表において意見を言ってもらうことである。臨床心理学に近い言葉で言えば，

表2-6 質的研究において誤りを低減するための工夫

1	研究仲間による評価
2	指導者による評価
3	当事者による評価

ケース・カンファレンスということになる。指導者による評価というのは，文字通りのことで，教員やその他の方に指導してもらう，スーパーヴァイズしてもらうということである。最後の当事者による評価というのは，自分が関与している現場の人に自分の解釈を聞いてもらって，それについて意見をもらうということである。こうしたさまざまな声を聞くことで，自分の解釈の独善性を低減していくことは ── ある程度は ── 可能になるだろう。

　この点に関しては，このほかにも，「理論」「ぶ厚い記述」「仮説継承」というキーワードがあげられるだろう。これらのうち，「仮説継承」についてのみ簡単に触れておきたい。西條（2002）は，心理学における質的研究の弱点に言及するなかで，知見の積み上げのための方法が整備されていないことを指摘したうえで，量的研究の仮説「検証」に代わって仮説「継承」という枠組みを提唱した。具体的に西條（2002）は，やまだ（2001）が文芸作品などを検討しつつ生成した2つの仮説「他者の死を見送るとき，自己が死ぬときにかかわらず，生死のぎりぎりの境界で天気の語りが現れるのは偶然ではなさそうである」「その語りは，日常と非日常，連続性と非連続性，人間と自然，生者と死者，自己と他者など，多重の関係性の亀裂を意味するだろう」について，やまだ（2001）とは異なるテクストを用いて，仮説を検証するのではなく継承を試みている。

　さらに興味深いことに，やまだ（2002b）は西條（2002）を受けて，さらに仮説を洗練する試みを行っている。西條（2002）とやまだ（2002b）の具体的内容については論文にあたっていただきたいが，やまだ（2002b）が，自身の研究と西條（2002）とやまだ（2002b）の仮説の関係について図示しているのでそれを紹介しておきたい（図2-18）。こうした仮説継承が，ほかの研究においても今後なされていくことだろう。

　次に，質的研究の方法論的な問題点として重視すべきことを，表2-7とし

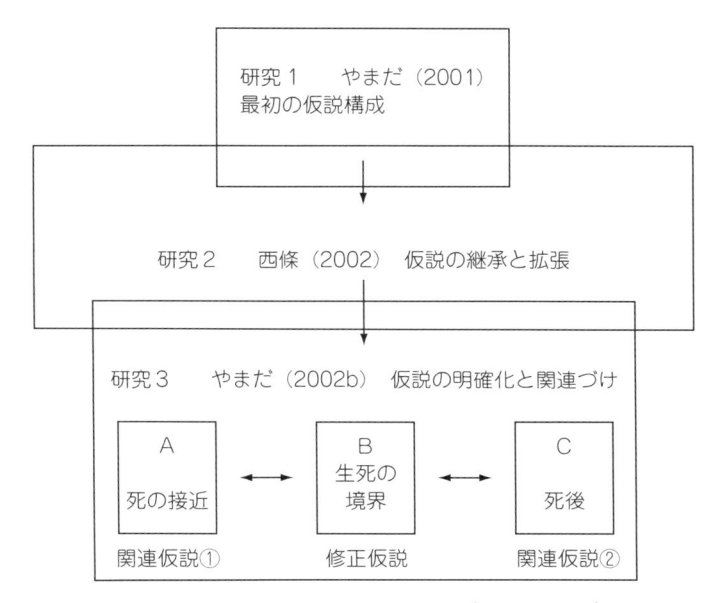

2章 モードⅡ・現場心理学・質的研究

```
┌─────────────────────────────────┐
│ 研究1    やまだ（2001）          │
│ 最初の仮説構成                   │
└─────────────────────────────────┘
              │
              ▼
┌─────────────────────────────────────────┐
│ 研究2   西條（2002） 仮説の継承と拡張    │
└─────────────────────────────────────────┘

研究3   やまだ（2002b） 仮説の明確化と関連づけ
  ┌─────┐    ┌─────┐    ┌─────┐
  │  A  │◀──▶│  B  │◀──▶│  C  │
  │死の │    │生死の│    │ 死後 │
  │接近 │    │境界 │    │     │
  └─────┘    └─────┘    └─────┘
  関連仮説①   修正仮説   関連仮説②
```

図2-18　3つの研究における仮説構成の生成継承的プロセスのモデル化（やまだ, 2002b）

表2-7　質的研究の方法論的問題点として重視すべきこと

1　理論的記述
2　再現可能性
3　第一の過誤（慌て者の誤り）の低減方策の確立

てまとめてみた（表2-7の3についてはすでに述べたので，ここでは割愛する）。

さて，表2-7に質的研究の方法論的問題点として重視すべきこととして最初にあげられているのは，理論的な記述をすることである。自分が扱った場所におけるある現象の理解が，心理学という学問にとってどういう意味をもつのか。あるいは，他の場所における人びとの生活にどのような意味をもつのか。こうしたことへの回答は，個別の研究から生まれることはないであろうから，理論的な回答を行う必要がある。そのためには，出来合いの理論の枠組みを借りてくる場合もあるだろうし，新たな理論を構築していく場合も

55

あるだろう。

いずれにせよ，自分の扱った現象・事象をより大きな体系で説明していく必要があり，それこそが理論的な活動なのである。日本の心理学においてもっとも遅れている分野の一つが，理論心理学であることに疑いはない。すでに述べた「モデル構成を目指す現場心理学」による理論化の試み（やまだ，2002b）は，その内容だけではなく，理論化のための方策を示してくれており，大いに有用だと思われる。

表2-7の2つ目は，再現可能性についてである。再現といっても，自然科学における実験とは異なり，厳密な意味での再現は不可能である。そこで，再現性ということを考え，またこの概念を拡張していくことが大事ではないだろうか。筆者はとりあえず再現性という概念を，次の3つに分けることを提案したい（表2-8）。ここで筆者が従来的な概念（信頼性や妥当性）を用いないことを訝る声もあるかもしれないが，それは，量的研究に用いられている概念を用いることが質的研究を量的研究に引き込むことになるという主張（Ely et al., 1991; Creswell, 1998）などに賛同するからである。

表2-8　再現性概念の拡張と整備

1　手続き的再現性
2　外挿的再現性
3　臨場的再現性（ハイファイ性）

このうち，表2-8の1の「手続き的再現性」というのは，ある人と同じことができるように手続きを詳細に書くということである。研究である以上は，それがほかの人たちにも開かれている必要がある（そうでなければ名人芸になってしまう＝学問は芸とは違う）。追試や外挿的再現性（後述）を自分で確保できないのであれば，手続き的再現性を確保することは最低限重要なことのように思える。また，この手続き的再現性の確保は，ある人の研究をほかの人がほかの場所で行うことができるように，ということもあるが，詳細に書くことによって自分自身もその場所ややり方の特徴に気づくことができるようになるという効用もある。

表2-8の2の「外挿的再現性」というのは，手続き的再現性から一歩進んだものである。すなわち，ある研究成果がほかの場面や場所でも確認できるか，ということであり，実験研究であれば「追試」として表現されるようなものである。しかし，質的研究では純粋な意味での追試はできない。ある場所・ある時における面接や観察を行っているのだから，それは仕方のないことである。もっとも，そこで得られた知見をほかの場所に外挿的に適用することは可能であり，そうした工夫をすることで再現性を確保することができるかもしれない。

質的研究においてどうやって外挿的再現性を確保するか。それはたとえば，研究を行っている最中とは別の時点でVTRを撮って，自分の研究で確立したカテゴリーの有効性を確かめるとか，ほかの場所に出かけて同じ観察をしてみるといったことが考えられる。研究の妥当性に関する疑念に答えるという目的からすると，客観的である録画を行ったうえで再現性をチェックすることが望まれるだろう。この手法について，VTRで確認するくらいなら最初からVTRで録画すればよいではないか，という疑問が起こりうるので，それについて答えておこう。

筆者はフィールドワークの際にVTRで録画することが，必ずしも研究の精度をあげるとは考えていない。むしろ五感を用いたフィールドワークを行う方が重要だと思う。画像を繰り返し見ることは録画の利点ではあるけれども，ビデオで切り取られた枠の内部しか見ることができないのある。研究初期から固定した枠で録画するのは，フィールドワーク・プロセスにたとえて言えば，初期に作った仮説的概念で常にフィールド観察をするようなものである。佐藤（1992, p.113）は「信頼性と妥当性という問題に関する昔から根強い誤解の一つ」として「機械やそれに近いものを使えば測定に関する問題の多くが解決される」と考えることをあげているが，筆者も同じ意見である。

表2-8の3の「臨場的再現性」というのは，音楽でいうとハイファイ性ということになる。論文のなかにローデータを入れたり図を入れることで，臨場感をもせるのである。面接調査であれば，本人の語りを直接論文中に引用することで，その人らしさを感じさせることができるだろう。写真や絵によっても，その現場の雰囲気を伝えることができる。また，文書資料などを精

査することによって，その現場が成り立っている歴史や経緯を記述することも，臨場的再現性を強めることに有用かもしれない。

5 モードⅡ・現場心理学(フィールド)・質的研究への批判と議論

5-1 本質的批判と研鑽を

質的な研究のなかでクロス表などが出てきて発表すると，「なぜ統計的検定をしないのか」などという質問がなされることがある。この質問はある意味で健全である。すでに述べたように，統計的検定というのは第一種の過誤を低減させるように高度に体系化されているからである。しかし，検定は判断の材料の一つであって，判断そのものではない。ましてや検定を使うと過誤を無くせるわけではない。したがって，使うか使わないかではなく，判断そのものの可否が問われるべきなのである。検定をしていなければ判断を尊重しないというのでは，やはり行き過ぎだといえるだろう。

こうした批判を，私は技術論的批判と呼ぶ。方法論的とは言えない。たとえていえば，図2-19のようなことになる。

技術論的批判
　　そこは統計的検定をした方が良いのではないか？？
海の上で釣ったイカを刺身にするときに
　　手を丁寧に洗ってからイカを持ってさばいた方がいいのではないか？？

図2-19　技術論的批判とそのたとえ

海の上で，釣ったイカをそのまま食べるときに，釣り方や処理についてチマチマ言うことは，それが正論であってもやや余計なお世話であり，それは技術論的批判である。

一方，モードⅡ・現場心理学(フィールド)・質的研究の側にも多少反省すべき点もある。すなわち，こうした研究においては先行研究をきちんとリファーしていなか

ったり，試論的試みに終わってしまっている例が散見されるのである。特に先行研究をきちんと読んで引用するということは，自分の研究を学問の流れに位置づけることであると同時に，先行する人びとへの敬意の表現であるから，是非とも実行したいものである（図2-20）。

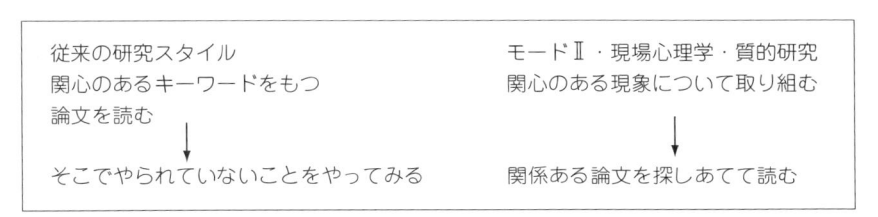

```
従来の研究スタイル                          モードⅡ・現場心理学・質的研究
関心のあるキーワードをもつ                   関心のある現象について取り組む
論文を読む                                論文を読む
     ↓                                      ↓
そこでやられていないことをやってみる         関係ある論文を探しあてて読む
```

図2-20　研究手順の2つの種類

エッセイや（小中学校の）夏休みの自由課題とは異なり，対象に対する自分の見方のみの提示ですますわけにはいかない。自分の論文がどのような意義をもち，どのような広がり・つながりをもつのか，ということを学問の世界に発信できなければいけないのである。少なくともそういう努力が必要である。そうした努力の結果，まったく類似の研究がないというのであれば，本当の意味での独創的な研究ということになるが，実際にそうした例は少ないものである。自分が見た現場は一つしかないので独創的だ，だから関係する研究を参照しない，という態度では，その研究がいくら優れていても独善的だという批判を免れないだろう。

5-2　個と普遍性の問題

ある島である調査（あえてぼかしている）をした人が論文を投稿したときのことである。「調査する島が一つでは心許ない」というようなコメントをもらったと憤慨していたことがあった。島で行われているある活動について長期にわたってフィールドワークを行って書いた論文だったが，調査対象の島が一つだという理由で低い評価を受けたというのである。個別事例の価値は低いのだろうか。

質問紙を一人の相手にしか行わないなら少ないと非難されるのも仕方ない

であろうが，そういうのとはわけが違う。データの数という意味では，積み重ね的に多いはずである。図2-21は，フィールドワークとサーベイ（ここでは社会学の調査のこと）を比較して前者の方が調べることのできる項目が多いということを，模式的に佐藤（1992）が表したものである。

対象を通して調べられる項目の数

事例研究としての
フィールドワーク（多）

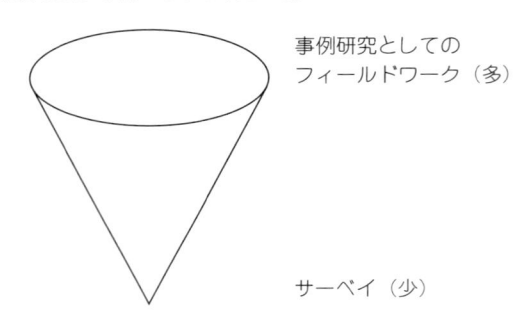

サーベイ（少）

図2-21　フィールドワークとサーベイの調査対象となる項目の数
（佐藤, 1992, p.100）

　1つの論文や研究で扱う対象が少ないということは，単に数が多い少ないという問題だけでなく，扱っている事象が，母集団を代表したサンプルなのかどうかという問題をも引き起こす。数量的な研究の多くが，確率的サンプリングの立場に立っていることからくる批判だといえるだろう。下山（2001）はこうした批判に対して，（臨床心理学の）事例研究の立場から，領域固有の問題を扱うときには，リサーチ・クエスチョンを立てたうえでそれに基づいてサンプル抽出を行うことが重要だとしている。そして，こうしたサンプリングを理論的サンプリングと呼んでいる。

　さて，データの取り方の話はこのくらいにして，結果の表現ということについていえば，モデルを立ち上げて限定を明確にしつつも説明できる範囲を広げる努力や，自分以前の先達者の文献や理論に助けを求め，大きな文脈のなかに自分のデータを位置づけることが必要となる。モデルや理論の形で表されれば，それは，後の人の実践活動や研究（知識生産のモードⅠとモードⅡ）にそれぞれ役立つものとなりうる。

ここでダーウィンによる進化論の例をあげれば，進化したプロセスを直接証明する過去の証拠（時代による形態の変化を証明づけるもの）は何一つないといってもいいくらいである。しかし，その理論は，着実な観察からもたらされ，多くのことを説明し，また，指針として機能している。すでに述べたように，より本質的には「個別的なものにこそ普遍性がやどる」ということは，言い得るのではないかと考えられる。

6 再び評価の問題

6-1 『質的心理学研究』・新しい学術誌の発刊

私がこれまで扱ってきた研究動向（モードⅡ・現場心理学・質的研究）については，本質的な議論をしなければいけないのに，些末な議論が行われているようでもある。また，議論できるならばともかく，成果が論文として認められない自体が起きている可能性さえ感じられる。

こうしたことを打開するにはどうすればいいのだろうか。一つの考え方として，新しい学術誌を発行するということがある。『質的心理学研究』という名称の新学術誌，創刊号が 2002 年春に発刊された。

批判されているから一派を立ち上げるという閉鎖的な感情論に支配された行動ではなく，真に学問的な議論，開かれた議論をするために，その土俵を用意するということがこの雑誌の目的である。冒頭にあげた評価を一次元で表した図 2-3 に対して，垂直の評価軸を加えると図 2-4 になる。この新学術誌は，そうした評価軸の多様化を狙ったものである。また，学術誌になれば，紀要論文に掲載されていた時代とは異なる情報流通が可能になるのも魅力である。

心理学という学問に発展過程があるかどうかは安易に論じるべきではないが，ヴントの心理学が，刺激を統制して実験室内で意識を扱うことによって近代心理学の扉をあけたとしても，そこに留まっていることはできない。心理学という学問の対象である「人間とその生活」は統制することが不可能な

ことも多く，また，重要な問題であればあるほど，統制が不可能であるものなのである。しかし，今更，発達や社会の問題を除いて心理学の分野が成り立つことがありえるだろうか。

　刺激統制ができないなかでの心理学実践（心理学を実践するという意味で，実践的な心理学を行うという意味ではない）についての工夫が求められているのである。こうした見地に立てば，問題意識を共有する人たちによる学術誌の創刊は一定の意味が与えられるだろう。

　ただし，専門分化（学術誌の分化）は往々にして，知識のたこ壺化をもたらすという批判がある。こうした批判を意識しておくことは必要である。しかし，現時点の日本における『質的心理学研究』の発刊は，それを超えるメリットがあると考えられる。雑誌発刊をきっかけにして 2004 年に日本質的心理学会が設立され，2012 年には 1000 名弱の会員を擁していることからも，『質的心理学研究』の発刊には意義があったと証明できたのではないか。

6-2　良い研究をするためには他人の良さを認めよう

　良い研究とは何か。いろいろな基準を考えることが可能であるが，学範の発展に寄与する，本人が面白い，（広い意味での）人類の福利と厚生に寄与する，などが思い浮かぶ。しかし，それに加えて，「評価されること」を考える必要がある。自分の研究を自分で評価しても「鼻持ちならないヤツ」と思われるだけだから，他者から評価される必要がある。どうすればいいだろうか？　筆者はこう思う。つまり，遠回りではあっても，自分が人の研究を積極的に評価することが大事なのである。誰のことも評価しないで誰かに評価されようというムシのいい話はやめなければいけないのだ。評価のことだけでは本質的ではないので，筆者が考える良い研究・面白い研究の基準をあげておきたい（表 2-9）。

　研究は新しいことをやるのだから，何らかの形で常識をうち破るものでなければならない。心理学の場合は人間に関する実証の学であるから，何らかの事実に基づいていなければならない。社会科学のように誰かの理論を読んでそれを解釈・祖述するということは心理学においてはほとんどありえない。

表2-9　心理学における面白い研究の基準（私案）

常識と異なっている（新しい発見がある）
事実にもとづいている（文献解釈や空想だけではない）
体系的説明が可能（ほかの現象とのつながりがわかる）

最後に，体系的説明が可能だということにかんしてであるが，これは何らかの理論に基づいている，あるいは理論化がなされているということである。理論に基づいているということは，その理論に関係するほかの現象とつながっていることを意味するから，ある一つの研究の成果は小さいものであっても，その広がりが実感できるようになるわけである。

犯罪凶悪化やテロと被害者感情。『ポケットモンスター』のパカパカ刺激（強い色刺激の交代呈示）の子どもたちへの影響。コンパニオン・アニマル。化粧福祉。学校カウンセリング。交通機関の乗り心地。交通事故対策。思いつくままにあげたが，近年の日本で問題になっている多くのことに心理学は関わっている。それは，現在の社会におけるさまざまな関心は，必ず人間の問題に焦点を結ぶことになるからである。そうした意味で，心理学が果たす役割はますます大きくなっていく。実際，日本の大学では，心理学を学ぶ機会（学部・学科）が著しく増大している。こうした期待を背に，面白い心理学を実践していく必要がある。そして，そのためには，モードⅡ・現場心理学・質的研究，について考えていく必要があるように思える。

歴史的にみても，こうしたさまざまな現象に取り組む心理学者が存在したからこそ，世界や日本でこうした動向が心理学を母体として展開しているといえる。社会に関することで人間が関与しない現象はほとんどない。しかし，厳密な条件統制が可能なことばかりでもない。そうしたときに私たちはどうするのか。モードⅡ・現場心理学・質的研究を考えることの意義は，そのへんにありそうである。

なお，本章では，研究倫理の問題についてまったく触れることができなかったが，モードⅡ・現場心理学・質的研究を行う際には非常に重要であるということだけは最後に指摘しておきたいと思う。

3章
モード論
—— その意義と対人援助科学領域への拡張

本章では，異なる学範(ディシプリン)の協力について，抽象的な話ではなく具体的に展開するために，法学と心理学の関係，ということに絞って話を進め，そこから対人援助科学領域における知識生産について考えてみたい。

1　心理学者の体験談 —— 異文化としての法

1-1　法と心理学に関わったわけ

今となっては恥ずかしい話であるが，私は大学生のときに法学の授業を受けたことがない。一般教養（現・共通教育）の授業ですら受講していないのである。もちろん，専門科目も受講していない。そんな私がなぜ，法と心理学の研究領域に手を染めるようになったのか。それにはある事件との出会いがあった（佐藤, 1999 も参照されたい）。

まず，自民党本部放火事件の裁判の話を聞いたことである。自民党本部放火事件は，1984 年，革命的共産主義者同盟全国委員会（中核派）の地下軍事組織である「人民革命軍」が，火炎放射車によって自由民主党の本部ビルに放火した事件である。当時，東京都立大（現・首都大学東京）助手だった私は，ある方から「裁判について関心をもっている心理学者を探している人がいるので，会ってみてほしい」と言われ，断る理由も見つからずにその弁護士（だったか当事者だったか）に会いに出かけたのである。

事件については，政権を担当している政党に対する放火であり，犯行声明も出ていることから，イデオロギー的な背景があると推察された。しかし，

意見が異なるからといっても放火は放火である。意見が違う政党の本部を放火していいという法はない。現行法上は犯罪である。真犯人を捕まえ現行法上の刑罰を与える必要があるだろう。犯罪の種類によってはいずれ犯罪ではなくなるものもあるだろうが（こうした現象を非犯罪化という），放火は今後とも犯罪であり続けるだろう。

　しかし，法で裁くためには証拠によって，真犯人を同定する必要が出てくる。ここで真犯人という概念がくせ者である。なぜなら，多くの刑事事件にとって，当該事件が発生したときに，その場面を見ている人がいたり，記録があったりすることは滅多にないことだからである。

　ここでいう証拠も，科学的な研究における証拠とは異なっており，刑事訴訟法上で認められる証拠のことであり，「証拠に基づく事実認定」という考え方すら一般の心理学者には（最初は）理解が難しいが，ここではこのことにこれ以上触れない。

1-2　法文化との出会い

　さて，私が自民党本部放火事件の犯人捜査の経緯を聞いていて，素朴に奇異を感じたのが「面割帳」の問題であった。非常に簡単に言うと，300枚ほどの写真を含む写真帳の中から，ある人物が「犯人」を選んだというのだが（ただし，ここで言う犯人は放火の実行犯ではなく，その幇助をした人），その写真帳には，当該人物の写真が5枚くらい入っていたのである。

　他の人の写真は1枚で，ある特定個人の写真だけ5枚入っていれば，心理学の訓練を受けた人ならばバイアスのかかった写真帳だと言うだろう。5枚の写真が入っている特定人物を入れ替えて同じ様な条件の写真帳を作って見せれば，同じように，その入れ替えられた人物が選ばれるはずだ。つまり，誰の顔であっても5枚入っていれば，その人が選ばれるだろう。そのことを確かめるためには，同じようなバイアスのかかった写真帳を用いて実験する必要がある。そうすれば，この事件で使われた写真帳の欠陥が明らかになる，とも考えるだろう。実際，そのような実験をした人もいた。しかし，心理学者が行った実験は，同事件の一審では何の影響力ももたなかった。

簡単に言うと，その実験を排除した（法廷の）論理はこうである。写真帳にバイアスがあるかどうかと，証人が写真帳で選んだ人を現場で「見ていた」かどうかとは関係がない。証人がある人のことを見たかどうかは，その後の心理学者が行った実験によって判断することはできない。

これは，たしかにそのとおりである部分もある。「見たかどうか」が争点となっているのであるから，面割りに用いた写真にバイアスがあるかどうかは無関係であるし，その後の心理学実験も無関係である。そもそも，証人の証言を検討する際に，大学生を被験者にした実験を行ったことが心証を悪化させた可能性もある。法社会学者の太田（2000）は，「訴訟で問題となる主張事実命題のほとんどは，具体的当事者が経験した過去の具体的な事実についての命題である。これは，個別具体的な事実であるから，繰り返しを観念することができないような事実である」と述べている。訴訟で争われる事実は「繰り返しができない」というのが合意であるときに，実験という繰り返しを前提とする手法によって何かを訴えるという手法自体が，法曹関係者にあまり理解されなかった可能性がある。

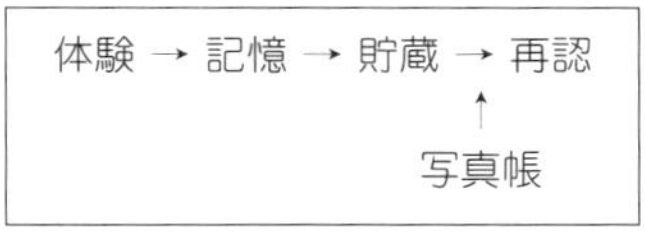

```
体験 → 記憶 → 貯蔵 → 再認
                ↑
              写真帳
```

図3-1　心理学者の記憶説

心理学者の側からすると納得いかないことではある。だが，バイアス実験を拒否する法廷の論理についても検討する必要がある。すなわち，ここでの法廷の論理が，どのような前提をもっているのかを検討する必要があるのだ。この場合はおそらく，見たことがそのまま記憶として残り，証言に反映するというような記憶説をとっているのだろう。こうした記憶の捉え方は，体験がテープレコーダーやICレコーダーにそのまま保存されて再生が可能だというモデルである。つまり「体験 → 再生」であり，その間は比較的単純に保存される，というものである。

一方，心理学者の論理（記憶に関する考え方）は，体験と再生の間に「貯蔵」の過程があり，その過程で歪みが入れば元の体験を取り出すことができ

ず，記憶は歪曲されると考える。すなわち，「体験 → 貯蔵 → 再生」である。再生と簡単に言うけれども，自発的に再生するのか，手がかりを与えられてそこから選ぶのか，では状況が異なる。そして後者の場合を心理学では再認と呼ぶ。提示された刺激（写真）の中から誰かを選ぶような場合はこの再認にあたる。再生は，そのような手がかりなしに自発的に想起する場合に使用される語である。写真を見て「思い出した！」というときの思い出したプロセスは，再生ではなく再認なのである。写真帳によって，その再認プロセスにバイアスが生じるというのが心理学者のとる記憶説である。

先の放火事件の話に戻ると，犯人を「思い出す」ときの面割りの写真帳が，原体験の想起にとっての単なる媒介か，記憶を歪めるほどの重要な材料か，ということの考え方が異なるのだと言える。裁判所は面割りの写真帳は単なる補助材料でしかないと考え，そのうえで，単なる補助材料の構成についての実験を大学生を対象にやったところで意味がないとした。法廷で問題にしている証人の体験自体を反証する材料になりえないという批判をしたのである。また，実験の場合，実験者は被験者の原体験のことを知っている。裁判ではそういう前提はとりえない。証人の証言に対する批判としては心理学の実験は弱すぎる，というのが，当時の法廷の論理だったのではないか。

最初に事件のことや判決のことを聞いたときは，私自身「理不尽！」と思ったのだが，今，やや距離をおいて考えてみると，少なくとも，当時の（法廷の）論理についてはそれとして理解することが可能である。また，裁判では受け入れられなかったはいえ，実際には，この事件をきっかけに，日本の法廷の記憶説に変化が現れた，ということを付記する必要もあるだろう。

1-3　2つの文化のなかで

ここまで，心理学と法学の対立があるとも読めるように書いてきたが，実際には，学問と社会制度との対立であるとも言える。心理学者は科学的真理を求めるが，法廷は法的事実を求め，そのうえで裁きを行うのである。法廷の主要な機能は裁きを行うことである。その前提として，法的事実を必要とするのである。ここで，事実とは何か，という問題がおき，そのために法学

のなかでは，何を事実とするのか，という方法論や学説などが整備されている。そして，ここには限定がある。それは法廷という「土俵」の上での決着をめざすということである。したがって訴訟法が重要となる。訴訟法で使用可能な証拠によって事実を認定し，罪刑を決定するのが法的なプロセスである。たとえば，捜査に盗聴を認めるかどうか，ということについては，組織犯罪に対しては認める，ということになった。逆に言えば，個人の犯罪の場合は盗聴によって聞いた「事実」は，「法廷における事実」ではないということになる。個人的犯罪に関する盗聴は認められないから，たとえ，盗聴によって「私は＊＊を殺しました」という録音をしたとしても，それは証拠に基づいた事実たりえない。事実がなければ，それに基づいて刑罰を問われることもないのである。

　事実とは何かということについて，もう一つ例をあげる。たとえば，マインドコントロールという現象について，もし，それ（マインドコントロール）があるなら，どのようにしてあると言えるのか，その「ある」ということの前提が法廷の論理では問われるのである。当然，ある一人の学者がそれを言ったり，一つの実験結果を示しただけでは説得力はない。法学の世界のように主導学説のようなものがあり，対立学説というものがあって，その間に論争があって，しかもマインドコントロール学説の方が優位である，というようなことがなければ，なかなか簡単に学説の承認には至らないのである。

　法文化では，事実とは何か，についての議論が重要である。しかし，心理学文化ではそこは相対的に軽視されている。むしろ，事実を捉えることができることが前提となっている。なぜなら，心理学の研究対象は，研究者の目の前で起きることが多いからであるし，そうでないものについては扱わないように学範(ディシプリン)ができているからである。法律の学説は，「事実かどうか」を検討する以前に，「何が事実か」を決める前提をも厳しく検討する。心理学の例でいえば，事例研究法か実験法か，という理論的検討に似ている（ところが，心理学ではこのようなことを問いつめることは少ない）。

2 モード論という補助線

さて，長々と法と心理学に関する個人的な体験を書いてきたが，ここで述べたいことは2つの異なる学範(ディシプリン)が協働作業し，理解することの難しさと面白さである。法治国家である以上，法に従った紛争解決（民事・刑事とも）を行う必要があるのは言うまでもない。そうしたことに心理学が関わることの難しさと面白さがある。

そして，こうしたことは，法と心理学の関係だけに存在するわけでもない。対人援助などもまさしくこうした問題であろう。福祉に携わる人びとと心理学者が協働作業し，理解しあうのはそれほど単純なことではない。以下では，具体的な学範同士の協働作業に話を進めるのではなく，こうした協働作業について科学社会学的に考えていく理論を紹介したい。モード論である。モード論については筆者はすでにまとまった紹介論文を書いているが，以下ではそれを祖述しながら，少し新しい図なども出してみたい。

2-1 モード論とは何か

モード論とは，科学社会学において，研究と社会との関係を考える際に提出された考え方であり，研究そのものの方法論を提供するのではなく，研究のあり方について考える方法論である。その詳細は日本語で読めるギボンズの論考（ギボンズ, 1997）や，解説論文（小林, 1996; 佐藤, 1998a ＝本書1章）などを参照されたい。

以下ではモード論の簡単な解説を行っていくが，ここで留意しておいてほしいことがある。もともとのモード論は研究費が頭打ちになる時代の研究費配分（納税者にとっての有効な使い道）に関わる議論から出発しているため，現在ではいわゆる第三世界の開発と研究と研究費，などがテーマになっているようであるが，私が展開するモード論は，研究費配分というよりは，研究者のモードという面を重視しており，科学者論のような面があるし，さらに

はモード性格論のような性格論にまで展開している，ということである。

さて，私が理解しているモード論の重点は。①「基礎」「応用」という二分法を廃して「モードⅠ」「モードⅡ」と呼ぶ，②「研究」という言葉に変えて知識生産と呼ぶ，ということだと思われる（これは筆者からみての重点である。図3-2）。

つまり，モード論では，基礎研究とか応用研究など言わずに，知識生産のモードⅠとか知識生産のモードⅡ，などと言うことになる。では，知識生産のモードⅠ，Ⅱとはどのようなものだろうか。

1　「基礎」「応用」ではなく「モードⅠ」「モードⅡ」
2　「研究」ではなく「知識生産」

図 3-2　モード論の強調点

2-2　知識生産のモード

すでに述べたように，モード論では研究のことを知識生産と呼んだうえで，2つのモードを措定する。モードⅠとモードⅡである。これでは何だかわからないが，具体的に言えばモードⅠは，ある学問の内部の価値体系に基づく知識生産（学範内好奇心駆動型），それに対してモードⅡは社会の関心事に基づく知識生産である（社会関心駆動型）。ここで社会とは，ある学問の外のことであり，他の学問はもちろん，行政や住民の願いなど，さまざまなものが入ってくる可能性がある（図3-3）。

またすでに述べたように，モード論では基礎，応用という言葉を用いない。こうした言葉づかいが，基礎は応用より上だというような上下関係の認識を生み出し，不毛な対立の原因となるからである。繰り返しになるが，モードに序列はない（直交する軸のようなものであり，緯度と経度のどちらが優れているといっても仕方ないのである）。さらに，モードという概念を用いることによって，一人の研究者が違うモードに入るということも理論的に説明可能となる（モード性格論；佐藤, 1998b）。

モードⅠ	モードⅡ
学範内好奇心駆動型	社会関心駆動型
(学範=ディシプリン)	(社会=自分の学範以外)

図3-3 知識生産の2つのモード

　モードⅠは学範内好奇心駆動型であり，いわゆる「研究」なので，ここでは説明しない。モードⅡの特徴について考えてみたい。

2-3　モードⅡの特徴

　モードⅡは，ある学範における学問（学者）と社会との出会いによって成り立っている。ここで，モード論においては「共同研究」ではなく，コラボレーション，「協働作業」という表現を用いる。そして，その協働作業は学融的（trans-disciplinary）なものである。それでは，モードⅡの学融的な協働作業とは，どのようなものであろうか？　表3-1を見ながら考えてみたい。

表3-1　学融の特徴（学際との比較）

学融的協働作業の特徴	学際的研究の特徴
問題の共有ではなく解決の共有	問題は共有するが解決を共有しない
普遍ではなく事例	事例は材料であり普遍性を目指す
一般ではなく専門	専門性。ただし，学範内の専門性のみ

　まず，学融的な協働作業をめざすモードⅡは「問題の共有」ではなく「解決の共有」をめざす，ということがある。問題を共通なものとして，それぞれの人間が別個の取り組みをするのではなく，1つの解をめざして協力するということである。さらなる特徴として，モードⅡは「普遍性」ではなく「事例性」を志向する。結果的に普遍性が得られることはもちろんありうるが，具体的な問題の解決をめざす以上，抽象的な解決ではなく現実的な解決をめざすのである。

　さらにモードⅡの特徴は，多少両価的（アンビバレント）だということで

ある。すなわちモードⅡで集まり，ある特定の社会問題駆動型の問題の解決をめざす人たちは，それぞれが他の人とは異なる独自の働きをすることで協働作業の輪に入らなければいけないのである。それぞれが何らかの専門性，すなわち他との差異性をもって，同じ問題に取り組む必要がある。ここで専門性とは，学問における専門である必要はない。行政のような専門性，市民のような立場でもよい。市民といってもいろいろな人がいる。専門家を標榜することなく，現実の問題を考えるのが市民の立場だとしておきたい。

いずれにせよここで重要なのは，モードⅡにおいては，自分の学範の知識が重要になるということである。そうした多様な知識を結集して，目の前にある新しい問題に対して取り組むことが可能になるからである。

最後に，よく混乱することでもあるので，学融的知識生産と学際的知識生産の違いを筆者なりに図示してみると図3-4，図3-5のようになる。これらの図はもとよりモデルでしかないが，具体的な学問名がないとわかりづらいので，便宜上，ここでは法と心理学に関する学際的研究と学融的研究のイメージを示してみる。

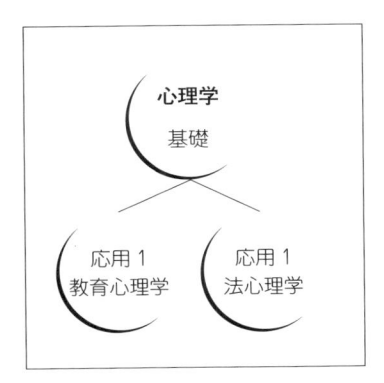

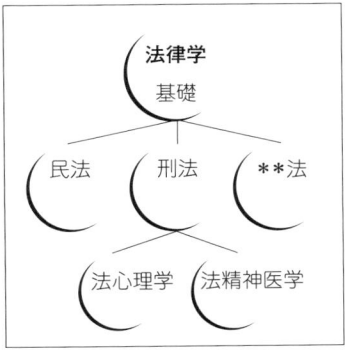

図3-4 学際的研究のイメージ（法心理学はそれぞれの学問にあり相互に影響することはない）

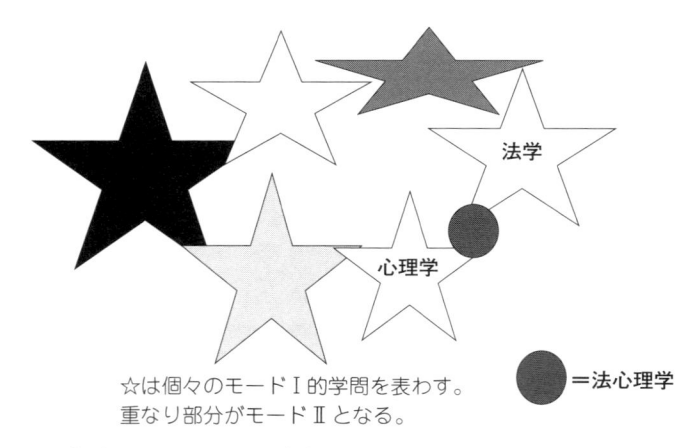

☆は個々のモードⅠ的学問を表わす。
重なり部分がモードⅡとなる。

●＝法心理学

図3-5　学融的研究のイメージ（法学と心理学の融合点としての法心理学）

2-4　モードⅡを妨げるもの

　モードⅡ的知識生産の難しさはどこにあるのだろうか。一つには異なる学範同士の協働作業それ自体が難しいということがあげられる。法学者が統計的検定を，心理学者が法解釈の論理を理解するのは，やはり相当な困難がある。さらに，そうした困難を乗り越えたとしても，知識蓄積の難しさ，という問題も立ち現れてくる。モードⅡにおいては現実問題の解決が優先されるので，それを論文にするという動因が働きにくい。また，現実問題に関する研究は厳密な条件での研究が難しいために，ある学範における評価基準を満たさないということになりかねない。たとえば，法と心理学の領域であれば，法学者の立場からみても，純粋に法学の枠内だけの議論をするわけにいかないので，そういう意味での条件設定は甘くならざるを得ないのである。

2-5　それでも，モードⅡ！

　モードⅡは難しい。他の学範と交流すること自体が難しいし，問題解決をめざして時間を費やしても，それを論文などの業績にするのも難しいのである。それにもかかわらず，なぜモードⅡなのだろうか？

まず，モードⅡの知識生産は必ず，モードⅠへ知識が還流される。法と心理学に関して，目撃証言の研究を例にとって考えてみよう。たとえば，法学にとって，新しい事実認定の方法や裁判での留意点などが知識として加わる。心理学にとっても，新しい記憶研究法が開発され，記憶観自体がさらに変革していく可能性がある。また，モードⅡが盛んになれば，現実適用性の大きい本当の意味での理論が必要となる。これは心理学を例にとって説明すると，たとえば，法と心理学という学融領域で有効だった心理学の理論や方法論が，他の学融領域（たとえば交通心理学）に適用可能かどうか，あるいは何らかの変更を施せば適用可能になるかどうか，などについての判断が必要となる。こうした判断を個々の具体例に基づいて行うのは非常にコストがかかることであり，理論的な見通しが必要になる。そして，その理論はモードⅠの知識生産も活発にしてくれるのである。

3　おわりに —— 対人援助科学におけるモードⅡをめざして

　以上，主として法と心理学という領域の協働作業を通じて，知識生産の2つのモードについて検討を行ってきた。最後に，対人援助科学のあり方について考えてみたい。

　まず，問題を設定することが大事である。どのような問題が社会で重要な問題として解決を求められているのか。たとえば，要介護認定における認定方法，地域におけるバリアフリーの展開方法，などである。

　そして，その問題解決に必要な立場・役割・学範の人びとを集める。それぞれが自分の専門性をもっていなければ，モードⅡとしての知識生産はうまくいかない。声が大きい人が勝つとか，そういうことがあってはいけない。

　モードⅡを実践するには，実は，きちんとしたモードⅠの知識が必要となってくるのである。したがって，対人援助科学のような新しい学融的領域を開発していこうとするなら，一見迂遠なように見えても，社会問題に対する感性をもっているとともに，現時点で存在する学範（ディシプリン）の訓練をきちんと受けた学生なり院生なり研究者を育てていく必要がある。

真の融合の前には，個（学範）の確立が必要である。学生・院生教育の際にも，「何でもできます」みたいな立場ではなく，「これならできる」という専門性の確立が必要になってくるのである。何でもできるということは，何もできないということと等価だからである。

第二部
モード論と
ボトムアップ人間関係論

4章
ボトムアップ人間関係論の構築

　ボトムアップ人間関係論の構築というタイトルはいかにも変な響きかもしれないが，この名称は，日本学術振興会の人社プロジェクトによって生まれた。

　人社プロジェクトとは，平成13年6月より文部科学省科学技術・学術審議会学術分科会人文・社会科学特別委員会において検討されてきた「人文・社会科学の振興について ―― 21世紀に期待される役割に応えるための当面の振興方策」報告（平成14年6月）をふまえて，独立行政法人日本学術振興会が平成15年度から行っているプロジェクトである。

　さて人間関係というと，すぐに親子関係，友人関係，恋人関係のような私的な関係が思い浮かぶだろう。しかし，ボトムアップ人間関係論ではそのような私的な人間関係を扱うわけではない。制度と関わるうえで，必ず経験されるような人間関係について焦点を当てるところに特徴がある。特に，医療，教育，福祉などの制度的サービスを受けるときのことを問題にする。言葉を換えると，対人援助（対人サービス）を受けるときの人間関係ということにもなる。

　筆者の構想はもともとボトムアップ人間科学の可能性，というものであった。これについてはすでに『現代のエスプリ』でも公刊して批判を仰いでいるのだが（佐藤，2004），人間科学というものを考えるときに，人文系の系譜を受け継ぐのでもなく，また社会学や生物学などとの表面的な数合わせをするのでもなく，人が人を援助する諸実践の立場から人間科学を立ち上げられる道筋があってもいいだろうと考えたのである。人間についての理念や理想主義から出発したりそれをめざすのでもなく，また，異なる学範の並列でお互いに干渉しないのでもなく（表面的な学際），現実の対人援助実践から，ボ

トムアップに人間科学を立ち上げるべきだと考えたのである。ここでの主題は人間科学であったから，学問をどうするか，という問題意識が強かったと言える。

なお，ここで対人援助というのもわかりにくい概念であるので説明しておくと，福祉，教育，心理，医療，看護，法務などにおいて提供されるサービスそれ自体のことを指している。医療や法務においては純粋な知識や技術が必要だという議論もあるが，そうした知識や技術も人間同士のやりとりを通じて伝わっていく。人間関係というチャンネル（径路）なしには伝わっていかない。サービスを求める側から見てみると，知識や技術が人間関係抜きに実現されることはない。緊急的外科手術のように本人も意識がないまま会ったこともない医師に執刀され，術後は即転院，みたいな例を除けば何らかの人間関係が介在する。今まで，こうしたサービスについては人間関係は付随的なものと考えられることが多かった。しかし，人間関係を無視してきたことが，各種の現場において問題が生じている要因の一つでもあるだろう。したがって，対人援助の場面に焦点を当てることは，現実的な人間から出発した人間科学が構想できると考えたのである。

本章では，まず，筆者の学問的背景や関心を交えつつ，このプロジェクトに参加したいきさつとそれが発展していった経緯を紹介したいと思う。

1　心理学からボトムアップ人間関係論へ

1-1　心理学への違和感

筆者の学問的背景は心理学である。そのなかでも社会心理学や心理学史であるが，ホントっぽいウソの研究をしていると説明するときもある。血液型性格判断，うわさ，目撃証言など，信じられやすいウソとその伝わり方の研究をしているのである。

ところで，心理学は19世紀半ばの自然科学，特に物理学の影響を強く受けて，前世紀末ごろに成立した学問とされる。人間の性質を「科学的」に理

解するために,観察データを数値にしようという野望を引きずっている。いったん数値になると,演算可能性をもってしまう。その演算可能性は数値の性質であって人間の性質ではないのだが,そのことに気づくことは少ない。なぜ心理学はそういうことに気づかないのか,ということが筆者の心理学史研究のテーマとなった。

こうして,実験や測定をして数値で人間を理解することは,ややもすると抽象的な人間観となり,実際の生活における人間の姿を見失う。しかし,測定的な数値化心理学を批判するのであれば,代替となるアプローチ,すなわち質的研究やフィールドワークの方法論について真摯に考える必要が出てくる。

心理学史と質的心理学という2足のわらじを履きながらの10年間は,『日本における心理学の受容と展開』という博士論文を出版することで区切りができた(佐藤,2002)。この間,立命館大学に転職し,同大学人間科学研究所が行っている学術フロンティア推進事業「対人援助のための人間環境デザインに関する総合研究プロジェクト」に参加する機会を得,対人援助という考え方を知り,いろいろな着想が広がっていった。

1-2 ボトムアップ人間関係論という発想

ボトムアップ人間関係論では,制度と関わるうえで必ず経験されるような人間関係に焦点を当てるところに特徴がある。言葉を換えると,対人援助(対人サービス)を受けるときの人間関係ということになる。とりあえず表4-1のように考えてみたい。

表4-1に含まれる領域には,教育(家庭教育含む),福祉,法務(矯正含む),

表4-1 ボトムアップ人間関係論の射程

人が人と接することで技術・サービスを提供する領域における研究や実践を,
ボトムアップ人間関係論と規定し,
学問や実践に含まれる人間関係のあり方から社会や人間を考えること

心理，保健，看護，医療，行政などさまざまな領域を入れることができる。

医療にせよ教育にせよ，あるいは行政の窓口サービスにせよ，そこに人間関係が存在することは自明のように思える。しかし，人間関係に焦点化した研究を見いだすことは難しい。

行政にはいわゆる「現業軽視」というような風潮がありはしないだろうか。サービスの現場，人と人が関わる窓口業務より政策立案・予算計画執行の方が重要だというランクづけのことである。国立大学の事務職において，学生と接することが多い激務職の「学務・教務」系の仕事よりも，予算執行をする「財務・予算」系の仕事の方がランクが高いとされているように感じたのは筆者だけであろうか？

教育「学」においても同様で，実際の教育現場の問題について考えるより，教育理念について誰が何を言った等々の方が重視されてきたのではないだろうか？　医療については少し複雑である。愛想がいいけれど注射がヘタな医療者より，無愛想だけれども技術がしっかりした医療者の方がいいに決まっているからである。

現在は，こうしたさまざまな領域において，人間関係が重視されるようになってきている。教育学においては臨床教育学のような領域が活発化しているし，医療でも，ナラティブ・ベイスト・メディスン（語りを重視する医療）のような新しい潮流も出てきている（斎藤・岸本, 2003）。ところが，縦割りの壁というのは意外に厚い。省庁間の縦割り行政と同じようなものである。医療は医療法制，教育は教育法制などがあり，その範囲内でしかできないということもある。それぞれの実践において人間関係を考えることを妨げる力は弱くなりつつあるといっても，まだまだ強い。打破するためには，他の分野の動向と連携していく必要があるが，簡単にはできない。

学問の世界を見ても，変化が出てきているとはいっても，学生の側からすると「先生」と呼ばれる人たちの権威の大きさは変わらなく大きく感じられているし，もし変なことを言って見捨てられたら困る，という意識も働く。「先生」に接する人間関係には，ある種のパワーポリティクスが存在することも視野に入れておく必要がないだろうか。

1-3 現場(フィールド)における観察を

ボトムアップ人間関係論とは,人間について考える際に,何らかのサービスを受ける場での活動のあり方を,個人の考え・悩みなどを丁寧に観察(聞き取り)し描写することで考究していこうという立場である。その対象は個々の具体的な内容から始まるとしても,考察の結果として人と人とのパワーポリティクスが浮き彫りにされることが期待される。法,医療,福祉,教育などの領域において現に存在する人間関係のあり方を考えることから,壁の厚いさまざまな領域間に融通の利く知識生産を行っていくことができればさらに良い。

周知のとおり,自然科学の進歩を支えてきたのは観察の精度向上である。顕微鏡にしても天体望遠鏡にしても,以前とは異なる観察を生み出し,観察結果が既存の理論で説明できないときに大きなブレイクスルーが生まれ,私たちの世界観や認識をも変えてきたと考えられる(もっとも有名なのは天動説から地動説へのシフト)。

同様に,人間に関する科学においても,多様な人間が多様な場面で行う活動について,その多様性を損なわない感度の高い観察(や聞き取り)を行うことが,新しい人間観を切り開くと期待できはしないだろうか。

1-4 社会の変化がボトムアップ人間関係論を望んでいる??

近年の日本における社会の変化は,さらにボトムアップ人間関係論の活躍の場を作り出している。

科学技術の進歩は,たとえばさまざまな親子関係・家族関係を可能にした。また,人とロボットの関係といったことも新しい問題となってきた。

地球上のあらゆる地域で人びとの移動が活発化し,ボーダーレス化による多国籍的交流が増えたことは,異文化交流から異文化交際,さらに異文化交「融」の必要性を示唆している。異なる文化を背景とする人びとのコミュニケーションが難しいことは,たとえばカルチャーショックという概念で表さ

れてきた。こうした問題も，人間関係という面からみていくことが可能だろう。

また，法や福祉において新しい形での専門職化が進行中である。

法の領域では，法科大学院の開始や裁判員制度の導入に伴い法化社会化が進行しており，人間関係の変化を引き起こすだろう。これまでの日本における民事的な紛争解決は，ウェットな人間関係もしくはアンダーグラウンドな取引によってなされている面が多かった。それがフェアならよいのだが，泣き寝入り・政治決着・暴力による解決ということも多々あるようだ。司法すなわち裁判は，本来果たすべき機能の2割しか果たしていないことを揶揄して2割司法という語があるくらいである。紛争が法的解決の場に持ち込まれるようになれば，透明性や公平性など一定の進展が期待される。しかし，専門職と依頼者という人間関係について注目しなければ，そこに新たなパワーポリティクスを作るだけになってしまいかねない。

介護の領域もこれまで「妻・嫁」がすべてを負っていた時代は終わりつつあり，介護保険制度の導入とともに，プロフェッショナルとしての介護サービスによって担われるようになってきた。ここでも新しい人間関係を構築していく必要が感じられるのである。

つまり，これまで専門職として技術を提供してきたいくつかの領域においては，人間関係という側面が軽視されてきており，これを重視した取り組みが必要である（たとえば医療であり教育である）。その一方で，これまで日本ならではの人間関係に埋め込まれてきたいくつかの領域においては，新しく専門職がその技術を提供するようになる。民事紛争解決や高齢者介護といった領域である。今こそが，新しい専門職を単なる技術提供の面からのみ捉えるのではなく，人間関係という側面を職務遂行に組み込んでいくチャンスである。

医療はともかく，教育・法務・福祉の領域で人間関係が重視されていなかったというのは奇異に感じる人がいるかもしれない。しかし，こうしたサービス（あえてサービスと書く；聖職だと思ってる人はスミマセン）の訓練課程・カリキュラムは，専門的知識や技術の供与という面が中心だったと言えるのではないだろうか。少なくとも，そこでの人間関係自体の考察には焦点が当

てられなかったのではないだろうか。

　また，サービスを受ける側にも，「専門職との人間関係」を構築していく必要が出てくるかもしれない。ボトムアップ人間関係論が寄与する領域は広大である。

2　学融をめざして

2-1　ボトムアップ人間関係論の実践

　では，ボトムアップ人間関係論をどのように実践していくのか。キーワードとして「される側問題」というものがある。これは治療を受ける，教育を受ける，相談を持ちかけてアドバイスを受ける，人たちの側の問題である。技術の提供者側は専門職化（高等教育機関における養成）が進んでいるのに，被提供者の方はそうなっていない。これではますます差がつくばかりである。古い人間関係に基づくシャドーワークが専門職に転化していくのは必然でさえあるが，専門技術を提供される側の知識のあり方についても考えていかないと，両者の溝はますます大きくなるばかりである。インフォームドコンセントという概念がある。納得診療という日本語化が適切かどうかはともかく，患者の側に，説明された知識を理解し生かす力や，医師というパワーと交渉する力が備わっていなければ，その内実は伴わない。と同時に医師の側にも，相手の弱さを含む人間の理解，人間関係の性質についての知識が必要となってくる。

　筆者がリーダーとなっている「ボトムアップ人間関係論の構築」の構想を紹介しよう。このプロジェクトは教育（家庭教育含む）・福祉・法務（矯正含む）・心理・保健・看護・医療の領域で，専門家が実践で直面する問題の解決をめざすものである。具体的領域は以下のような領域である。リーガル・カウンセリング，院内病院学級，介護者のストレスマネジメント，障害（当事）者の自助組織作り，子どもの金銭教育，患者の医療不信，補完代替医療。

　こうしたテーマは，決して一つの学問領域で扱えるものではない。したが

って，研究者たちは必ず複数学範を視野に入れているはずであり，そうした活動を行っている人びとが結集できる仕組みを作ることが重要となる。かつては，10数名ほどで数ヶ月に一度の研究会を行っていた。

2-2 学融とは何か ── 学融の方法論を

　筆者の主張は，単にボトムアップ人間関係論にとどまらない。こうした学融的領域を推進するための方法論が必要だということも含まれている。ボトムアップ人間関係論には非常に広い領域の話題が含まれている。教育・医療など多くの学範にまたがるような問題は，学融活動をうまくマネジメントすることが必要である。

　ここで学融という語が出てきて，面食らってる方も多いと思うが，これは（trans-disciplinarity）という語の訳として提唱したものである。人文・社会科学においては，学問の「たこ壺化」が言われて久しい。学際研究ですら少ないのが現状である。わざわざ学融などという語を作らなくても学際という語がすでにあるではないか，と思う人もいると思う。しかし，学際と学融とでは大きく違う。さまざまな学範があくまで自分の学範のやり方（パラダイム）に沿ってバラバラに行い，最後にまとめとして一緒に発表して成果を共有する，その程度の関わり方が学際研究のイメージである。一方，学融は解決すべき問題についてさまざまな学範が一緒に解決をめざし，解を共有するスタイルである。学問分野によって研究スタイルは異なるのだから一緒にやるのは難しい。だからこそ，学融の方法論を考えることが重要になるのである。学際研究には名目はあったが方法論がなかった。学問に方法論が必要なように，学融のやり方にも方法論が確立されなければいけない。筆者が前任校（福島大学行政社会学部）で法心理学に取り組んだときの経験からいうと，ギボンズらによるモード論（ギボンズ, 1997; 小林, 1996; サトウ, 2001）が有用である。そこでは基礎と応用という語に変えて，学範内好奇心駆動によるモードⅠと社会内関心駆動型によるモードⅡという用語を用いる。こうした理論的な枠組みは意外に有効で，自分の「たこ壺」に戻りたくなる研究者を勇気づけてくれる。

2-3　人社プロジェクトとの出会い

「人間関係に関する学融領域」と「学融の方法論に関する研究領域」という2つの領域を創成することが大事だという主張は，日本学術振興会人文・社会科学振興プロジェクト研究事業（人社プロジェクト）と出会うことによって実現の途がつけられつつある。

このプロジェクトが参加メンバーを公募するためのシンポジウムを行うという知らせが立命館大学人間科学研究所に舞い込んできた。それを見た筆者は，面白そうな機会があると考えてシンポジウムに参加を申し込み，人文・社会科学は何をなすべきか，という提案を行った。私たちの生活においては，およそあらゆることに人間関係が存在するのに，そこに注目した人文・社会科学領域が少ないことを問題として，それこそが研究テーマとして重要だと主張したのである。結果的に筆者は「ボトムアップ人間関係論の構築」というプロジェクトを立ち上げさせてもらうことになり，筆者がリーダーとなって学融的知識生産をすることが可能になった。しかも，筆者自身が他プロジェクトの方々と接することで，得がたい経験ができているのである。

3　学融のアリーナとしての人社プロジェクト

3-1　人社プロジェクト

これまでに何度か言及してきた「人社プロジェクト」の目的は，

1. 社会における倫理の喪失，グローバル化，持続的社会制度の破綻といった，現代社会において人類が直面している問題の本質を見極め，
2. これらの問題の分析と対応に向け，人文・社会科学を中心とした各分野の研究者が協働して，学際的・学融合的に取り組む「課題設定型プロジェクト研究」を推進し，

3. 成果を社会への提言として発信すること

である（http://www.jsps.go.jp/jinsha/index.html 参照）。

これらの目的を実行するために，4つの研究領域と13のプロジェクト研究が設定されている（表4-2）。

表4-2　人社プロジェクトの研究領域とプロジェクト研究

Ⅰ：知の遺産を始めとする日本の在り方と今後の変容について研究する領域
　　① 日本的知的資産の活用
　　② 失われた10年の再検討―日本の社会経済システムの功罪
　　③ 教養教育の再構築
Ⅱ：グローバル化時代における多様な価値観を持つ社会の共生を図るシステムについて研究する領域
　　① 平和構築に向けた知の再編
　　② 多元的共生社会に向けた知の再編
　　③ グローバル・ガバナンスに向けた知の再編
Ⅲ：科学技術や市場経済等の急速な発展や変化に対応した社会倫理システムの在り方について研究する領域
　　① ボトムアップ人間関係論の構築
　　② 医療システムと倫理
　　③ 科学技術ガバナンス
Ⅳ：過去から現代にわたる社会システムに学び，将来に向けた社会の持続的発展の確保について研究する領域
　　① 水のグローバル・ガバナンス
　　② 千年持続学の確立
　　③ 豊かな人間像の獲得―グローバリズムの超克
　　④ 資源配分メカニズムと公正

さらにそれぞれがいくつかの研究グループから成っているので，総計29の研究グループが設定されている。

3-2　学融を促進する枠組み

人社プロジェクトがある意味でユニークなのは，領域を超えた29の研究

グループの長が何度も会合して，それぞれの構想や成果を発表したりお互いに質疑応答しあっていることである。地理的・所属的にもバラバラで，学範(ディシプリン)的にも統一されているとは言いがたいメンバーであったが，何度も顔を合わせるうちにいろいろなことが見えてくる。筆者などは心理学という周辺領域にいたせいか，他の 28 名の研究グループ長とは誰一人面識がなかった。しかし，会議に出席すると学ぶことが多く，着想も豊かになっていく。また，それぞれの研究グループによる研究会に出席することや，協働して研究会やシンポジウムを持つことも奨励されており，そういった人的交流も図られる。筆者は研究領域Ⅳの「産育の現場から」（文化としてのリプロダクション研究会）」という研究会に出席したことがあるが，何度かお会いしていたリーダーの松岡悦子氏のみならず，初対面の方々ともすぐにうち解けた雰囲気となり，心地よく新しい知識を得ることができた。

　個人的な話で恐縮だが，人社プロジェクトでの各種会合でインパクトを受けたのは，（自分の領域以外では）領域Ⅱのプロジェクト研究 ①「平和構築に向けた知の再編」に属する石田勇治氏のジェノサイド研究や，領域Ⅳのプロジェクト研究 ②千年持続学の確立（沖大幹氏）であった。心理学というチマチマした視点しかもっていない筆者にとっては非常に刺激になった。なお，ジェノサイド研究グループとはコラボレーションが成立した。「関東大震災から 81 年 —— 朝鮮人・中国人虐殺を再考する」というシンポジウムに，うわさに関する社会心理学者の立場から筆者も指定討論者として参加することになったのだ。このような機会なども，人社プロジェクトに参加することがなければ絶対に得られなかったであろう。

　人文・社会科学を中心とした各分野の研究者が協働する，ということは，言うは易し行うは難しの典型のようなことであるが，少なくとも各研究グループ長が集うことで，それぞれの研究グループの自律性が確保されながら，全体としてのプロジェクトが進んでいくという形ができつつあるように思える。

3-3 生産性とネットワーク

　人社プロジェクトに関する特徴を参加者が考察するのはいささか僭越であるが，いくつかポイントをあげておくと，一つはなんといっても新しい学融ネットワークである。プロジェクト全体の企画主査を務める城山英明氏（東京大学法学部）は「科研費は個人に，COE は大学につく研究費だが，人社プロジェクトはネットワークにつける研究費」だという趣旨のことを説明したことがある。たしかに，できあがったネットワークの生産力や相互交流力からすると，個人の数の総和より遙かに強大になっていることが実感でき，その意味で日本学術振興会の人社プロジェクトへの期待はある程度まで実現されているように思われる。

　感情的な知能，という概念が心理学にはある（日本では翻訳書を EQ という名前で売り出したのでその方が有名だが）。感情的知能というのは，自分が困ったときに支えてくれる豊かな人間関係を維持していられる力のことを言う。自分の調子がいいときに，生産力があがるのは普通のことである。だが，困っているとき，停滞しているときに有力なヒントをもらえるようなネットワークこそが大事だ，というのが本当のところである。そうでなくても自分の分野だけで考えていると，自覚はなくても袋小路に陥りがちである。他分野の先端的な考えを聞くことで，勇気づけられるし自分のヒントにもなる。人社プロジェクトそうした機会にあふれていると言える。

　このことを「費用対効果」の面から考えていいかもしれない。正確な予算規模は知らないのであるが，21 世紀 COE 一拠点の平均的予算規模より少ない程度で，4 領域，13 プロジェクト，29 の研究グループが維持されており，そこに参加する研究者は少なく見積もっても 300 人程度になっている。研究者には日本国内外の研究者および大学院生などの若手研究者が含まれるし，PD（ポスドク）雇用の枠組みもある。知識生産の総合力の費用対効果はかなり良好ではないだろうか。

　もう一つ，人社プロジェクトで特徴的なのは，人文・社会科学と銘うっているわりには，いわゆる理系的な方やテーマが少なくない，ということであ

る。たとえばテーマで言えば医療や科学技術であり，研究者の出身学範でいえば農・工・建築などの方が少なくない。最初のうちは人文・社会科学なのだから，もっと純化すべきだという考えがわかないでもなかったが，科学技術は私たちの社会の重要な構成要素なのであるから，対象として扱うのは当然である。また，仮に自然科学系の研究枠組みでプロジェクトを立てた場合，人文・社会科学の学者は入ってもごくわずかになってしまう。人文・社会科学の枠組みの中にいわゆる理系的な分野が入っていることで，バランスのとれた議論が可能になるように感じられる。いわゆる文理融合の一つのモデルとなりうる。

　さて，人社プロジェクトは，学融的で生産的で楽しい会合，という側面だけをもっているわけではない。新しい研究のあり方を模索しているだけに，研究はすべて開始時点では「パイロット研究」と位置づけられていて，最後まで全うできるかどうか不明なのである。開始後1年の時点で査定を受ける。考えたくもないことだが，もし査定の結果が思わしくなければ，その時点で研究打ち切りという可能性もある。学融を実際に引き起こす巨大なアリーナであると共に，有効な研究費配分のあり方をめぐるモデルケースともなっているのである。

4　オルタナティブオプションズの研究

4-1　着想の軌跡

　筆者は最初，対人援助に関する領域からボトムアップに人間関係を見ていくことが人文・社会科学にとっても重要だという主張だけをしていたが，人社プロジェクトの研究領域Ⅲに属することによって，さらに新しい展開をすることが可能になった。オルタナティブオプションズ（代替選択肢）（の研究）である。

　研究領域Ⅲのリーダーは，人社プロジェクト全体の主査であり科学技術ガバナンスの専門家である城山英明氏である。プロジェクト自体は平成15年

10月から開始されたが，それ以前にも準備的な会合を重ねており（これも学融の一つの試みだと言える），ボトムアップ人間関係論と科学技術に関する研究領域との接点を模索していたのである。筆者が血液型性格判断（の信じられ方）の研究をしていたこともあって，まず，疑似科学の研究と科学技術ガバナンスとの接点が見いだされた。

疑似科学は疑似だからケシカラン！という断罪型の研究もありうるが，なぜ，どのように，信じるのか，ということから人びとの科学技術への態度を知ることはできないだろうか，ということに話はふくらんでいった。

人びとは学校での学習に代表される制度的・正統的な知識のみによって生活しているのではない。むしろ代替の選択肢をもっていて，積極的に選んでいる場合もある。それを，オルタナティブオプションと呼ぼう。そうすることで，頭ごなしに否定するようなことをするのではなく，あえて選んでいるという事実から，人びとの科学技術に対する理解を問う必要が浮かび上がってくる。

このような考え方はSTS（科学技術社会論）研究における一般市民の科学理解（Public Understanding of Science; PUS）という研究動向，なかでも社会学的PUSの関心と近いものがある。人社プロジェクトにも参加しているSTS研究者・平川秀幸氏によれば，いわゆる「素人と分類されてしまう人びと」が「彼/彼女らが置かれている社会的文脈に即した判断の合理性を，さまざまなかたちで持ち合わせているという認識」が重視されるとのことである。専門知と異なるからといって蔑むのではなく，固有のロジックを理解していく必要がある。

4-2　さまざまなオルタナティブオプションズ

話がここで終わらないのが，人社プロジェクトに入って良かったと思うところである。オルタナティブもしくは代替，ということをもっと広げて考えるようになる契機を与えられたのである。

教育や医療におけるオルタナティブオプションズというのを考えることもできる。一昔前，フリースクールは落ちこぼれ（落ちこぼしともいう）が行

くところであったが，今はそのように捉えられていない。また，公教育だけではなく，塾や家庭教師を利用する家庭は少なくない。これなどもオプションの一つと考えられるかもしれない。

医療については，そのものずばり補完代替医療というものがある。この定義も難しいが，アメリカ・国立補完代替医療センターの定義によれば，「現時点において，通常の医学の一部としては一体化されていないヘルス・ケア，あるいは医療…略…現代西洋医学や主流生物医学などとは異なる」というものになっている。誤解をおそれず簡略に言えば，高度専門職化した日本の医療システムのなかでは「医学部で教えないもの」と理解することもできる。最近，日本でも補完代替医療を積極的に受ける人が増えているが，こうしたことを「非科学的」「迷信的」として断罪することはしにくい。むしろ，現代の医療へ対する不満や，体質・ライフスタイル改善への関心，といったものが増えた結果，制度的・正統的な医療以外の選択肢を選んだのかもしれない。医療についても，どのような動機で代替選択肢を選ぶのかという問いを立てる必要がある。「ボトムアップ人間関係論の構築」グループには医師免許をもつ辻内琢也氏が参加しており，氏自身の研究も含め最新動向を知ることができた（辻内, 2004）。

また，視点をさらに縦横無尽にするなら，一人の人が生活全体でどのようなオルタナティブオプションズをどのように選んでいるのか，を理解することが重要になってくる。人びとが信頼を寄せ選ぶものは何なのか。こうしたことから，科学技術・医療・教育への意識を逆照射することができるかもしれない。そしてこうした問題意識は今までの研究にはないものであり，ある意味で人社プロジェクトの学融性が育んだものである。筆者は現在，下位研究会としてオルタナティブオプションズ研究会を始めており，いずれいくつかの調査を行いたいと思っている。

4-3 ガバナンスとオルタナティブオプションズ

さて，オルタナティブオプションズに話が展開しただけでも筆者自身はすでに十分驚いたが，さらにガバナンスのようなことと結びつくという視点が

示されてなおびっくりである。平成16年の5月末に人社プロジェクトで医療に関する横断的研究会を行ったときに，研究領域Ⅳ「豊かな人間像の獲得」の研究グループを統括する小長谷有紀氏が「オルタナティブ（オプションズ）とガバナンスは水平的関係を築くためのキーワード」であると喝破したのである。筆者自身，この言葉の意味が完全に体得できたわけでもないが，さまざまな人間関係や組織間関係において水平的関係が目標になるべきだということはわかる。またはガバナンスがアドミニストレーションとは異なること，統治という訳語ではマズイことなども薄々だが感じられるようになった。力関係が権力的に一方向的になりやすいのは，どちらかが従属的になるときで，それはすなわち選択肢がないときに多い。このことが情報流通において深刻になる。メディアが一方向的な情報しか流通させないなら，それはパターナリズム（父権主義）に陥りやすくなり，水平的ガバナンスの障害となるだろう。オルタナティブメディアが必要となる所以である（鈴木, 1997参照）。メディアだけではなく，人間生活のあらゆる領域にオルタナティブオプションズが設定され，それと同時に制度を運用する側に対してガバナンスの力が働く，それを実現するための提言ができるなら，人社プロジェクトに加わった心理学者としてボトムアップ人間関係論の構築以上の価値を残せるかもしれない。

5　学融プロジェクトの評価・歴史・理論

5-1　歴史 ── 反省的視点の重要性

　筆者が関心をもつボトムアップ人間関係論は，そもそも社会との接点をもたざるをえない。また，人社プロジェクトも社会提言を一つの目的としていることからわかるとおり，社会への志向は強い。
　こうした流れは現在の学問全体に見られるものであり，それ自体を否定することはできない。だが，留意すべき点がある。最後で盛り上がる前に少しブレーキをかけるようなことになるのは恐縮だが，学問の社会的意義という

意味では避けて通れない話題である。

　たとえば，社会との関係をもつといったとき，その社会自体がある意味で反社会的だったらどうするか，という問題である。

　明確な答えなどない。しかし，科学史（もしくは科学の社会史）がヒントになりえるだろう。私たちは，戦前の日本の社会と学問の関係，という身近な例をもっている。現在の研究について完全に相対化することは難しいが，過去の時期を扱うことで補うことができる。筆者も研究を始めたばかりだが，昭和前期の全体主義への憧憬・傾斜は，決して一部の者だけに見られたわけではなく，革新的思想としてあらゆる領域の学者を虜にしたという印象をもっている（佐藤, 2002; p.463）。過去の学者を今の視点から断罪することには注意が必要だが，社会と学問の関係を問うための良い教材だという感じがしている。

5-2　評価 ── 過去・現在から自由に

　人社プロジェクトは資金提供型プロジェクトであるから評価を避けて通ることもできない。だが従来的な評価基準によってなされてはならないし，単純な意味での社会有用性だけでなされてもいけない。試案として，学融が実践されているか，さらに文理「融」合が達成できるか（融＝trans），若手研究者の参加・育成が可能か，リフレキシビティ（省察性）が作動するか，過去の失敗に学ぶか，未来の評価に開かれているか，という面が重要だと訴えたい。また，全体としては，新しいたこ壺（プロジェクトたこ壺？）を免れることができるか，といった点が重要となる。

　また，自分たちの研究が未来の科学史研究に開かれているということも重要である。これはたとえば監査可能性という語で表すことができる。会計上の監査だけを指しているのではなく，研究プロセス全般について，後世の研究者がもし望むなら跡づけすることができるようなシステム作りが必要なのである。これは学問史の資料保存という非常に大きな問題を提起していることになるのだが，文部科学省や日本学術振興会は真剣に考えてほしいところである。

5-3　理論 ── ボトムアップとアブダクション

　人びとの生活の場，特に専門サービスを受ける現場に注目して，縦割りを打破するためにボトムアップかつ学融的に研究する。その際に重要なのは，地道な観察と理論化である。日本の学問は，総じて理論化の力が弱い気がする。ボトムアップから一気に理論はできない。アブダクションが重要だ。これはフィールドワーク系の人たちが依拠する概念の一つである。

　哲学者パース（Peirce, C. S.）は，新しい知識の発見・発明に関する思考のプロセスについて検討し，演繹・帰納とは別の推論形式として，アブダクション（abduction）に注目した。アブダクションとは，「ある観測事実を説明する仮説を直観的に発見する」思考をいう。induction（帰納）・deduction（演繹）のような訳語はまだないが，「duction」の部分が一緒なのだから「ab」に注目して考えることができるだろう。abnormalの「ab」である。訳語を考えるまでは時間がかかるのでabductionという語に注目してその意味を考えてみよう。この語の訳の一つに誘拐や拉致があてられることがある。ある意味で強引な仮説生成のことをいう。すべてのデータを見るまで仮説を立てないのではなく，ある程度の事例から仮説を立ててみる。ただし，その仮説をすぐに検証するのである。多くの場合，最初に立てた仮説は崩壊する。そこでくじけずにまた限られたデータ・証拠から仮説を立てていくのである。アブダクションはこうした仮説生成・仮説検証・さらに仮説修正という一連の流れを指している。このプロセスはフィールドワーカーにはおなじみのものであるが，パースによれば，科学的発見もこうしたプロセスによることが多いというのである（吉川, 2002参照）。

　このようにアブダクションは，丁寧な観察に基づいたデータを用いて現象について考えたうえで，ある種の強引さによって仮説を立て，新しい観察によって謙虚に検討して新しい仮説を練り上げていく発想法である。単なる思いつきでもないし，理論を上からかぶせる考え方でもない。こうしたプロセスを，「ボトムアップ人間関係論の構築」というプロジェクトも，全体プロジェクトである人社プロジェクトも，共有できていけばよいと思う。

【付記】

　人社プロジェクトやボトムアップ人間関係論に関心をもたれた方のために，関連サイトや近々の企画を紹介して稿を閉じたい。

シンポジウム「関東大震災から81年 —— 朝鮮人・中国人虐殺を再考する」

　2004年9月5日（日）12:50から東京大学・駒場キャンパス 学際交流棟3F 学際交流ホールにて。

シンポジウム「クリニカル・ガバナンス」

　2004年9月28日（火）午後1時から東京グリーンパレス「ふじ」

筆者のボトムアップ人間関係論の構築のサイト

　http://www.ritsumei.ac.jp/acd/re/k-rsc/hs/kenkyu_2003/bottomup.htm

人社プロジェクトに関するリンク集

　http://www.ritsumei.ac.jp/acd/re/k-rsc/hs/kenkyu_2003/link.html

座談会「新しい研究システムの構築を目指して —— 人社プロジェクトの試み」科学, 74, 535-544, 2004.

平川秀幸氏のWebサイト

　hideyukihirakawa.com/index.html

5章
クリニカル・ガバナンスと切り結ぶ ボトムアップ人間関係論の構築という視点

　「ボトムアップ人間関係論の構築」は，対人援助の場面に焦点を当てることによって，現実的な人間から出発するボトムアップ人間科学を作り上げたい，との思いから出発した。しかしこの構想は，日本学術振興会 人文・社会科学振興プロジェクト研究事業（略称＝人社プロ）の大波にもまれることで大きく変貌をとげた。当初はこの「ボトムアップ人間関係論の構築」というネーミングには違和感も感じたし，理解されないのではないか，という思いをもったりもしたのだが，現在ではこれでよいと感じている。ボトムアップ人間科学があくまで人間科学という学問論であったのに対し，ボトムアップ人間関係論の構築は，さまざまな現場から人間関係を考え，新しく作り上げるということを意味しているから，それだけ現象に近づいたとも言えるのである。

　ではどのように何を構築するのか。このことが「ボトムアップ人間関係論の構築」ではわからない。しかし，現時点では水平的人間関係の構築こそがめざすものだと考えるに至っている。すなわち，制度的職業的に経験する人間関係について検討し，そこに水平的人間関係を構築する，もしくは構築するための橋渡しをする，というのがこのプロジェクトの目標となった。福祉，教育，心理が中心であることはもちろんだが，それだけにとどまらない，さまざまな制度的人間関係に関して考察し，水平的関係を築くことを目的とするのである。

1　水平的人間関係の構築

1-1　師の字の重さ

　誰と話をしたときか忘れたが，ボトムアップ人間関係論による水平的人間関係構築をめざす！と言ったときのことである。「生・育・死」に関わるような仕事は，つまりセンセイと呼ばれるような人がなす仕事は，代価を直接請求するのではなく，相手に頭を下げさせて，「お足をいただく」ような仕組みになっているんだから，水平的人間関係構築などは無理ではないか，ということを指摘された。つまり，技術の対価を支払っているだけではなく，技術を行使したこと自体の尊さのようなものに対して対価を払っているのだということであろう。大変興味深い視点である。
　そしてこのことは，「師」の字がつく職業について当てはまると考えられる。教師・医師・看護師・牧師・その他もろもろ。そう言えば自ら「尊師」と名乗っていた人もいた。
　さて，資格花盛りである。心理の世界もご多分にもれず「しんりし」なるものが資格として登場しつつある。だが，心理の世界では公的資格と民間資格が主要なものである。財団法人日本臨床心理士認定機構による臨床心理士をはじめ，社団法人日本心理学会による認定心理士，学校心理士，臨床発達心理士，応用心理士，などである。これだけ資格が多いと，みんな混乱してしまう（筆者などは心理資格審理士を作ったらどうかと言っているが，モチロン相手にされない）。その心理の資格の世界に国家資格ができるかもしれないということで，2004年以降の心理学界は色めき立った。資格は利権とも結びつくから政治問題化しやすく，いろいろと駆け引きや綱引きがあるようだが，筆者の論じるところではない。ここで注目したいのは名称である。医療現場における心理職の資格名を医療心理師にするということであり，「し」を「師」にすることである。臨床心理「し」は「士」である。「士」でいいではないか，という人はジェンダー意識が少し乏しいと非難されるおそれがある。

士は「もののふ」であり，男性を暗示するからである。一歩間違えば言葉狩りにもなりかねないが，士は男を意味するから敬遠すべきだという議論がたしかにある。英語において chairman をやめて chairperson にするようなものである。英語が man を person にするようにしたらどうなるか。士が師になるのだろうか。おそらくそうならない。なぜなら「師」はセンセイを意味するもので，人一般を意味するものではないからである。人でも者でもいいのに，師になっているのである。また，日本語では「小職は……」などという言い方があるのだから，職でもいいはずなのである。医療心理士がダメなら医療心理（人・者・職）でいいはずなのに，医療心理師になってしまうのはなぜなのか。

　この問題は看護婦の婦が女性を意味するからといって改名したときにもすでに現れている。現在，多くの人は看護婦に変えて看護師を用いるようになっていて，それはそれで一つの時代の流れというか進歩だと考えているかもしれない。しかし，師の字の意味を考えるなら，落とし穴にはまっているかもしれないのである。

　「婦」や「士」を「師」に変えるということは，こうした職業の人たちの先生化（専制化ではない！）を推進しているのである。そして，そのことに私たちは気づかないし，推進している側も気づかない（気づいてやってるとしたらたいしたものである）。

　なんといっても，日本は「仰げば尊し我が師の恩」の国である。日本も影響を受けている儒教は「三歩下がって師の影を踏まず」である。こうした文化的背景のなかで「師」を増産することは何を意味するのか，そういった面からの検討も必要である。

　病院の先生や学校の先生を師として何が悪い，という意見もあるだろう。名称は文化なのだ，それを急には変えられないということもあるだろう。

　しかし，新しくできる資格に「師」の字は無用だということぐらいは言えるのではないだろうか。そしてさらに，医師や教師という職業名に師が含まれていること自体を重視すべきであり，名称から師を抹消していくことは，水平的人間関係構築への一つのステップとなるかもしれない。

1-2　クリニカル・ガバナンスの2つの意味

　最近，ガバナンスという語が流行している。これまで行政＝アドミニストレーションという語で表現されていたこととかなり重なることが，ガバナンスという語で表現されている。goverinment が政府と訳されることは多くの人が理解している。governer が統治者と訳されることも同様である。では governance とはどう訳すべきか。訳さないでガバナンスというようなカタカナによる音訳が一般的だが，統治と訳されることがある。しかし，統治は他にも当てはまる英語があるのではないだろうか。

　現在では governance が共治と訳されることもあるようである。共治というのはワープロの変換辞書にもないくらいであるから，新しい語であろう。しかもこの語は大化けする含意をもっているのではないだろうか。クリニカル・ガバナンスを考えることはその糸口になりえる。

　「治」という字が，日本では「治める」「治す」の両義を意味する。治水のような概念がその両者に微妙に関わっている例であろうか。

　クリニカル・ガバナンスをどのように考えればいいのか。まず，医療のガバナンスということである。医療のあり方に共治的視点を取り入れようということである。もう一つはガバナンスを臨床的に捉える，ということである。臨床的というのは現場に即して，という意味である。あるいは現場の声から立ち上げるということであり，すなわちボトムアップだということになる。親方日の丸という語が象徴するように，日本では多くのことが官主導で行われてきており，共に治めることや，現場の声を生かした行政や統治などはあまりなかったと思われる。1969（昭和44）年，千葉県松戸市に「すぐやる課」という課ができて話題になったことがあった（2012年4月現在存続）。この課のキャッチフレーズは「すぐやらなければならないもので，すぐやり得るものは，すぐにやります」である。つまり，従来の，いや，現在の多くの「お役所」はこのキャッチフレーズと正反対の体質なのである。松戸市の「すぐやる課」はその存在によって，自治体がいかに市民の要望や声を聞かないかということを暗示している事例でもある。

つまり，共治もクリニカル・ガバナンスも2つの意味を内包しており，それを考えることに何らかの意味があると思われるのである。

1-3 医療における水平的人間関係構築と重労働感

やや脱線するが，医療コーディネータとしてフリーのナースをしている人の話を聞いたことがある。患者は医師と対しているときに，意見を言えない，質問ができない，ということがある。そういう人たちの代弁をするということも引き受けているという。医師が言っていることは専門的すぎて理解できない，ということもあるのだが，それ以上に，わかってはいるけれど自分の意見を言えなくなってしまう人も少なくないという。

たしかにそういう状況はあるだろう。医師に対してびっくりするくらい萎縮してしまう人がいる。なぜ私たちは「お医者さん」の前で何も聞けなくなってしまうのだろうか。おそらく，診療する側が「何も言わさない」オーラのようなものを発しているのだと思われる。2時間待って3分診療というのは最近ではなくなってきたが，他にも患者さんがいれば，自分の時間を長くしてとは言えない遠慮も出てくるだろう。

しかし，そうしたすべての状況を勘案したとしても，冷静に考えれば，サービスを受ける側（患者）が，もう少し対等に話ができるようになるべきであろう。医療コーディネータを依頼するのは一つの方法である。しかし，そういう助けを借りなくてもよいように，医師の側の姿勢が変わることが望ましい。患者は決して医療技術だけを求めているのではない，ということを起点にして，そこから技術提供（医療）のあり方を展望していくべきである。

さて，こうしたボトムアップ人間関係論的な変革は，サービスを提供する側には大きな負担を強いることになる。医療を提供する側は，おそらく，最近の状況に息苦しさを感じているだろう。ただでさえ重労働なのに，さらに人間関係への配慮も求められ，苦しい状況におかれているということはたしかにわかる。しかし医療といえどもサービスを提供する人びととはアフターサービスも含めてもっと親身になってもいいではないか，ということなのである。労働条件ということについてサービスの受け手側がどのように感じてい

るのかわからないが，とにかく，サービスの量と質をあげてほしいという風潮になっている。これは医療における先生＝医師にのみ向けられていることではない。そこで若干話題は変わるが，裁判員制度を題材にしてこの点を考えてみたいと思う。

2　裁判員制度は法曹関係者に対人援助職的マインドを求める

2-1　裁判員制度への市民の反応

　三権分立を支える制度の一つである司法に国民参加の道が開かれた。2004（平成16）年，「裁判員の参加する刑事裁判に関する法律」（以下，裁判員法）が成立したのである。そして2009（平成21）年から，裁判員制度が実施されている。

　簡略化して言えば，国民が裁判員として刑事裁判に参加し，公判審理が終了したら，被告人の有罪・無罪の決定と，刑の量定（有罪の場合）を評議するのである。裁判官が評議に加わらない陪審制度と異なり，この制度のもとでは，国民から選ばれた裁判員と職業的訓練を受けた裁判官が共に評議に加わることになる。

　これまで検事や弁護士は，手続法をよく知っている裁判官の判断に資する情報提供をしていればよかったのだが，裁判員制度のもとでは，いわゆる普通の人が判断できるような情報提供が重要になる。人の判断を助けるのだから，これも広義の対人援助職となるのである。

　さて，この制度，始まるまでは不評であった。3000人を対象に行った内閣府大臣官房政府広報室による裁判員制度に関する世論調査（平成17年2月調査：有効回収数（率）2,077人（69.2％））によれば，参加したくない（あまり参加したくない＋参加したくない）人の割合は7割となっている。実際に時間をとられるのは困るというのが一番の理由だろうが，その意義が伝わっていないことも反対の多い一因であろう。

　仕事を休んでまでも裁判に参加すべきだということが，ほとんど前触れも

なくトップダウンに決まってしまった感もあり，大学教員などをしている筆者の友人知人も —— 法学者を除けば —— おしなべて反対であり，また，感情的な反発も強い。
　筆者自身の意見は，こうした制度には賛成であり，うまく運用すればボトムアップ的に司法を変革するように思える。現在は司法がまったくの他人事になってしまっている。そうではなく，自分たちの常識にあわせて自分たちで裁きをするとなれば，他人事ではいられなくなる。こうした制度に対しては誤審（特に冤罪）が増えるのではないかとか，国民感情が支持している死刑が増えるのではないか，という懸念が生じているが，個人的には杞憂だと考える。自分自身で確たる証拠もなく有罪，特に死刑などを宣告することは困難であり，より透明性の高い証拠や審理が実現すると思われるのである。前述のように検事や弁護士の情報提供は単なる情報提供ではなく，判断のための情報提供であるから，それが可能な形で行われるべきであり，そこには広義の対人援助職的なスキルも必要になる。
　では，なぜこうした制度が必要なのかについて，司法を身近にし，司法に対する信頼を培うためであるとされているが，実際に裁判員になったらどうなるのだろうか。これを知るために日本弁護士会が作っている「裁判員制度はどんな制度？　裁判員に選ばれたら？」HPを見てみるとわかる，と言いたかったのであるが，これがわからない。今時こんなに読みづらくわかりにくいサイトも珍しい。これで国民に呼びかけているとしているのだから，法曹界の体質というのは簡単に変わらないという気がする。漢字が多いし，ルビもふってない。
　筆者はかつて，狂牛病問題に関連して官公庁のホームページをいくつか閲覧して検討したことがあるが，そのときも人を見下した態度で作られていて唖然としたものである（サトウ，2005＝本書11章）。科学技術のことは専門家が決める。素人は感情的になるし黙っていろみたいな感じだったのである。もちろん，あからさまにそのようには言っていないが，言外の意味をくみ取ればそうなっていた。
　ホームページができたことで，たしかに官公庁からの情報開示はその量質共に格段に良くなった。しかし，なかには情報を出しさえすればよい，とい

う雰囲気も見え隠れしている。

2-2　裁判に関わる人は孫の写真を，あるいは，動物を抱いて仕事して

　実際，裁判員になったらどうなってしまうのだろうか。良い悪いは別として，裁判に登場する人たち（裁判官・検事・弁護士）というのは非常に厳格なイメージがある。弁護士はそもそも民間人であるが，他の二者と同様「官」的なオーラをもっていることが多い。しかし，市民とともに働く場に権威は不要ではないだろうか。裁判官は裁判員を仲間として遇するべきだし，検事や弁護士は判断の当事者である裁判員を，情報についてだけでなく全体的にサポートすべきである。参加している市民に親しみやすい態度をもつようにしてほしい。

　そうしたとき，ちょっとしたアイテムが役に立つ。たとえば犬を抱く。犬が嫌いな人は猫でもいい。あるいは孫の写真でも好きなアイドルでもいいので写真をおいておく。これはもちろん不謹慎な話だと捉えられかねないし，私自身もこんなことが実行できるとは思っていない。しかしなぜこんなことを思いつくのか，ということを書いておくことは，他の案を考えたり実行するために役立つだろう。

　それは，笑顔，ということである。

　老人ホームその他で，お年寄りが犬を飼うことが健康増進や生活アメニティを高めるのに役立っている。それは寂しいお年寄りの相手になってくれる，ということだけではない。引きこもりがちな方が，犬がいることで散歩に出かけ健康が改善・維持されるということも大きな効果だろうが，ここではそういうことを言いたいのではない。実は，犬などと接しているお年寄りの姿が大事なのである。一人で過ごすことが多く，また，若いスタッフとはなかなか話があわないお年寄りは，ついつい無表情になりがちである。そして，そういう表情の人に話しかけるのは，介護などの専門スタッフでもちょっと気が引けたりする。しかし，犬などと接しているお年寄りの姿は柔和なものである。また，「犬」という共通の話題もある。相手が笑顔だと自分も笑顔になれるし，それがまた笑顔を誘発することになる。その最初の「ブレーキ

ング・ジ・アイス」が，犬ということなのである。

　孫の写真をみて相好が崩れない人は少ないだろう。法曹関係者にはこの頃若い人や女性が増えたとはいえ，中年男性・高年男性も多い。たとえばの話だが，23歳フリーター女子が裁判員に選ばれて，職業裁判官とわたりあっていけるだろうか。「この人怖そう……私は知識もないし黙っていよう」ということになるかもしれず（あくまで現実に基づいたステレオタイプ的記述です），そうであれば何のために国民から裁判員を選んだのかがわからなくなってしまう。裁判員制度のもとでの職業裁判官は，自分が相手から敬遠されない，畏怖されないようなコミュニケーション様式を身につけるべきである。それが犬であるかは別として。

　なお，2009年に始まった裁判員制度は，どちらかというと好意的に国民に受け止められ，2012年3月現在，さまざまな問題をはらみつつも順調に行われている。

3　おわりに ── 水平的人間関係を構築するために

　水平的人間関係を構築するためには，まず，ボトムアップ人間関係論の視点が不可欠である。職業的に生じる人間関係も人間関係の一種として捉え直すこと，これがまず大事なことである。そして，人間関係であるならば，上下関係よりも水平的関係がめざされるべきである。そのために，具体的に水平的関係を可能にするような仕組みを作っていくべきであろう。それにはたとえば，医師の教育や保険制度の変更などが有効かもしれない。しかし，本章ではあえてボトムアップ人間関係論的な視点から，もっとずっと簡単な方法を考えてみた。表情，特に笑顔のもつ機能から，人間関係を水平にしようとする試みである。

　このことは，あらゆる人間関係に有効である。自分が人に好かれていないと思っている人，相手の表情が常に硬くてイヤだと思っている人は，まず自分自身の表情をチェックすべきである。笑顔の練習をするのもよいが，動物

を抱いたり，孫の写真をもったりして，自分の笑顔が世界に対して提示されるように工夫すべきである。現に地位が高いと思われたり権威があると思われたりしている人たちから行動を起こすならば，その逆の苦労をするよりも遙かに簡単な工夫で，いろいろなことが変わっていくだろう。

　司法の領域の方々にも対人援助職としての認識が求められている。ボトムアップ人間関係論的視点が求められる所以である。

6章

融合に立ち向かう心理学
── 学融，セク融，国融と心理学

　現場に立ち向かうには方法論的な整備が必要だというのが筆者の立場であり，本章では「trans」をキーワードにして，融合のあり方 ── 学融・セク融・国融 ── について考えていく。

1　融合とモード論

1-1　モード論への批判

　ギボンズらによるモード論（ギボンズ, 1997; 小林, 1996; サトウ, 2001）では，基礎と応用という語に変えて学範内好奇心駆動によるモードⅠと社会内関心駆動型によるモードⅡという語を用い，ここに序列をつけずどちらも重要だと主張する。こうした議論は，モードⅠ，モードⅡという二分法自体が不毛だ，あるいは，どちらかを選ばなくてもいいではないか，という批判も受けているが，特に後者については誤解である。実際には一人の人間がモードⅠ的になるときもあればモードⅡ的になる場合もあるのである。これが見えないとすれば，モードⅠ志向の人がモードⅡ的な研究をしていることをことさらに隠しているからかもしれない。その一方，後述のように，モードⅡを行うためには自分自身のモードⅠがなければ話にならないのだから，どちらも必要なのである。
　最近ではモード3とかモードⅠ.5もあっていいという議論もあるので，軽やかにモード論を使いこなしていけばいい。

1-2　学融とは何か

　もともとギボンズたちの議論では，産官学の連携的融合のような話がメインであるのだが，筆者の場合は基本的に，学範(ディシプリン)同士の協働作業についてこの言葉を使うことが多い。
　そして，学範内部の関心だけでは決してこうした融合志向は生まれないため，他の学範との協働作業は，基本的にモードⅡ的な知識生産となるのである。たとえば法心理学などがこうした知識生産の例となるであろう。
　もちろん，こうした融合は学問というなかでの融合であるから，やや狭い。ギボンズらのように広い融合についても考える必要がある。それをセクター融合（trans-sectoral），略してセク融と呼ぶようにしたい。実際にはこのような英単語があるかどうかはわからないが，産官学というような立場の違いを表す言葉は現状では dischiplin という単語ではなく sector であるのだから，これで良いのではないだろうか。

1-3　セク融

　社会の関心となる問題の解決を図るのは決して企業だけでもないし，大学だけでもない。このほかにも，行政や市民団体や NPO などがセクターとして登場することもある。そうしたセクターの中にいるアクターたちが，実際に融合的に行うのがセク融である（ある具体的な市や県が，行政というセクターの中のアクターということになる）。
　学者・研究者というアクターは，学問分野や大学の衣は着ているものの，そのセクターに殉じる必要がないのに対し，行政や企業といったセクターではその中の人（アクター）は，それぞれのセクターの至上命題にあらがうことは難しく，責任もとる必要が出てくる。NPO のような団体や任意の団体においても，そこまで厳しくないにせよ，団体の目標や利益のようなものを個人と切り離すことはできない。成果主義では一致していても，その成果が何であるかをお互いに理解することがなければセク融は難しい。学融もセク

融もいずれにせよ問題解決ができるかどうかが大事なのだが，何をもって解決とするのかということ，つまりそれぞれの学範やセクターにおける「良い成果」とは何か，ということが異なっている場合があり，それが問題を引き起こしやすい。たとえば，NPOの成果は具体的施策の実施，学者の成果は人と異なるアイディアを出して論文を書くこと，ということなのに，行政はミスをしないことを成果にしている，ということがあれば，かみ合わないのは当然であろう。しかし，そうした違いを非難したりするのではなく，違いがあることを認識したうえで融合をめざすことが重要だと強調しておきたい。

筆者は現在のところ，セク融を実践する立場にはない。学融についてはいくつか経験がある。そこでいくつかの学融プロジェクトについて紹介しつつ，心理学と学融について考えてみたい。

2 学融・国融に向けた取り組み

2-1 最初の学融 ── 法と心理学

東京都立大学（現在の首都大学東京）の助手から転出した福島大学行政社会学部は，自分が育った雰囲気とは異なる社会科学系学部であった。法学者が1/3くらいいたので，その文化の影響も強かった。しかし，そこには法学者としては珍しいくらいフットワークの軽い方が多かった。また，法心理学という領域に関心をもつ人も少なくなかった。こうした状況で2人の大学院生が法心理学をやりたいと進学してきて，計3年間，法心理学に関する大学院の授業が行われた。この授業は法学者・菅原郁夫氏と私が一緒に授業を行った。こうした強制的な枠組みがない単なる研究会であったら，長く続くことはなかっただろう。学融のような取り組みこそ強制的な枠組みが必要だという筆者の主張にもつながる。法学者と心理学者はもちろん目的も方法論も異なる。こうした違いがわかることは，ある意味シンドイことでもあるが，こうした問題も，時間をかけることでいくつか解消された。この頃の筆者は心理学批判論者であった。しかし，心理学者が心理学を批判したのでは「法

心理学」は成り立たない。法学者は必ずしも心理学批判を聞きたいわけではなく，心理学と法学の接点を必要としているからである。もちろん，心理学の誤用はまずいし（たとえばIQ過信），今でも心理学批判の旗はおろしていないが，心理学を全否定していたのでは学融は成り立たない。生産的な関係を作ることが重要なのである。

　また，協同作業自体は苦しいなかにも楽しさがあったものの，「法心理学」という既成ジャンルがないなかで業績をどう認めてもらうか，ということは，特に若い研究者にとっては大きな問題であった。幸いなことに2000年に法と心理学会が設立された（さらに，2011年度から文部科学省・科学研究費で「法と人間科学」という領域が新学術領域として認められ5年間の活動が開始された）ので，こうした状況は一部解消されたが，出身学範である心理学の中からの評価は必ずしも高くない。実際の問題を扱うための研究方法は実験室実験が求めるほどには厳密にならないし，法手続きの勉強もするとなると，その分，心理学がおろそかになりがちだからである。そうしたとき，モード論という考え方を知り，筆者自身が非常に楽になった。また，それを紹介・発表することで，教育心理学を中心に心理学の世界で少なからぬ反響もあった。モード論は科学社会学の理論である以上に学者論でもあるのである。ちなみに私はこの考え方を発展させて，モード性格論を提唱している（佐藤, 1998）。

2-2　人社プロジェクト

　立命館大学に所属を移してから，日本学術振興会の人文・社会科学振興のためのプロジェクト研究事業（以下，人社プロジェクト）に参加する機会を得た。このプロジェクトは公募型であり，筆者が公募に応じてある提案したところ，それが認められたのである（このプロジェクトの目的と参加のいきさつについては，4章参照）。

　「平和構築に向けた知の再編」というプロジェクトに属する石田勇治氏のジェノサイド研究や，「千年持続学の確立」というプロジェクト（沖大幹氏）には，個人的にインパクトを受けた。とにかく話が大きい。雄大である。しかも，そうした領域が，心理学というボトムアップ（でチマチマした）な視

点を求めていたりもするのである。実際，ジェノサイド研究グループが行う「関東大震災から 81 年 ―― 朝鮮人・中国人虐殺を再考する」というシンポジウムに筆者も指定討論者として参加したが，大変刺激的な議論を味わった。筆者は「うわさの公式」や「偏見とステレオタイプ」という切り口から虐殺を考えることで，有益な議論につなげることができたと思っている。

2-3 社会技術研究

その後，社会技術，という語に出会うことになった。複雑化する社会問題を解決し，社会を円滑に運営するための技術を「社会技術」と呼ぶそうで，社会技術研究システムという研究所が立ち上がっている。複雑化する社会問題とは，たとえば狂牛病や SARS や地球温暖化問題や原子力発電所の事故などを指す。こうした問題は自然科学や先端技術との関連も多いし，そうした専門的知識が必要だからこそ，複雑になっているという面がある。こうしたことに対して検討を加える一大プロジェクトが，社会技術研究システムなのだという。

心理学的な活動がなされている研究内容としては，意思決定やリスク研究，および脳科学と教育といった分野がある。このプロジェクトに関わっている神里達博氏によれば，「社会技術研究は一つの見方として，ギボンズのモード論における「モードⅡ」をめざす，我が国初の本格的なプロジェクト，と理解」できるとのことであり，モード論の立場からも興味深い。

さて，筆者自身はこのプロジェクトには加わっていないのだが，学融を考える意味で参考になることがあったので紹介したい。それは研究評価の問題に関わることで，なかでも大学というセクターにいる研究者にとって死活問題である論文の投稿・採用に関することである。研究者は論文産出が一つの評価基準になっている。しかし，大きなパースペクティブをもつ問題は必然的に学融的にならざるを得ず，論文発表が難しいのが現状である。モードⅠ的な学範を代表する雑誌（心理学だと『心理学研究』）には，そうした論文を評価するシステムが作りにくい。かといってモードⅡはそれぞれが違う内容であるから，分野に重なりがなく，相互に論文審査をすることが難しい。

SARS意識に関する心理学的な論文を狂牛病の規制に関心をもつ政治学者が査読するわけにはいかないのである。

「社会技術研究」論文集規定の第一条は，

> 本論文集の趣旨・研究分野　本論文集は，社会問題の解決や社会の円滑な運営に貢献することを目標とした研究（＝社会技術研究＝）の成果を対象とする。目標が合致していれば，理論的な研究から実践的研究（政策オプション，制度等の提案などを含む）まで幅広く採り上げる。人文・社会科学と自然科学のさまざまな研究領域からの投稿を歓迎する。特に，領域横断的・俯瞰的な研究の成果を期待する。

となっている。これは文句なく素敵な表現だ。問題はそれがどう実行されるかである。規定の第7条（論文審査の審査基準・審査方法）を見ると，その第1項は審査基準である。

> （1）審査基準　著者は投稿する論文に相応しい評価基準を申告する。その評価基準が論文集の趣旨に照らして妥当であるか，その評価基準に照らして論文の内容が掲載に値するか，という観点から論文の審査を行う。

というわけであり，著者が基準を申告することになっているそうである。これは「コロンブスの卵」的な発想だが，十分に新しい。評価というものは評価基準と評価されるものの「突き合わせ」によって生まれる。従来の学術誌では評価基準が定まっていることが多く，それに合致しなければ質が良いと思われるものでも掲載不可とされていた。著者が基準を申告するようになると，そうしたことはなくなるだろう。「社会技術研究」論文集の試みは始まったばかりであり，今後に注目したい。

2-4　お小遣い研究プロジェクト

これまでは学融，セク融という話だったが，次は国融である。transを融と訳す立場からすると，inter-national（国際）の時代の次はtrans-national

（国融）の時代となる。心理学者は政治家ではないので，実際に国境線を無くそうという提案をするわけではない。国「際」共同研究ではなく，国「融」共同研究をめざそう，ということである。筆者が関わっているプロジェクトに「Money and Child」研究プロジェクトがある。これは早稲田大学の山本登志哉氏をリーダーとする研究で，日本人だけでなく，中国，韓国，ベトナムの計4ヵ国の研究者が加わっている。テーマは単純で，子どもにとってお金とは何か，ということである。しかし，現象はそれほど単純ではない。子どもはいつからお小遣いをもらうのか，お小遣いのほかにお金をもらうのか，もらったお小遣いは誰のものか，どのような使い方が許され，何が許されないのか，などということは，さまざまな条件や状況の影響を受けている。それを4つの国で丹念に見ていこうというプロジェクトである。たとえば以下のようなことが見えてくる。

　日本の親は子ども同士のおごりを良いことだと見なさないが，韓国では良いことだと考えており，友だち同士のおごりのためにお小遣いを与える例さえある。中国では子どものお小遣いやお年玉を学校納付金に使うのは当たり前だと親子とも考える傾向がある。ベトナムでは子どもたち同士がお互いの幸福を祈って少額のお年玉をあげあう。

　こうした違った機能を果たす「お金」とは，単に経済的な交換機能だけをもつものなのだろうか，また，こうした異なる機能を支える文化的文脈は何なのだろうか，ということを4ヵ国の研究者が常に語り合っていくのである。ある一つの国の研究者の見方が基準になるのではなく，常にさまざまな相対化がなされている。また，文化比較というと「東洋と西洋」のような安易な二分法が多いが，このプロジェクトはあえて日本という場所から西回りで文化研究を進めていく。これは「極東」とラベル付けされたことの意趣返しでもある。グリニッジ標準時の基準からみて日本が far east なのだろうが，それを逆手にとって極東から西回りで文化と人間のあり方について考えていくのである（最終地がアメリカ?!）。

　さらにこの「Money and Child」研究の目的は，東アジア諸文化を

　　「子どものお金文化お金をめぐる対人関係構造から比較することで，近隣文

化間の共通性と対立性を共に抱え込むダイナミズムを見通し，新たな文化理
　　解の手がかりを，実証及び理論の両面で得る」

ことにもある。実際に国境があり，人間がそれに影響を受けているとしても，そのことを研究する研究者たちは融合することができる。こうした活動自体が意味のない偏見や敵意を無くすことに役立っていくだろう。

3　心理学が提供できる理論化の方法
　　　—— ボトムアップ思考からアブダクションへ

　ここまで，いくつかの事例を紹介してきたが，こうした話を心理学者が自覚的に行っているという事実こそ，重要な点である。心理学の扱う対象は人間の「こころ」である。この「こころ」をどのような概念によって切り取るかは，個々の心理学者によって多少ばらつきがある。ばらつきどころか正反対という場合もある。しかし，人間のあり方について個を中心に見ていくという大まかな方向性は一緒であろう。こうした志向をもつ心理学者たちは，実は，現在の学融やセク融シーンではニーズが小さくないのである。単にニーズがあるというだけではなく，理系のフレーバー（香り）と文系のフレーバーがわかる貴重なバイプレーヤーとしても重宝される。これはいわゆる「ハーフ」が「ダブル」と呼ばれるようになったのと同じようなことであろう。

　心理学および心理学者には，モード論的な意味での学融やセク融の機会が増えていく。良くも悪くも，人間の「こころ」に関することへの関心は高まっている。そうした際に重要なのは実は「心理学的」であることなのである。他の学範やセクターではできない何か，それがなければ話にならない。他と交流すればするほど自分とは何かを問わざるを得なくなる海外旅行者のような感じで，心理学とは何かを問い直す必要が出てくるし，必要な技術や知識を習得する必要が出てくる。

　心理学者にとって，実験や調査を行うときの要因分解や剰余変数への（過剰なまでの）意識，数値計算による単純化，というのは，そうした「特技」

の一つと言えるであろう。

　しかし，実際の活動では実験や調査ができない場合もある。その場合に重要なのが丁寧な観察を行いデータを得たうえで仮説を考えていく方法である。あくまでボトムアップ的志向でありながらも，理論的な跳躍も許す方法である。これはパースがいうところのアブダクションという論理過程である（4章参照）。

　trans（融）を志向する研究活動は，研究者が求めるような十全な研究計画を立てることが不可能な場合が多い。立てたとしてもダメになる場合もある。限られたデータからアブダクションを行って新しい考え方を作っていくことを補助するような役割が，もしかしたら心理学者に求められているかもしれないのである。

4　評価を未来に開く

　trans（融）を志向する研究活動がバラ色であるかのように記述してきたが，それで終わるわけにもいかない。というのは，筆者自身の自戒を含めて言うのだが，よかれと思ったことが実は「悪」である場合があるからである。今，社会のために役立つ，と思っても，その社会自体が「悪」だったらどうなるのか。「悪」とは何かの判断自体も難しいが，たとえばオウム真理教のために尽くして結果的に犯罪者の烙印を押された人たちは，その団体を「善」と信じ，それに尽くすことが「善」だと信じていたのであろう。戦前の日本も，こうした例だったと言ったら言い過ぎだろうか？

　実際にこうした実例がある以上，今，自分たちが従事している活動が未来からみて望ましくないものである可能性を考えないわけにはいかない。

　では，どうすればよいのだろう？　常に自問自答して逡巡するべきなのだろうか。社会との接点をもたないようにすればいいのだろうか。

　おそらくそうではない。

　そうでなく，評価を未来に開くことが重要なのである。そのためには，自分たちの活動を「監査可能」なように記録に残しておくことが必要となる。

ここで監査とは金の使い道だけにとどまらない。活動自体の後づけ可能性のことである。こうした提案は，実は学問史における資料保存の問題なのだが，社会との接点をもつことが志向される時代だからこそ，学問の足下を見つめる記録する作業 ── たとえば学問史 ── が必要になってくる。

　蛇足ではあるが，歴史は他人に自分を説明するのにも有用である。いったい，気になる誰かと出会い付き合うようになってから，自分の過去語りをしない人がいるだろうか。昔のアルバムなど見せたりするのではないだろうか。それと同じで，異なる学範同士の学融，異なるセクター同士のセク融，そして異なる国同士の国融においても，それぞれの基盤となる背景を知るために，歴史を語り，知ることが重要になるのである。

　おそれて何もしないのではなく，融（trans）の理論を作りながら，間違いがあればただして進んでいく。そうしたこと「も」，現在の心理学者には求められている。

7章
水平的社会の構築
―― オルタナティブオプションズによる
ボトムアップ人間関係論の構築

　社会生活におけるさまざまな場面において，医師－患者，法律家－相談者関係など人間関係が非対称的なまま固定化されていることがある。しかも，そうした非対称性は問題として気づかれることはない。

　ボトムアップ人間関係論の構築プロジェクトでは，社会生活上の選択肢拡大や選択肢の可視化こそが重要であり，それぞれの領域において水平的人間関係を構築していくことが必要である。そのためにはどうすればいいのか。筆者は，オルタナティブオプションズ（代替選択肢）の設定という側面からいろいろなことを考えてきた。人間関係というのは小さなミクロな視角ではあるが，神は細部に宿る，ということもある。この言葉は出典不明であるがドイツ生まれの建築家ルートヴィッヒ・ミース・ファン・デル・ローエ（L. M. van der Rohe）や美術史家アビ・ヴァールブルグ（Aby Warburg）が好んで使ったことによって人口に膾炙(かいしゃ)した。私たちも一見細かな話をしているようで，実は社会という大きな枠組みについて取り組んでいるという気概をもっている。

　ボトムアップ人間関係論の構築プロジェクトでは，人間相互の関係だけではなく，ある役割と他の役割の関係を水平にすることにも関心がある。たとえば新しく始まった裁判員制度についても，裁判官と裁判員の水平コミュニケーションこそが，成功の鍵だと考える。

1　人社プロジェクトの中のボトムアップ人間関係論の構築

1-1　筆者たちの視点

　この章では，人文社会科学振興のためのプロジェクト（以下人社プロジェクト）という文脈におけるこのプロジェクトのあり方について振り返って考えていきたい。

　ボトムアップ人間関係論の構築というプロジェクトは，人社プロジェクトの第三領域「科学技術や市場経済等の急速な発展や変化に対応した社会倫理システムの在り方について研究する領域」の一角を占めてきたプロジェクトである。このほかに，「医療システムと倫理」「科学技術ガバナンス」というプロジェクトが同じ領域に存在する。

　この領域は全体として，科学技術や市場経済の急激な変化を前提として，社会のあり方について考える領域である。社会倫理システムに「倫理」という語が出てくるが，ここでの倫理とは，正しさを求めることではなく，むしろいろいろなことを問い続けることだと考えている。この第三領域の中で，筆者が提案したのは，人間関係から社会を展望しようということである。ふつう，社会といえば「国際社会」などで表されるような大きな構成，もしくは茫漠としたものだと考えている人が多いだろう。私たちの提案は，社会の最小単位を「人と人のつながり」つまり「人間関係」だと考え，人間関係の構築という視点から —— いわばミクロの視点から —— 社会を見ようということであり，この「ボトムアップ人間関係論の構築」というプロジェクト名自体が，そういう提言そのものなのである。

　ミクロ－マクロ（の視点）という言い方は既存の学問，たとえば社会学などでは普通に行われていた。こうした言葉に代えて私たちは，ボトムアップという言葉を選んだ。トップダウンに対する語である。ミクロという言葉は静態的だが，ボトムアップという言葉には動態的な雰囲気がある。下から上にあがっていく，という躍動的な雰囲気である。

さて，人社プロジェクトは，学融（合）ということも目的の一つとなっていた。それについても —— 理念で導くことがあってもいいが —— 人と人との関係から構築していくことがよいと思われる。これもまた，人社プロジェクトという巨大プロジェクト運営に対する提言であった。若手の会，ニューズレター発行，関西人社プロジェクト交流会，などを行うことによって，このことは不十分ではあるが実践できた。また，筆者は人社プロジェクト全体が行う全体行事についても毎回出席を心がけ，さまざま分野の方と交流した。人間関係の構築が学融（合）を可能にすると考えているからである。

1-2 専門職とクライエントの関係

ボトムアップ人間関係論の構築プロジェクトが扱う人間関係では，人間関係というとすぐに思い浮かぶ親子関係，友人関係，恋人関係のような私的で親密な関係ではなく，社会制度を営むうえで，あるいは，制度と関わるうえで，不可避に経験せざるを得ない人間関係について焦点を当てる。知識や技術を受けるときに経験されるような人間関係であり，たとえば「先生」と呼ばれる専門職の人たちと接するときに生じる人間関係である。医師・弁護士・教師。多くの人はこういった「先生」と呼ばれる人たちとあまり関わりあいたくないと思っているのではないだろうか。

たとえば，医療を受けるときにどのような人間関係を考える必要があるのか？を問うのがボトムアップ人間関係論の構築である。そこに人間関係を考える必要などなく，治療（技術や知識）が与えられて治ればいいというのが，これまでの考え方だっただろう。教師という職業にしても，知識や技術の伝授がメインであり，だからこそ，教師養成においては学科の知識がもっとも重要とされている。しかし，実際のあり方を考えてみれば，そこには人と人の関係が生じていることは明らかであろう。人が人を治すし，人が人を教えるからである。教育場面 —— ことに生徒が若年の場合 —— では，教師と生徒の人間関係が比較的重視されることもあるが，年齢があがればそれは弱まる。医療において人間関係に焦点があたることは —— 少なくとも近年までは —— ほとんどなかった。

本書4章で述べたように,「される側問題」というものもある。治療を受ける,教育を受ける,相談を持ちかけてアドバイスを受ける,人たちと,技術の提供者側には専門知識のギャップがあるすると,結局は提供者の側が優位に立つことになり,される側は翻弄されてしまう。専門職とそのクライエントの関係については,人間関係に焦点があたっていないだけではなく,このような非対称的関係（一種の上下関係）の存在が等閑視されているのではないかという疑念がわくのである。

2　ボトムアップ人間関係論の構築へ向けての提言

提言──「半分」降りよう＝水平的人間関係の構築に向けて

　そこで,ボトムアップ人間関係論の構築の一つの目標は,医師と患者の関係,先生と生徒の関係,このような関係をいかに水平にしていくかということにあてられることになった。言葉を換えると,対人援助（対人サービス）を受けるときの人間関係ということにもなる。医療も教育もサービスと言えるかどうかは難しいが,まずこの言葉で置き換えてみよう。そうすると,される側である患者や学生・生徒が可能な限り自律的にものを考え行動を選択できるようでなければ,水平的関係とは言えないことがわかる。
　知識や技術や治療はもちろん重要である。しかし,その受け渡しの際の人間関係は上下である必要はないし,一方的な指令や従属である必要はないのである。
　では,水平的関係のために必要なことは何か。まず,受ける側にとっては,オルタナティブオプションズ（代替選択肢）が存在することである。選択肢が複数なければ自由な選択はできないから,事実上の従属関係しか生じない。ある病気があってこれをすれば必ず治る,というようなものがあるのであれば,そうした治療は重要であり,選択肢は不要だと考えられるかもしれないが,そうであっても,医療機関を複数の中から選べるというような自由度があってもいいのである。

一方で,「先生」と呼ばれる専門職の方で重要なこともある。

知識や技術をもつ専門職が,それを得ようとする／与えられようとする人に対して,優位に立ちやすいということを自覚すること,このことがまず重要である。多くの「先生」たちは一種の上下関係を当たり前だと思っているが,それはおかしいのだと自覚すべきである。

水平的人間関係を築くためには,専門職の側が「半分降りる」スキルを身につけるべきだとここで提案したい。半分その役を「降り」るというのはいくぶん比喩的ではあるが,相手に指示を出すのではなく,いくつかの選択肢を提示すること,かつその選択の責任を専門職自身が責任を負うというあり方が,必要となる。選択肢をいくつか提示するだけで選んだ人の自己責任というのは,専門職のとるべき態度ではない。

たとえば,2009年に始まった裁判員制度においては,職業裁判官と素人裁判員という人間関係が生じることがわかっている(この文章ではあえて通例に従って,職業,素人という語をつけて強調しているが,こういう言い方も失礼と言えなくもない)。裁判員制度において,職業裁判官は裁判について膨大な知識をもっているが,素人裁判員はそうではない。素人裁判員が職業裁判官に伍して力を発揮するには,職業裁判官の支援が必要である。その際,職業裁判官が「半分降りる」スキルをもつことが望まれる。たとえば私は,「裁判官は法廷で犬や猫を抱きながら仕事をするべきだ」と考えている(本書5章)。もちろん,猫でなくてもいいのだが,動物と接しているとき,人は柔和な顔になる。こうした雰囲気が暗黙の上下関係を崩し,素人裁判員の力を引き出すかもしれないのである。こうしたことは決して実現されないだろうが,ボトムアップ人間関係論の構築という考え方から導き出されることなのである。

される側にとっての選択肢,する側が半分降りること,のほかに重要なのは,アリーナ性のガバナンスである。これは,メタ文脈的なことであるが,専門職とそのサービスを受ける人との関係のあり方が常に透明性をもって見渡せるようなアリーナ性を確保するためのガバナンスが,行政などに必要だということである。

提言 —— 人間関係の偶有性を重視しよう

「先生」と呼ばれる専門職とそのサービスを受ける人の人間関係の本質は何か。それは「偶有的」であるということではないだろうか。ここで偶有的（contingent）とは，出来事の生起における，ある種の必然と偶然を表す概念である。ある先生とある生徒の出会いは偶然である。たまたま，ある学校に赴任した先生と，そこに入学した生徒。しかし，それは偶然というだけではなく，その後の両者の人生の文脈として重要な影響を与えていくだろう。偶然の積み重ねが必然を織りなしていくのである。

以上を，ボトムアップ人間関係論の構築プロジェクトにおける人間関係について，以下のようにまとめることができる。

1. 医師と患者，教師と生徒，のように「先生」と呼ばれる人をめぐる人間関係は「職業上あるいは生活上の理由から，偶有的（contingent）に出会う人びととの関係」として捉えられる。
2. 職業的役割関係を固定的に見るのではなく，人間関係の偶有性を前提にして，人間関係の水平性を作っていくべきだ，というのがボトムアップ人間関係論の構築プロジェクトにおける現時点での提言である。そのためには，それぞれの現場における人間関係のあり方の記述が重要である。

3 今後の課題

職業上の役割を前提としつつも，そこで出会った人たちの関係を水平的な関係に変えていく。その変えるための条件を追究する。それこそが，ボトムアップ人間関係論の構築がめざすところである。

理論的には，ボトムアップ人間関係論の考え方をさまざまな社会科学の理

論との関係で考察することが課題である。選択肢設定が人間の生活・生存の質（QOL）を高めるということを理論的におさえたうえで，ノーベル経済学賞受賞者であるアマルティア・センの思想，具体的な行動設定についての行動形成的支援などを架橋する理論を作っていきたい。あるいは，公共圏と親密圏，アマチュアリズムとプロフェッショナリズムという二項対立的概念から，「先生」をとりまく関係のあり方を考察し，より実践に役立つ議論を行っていきたい。また，さまざまな場面における選択肢設定や可視化自体の方法も課題である。

　ボトムアップ人間関係論の構築プロジェクトは，人社プロジェクトにおける5年間の活動を経て，さらに取り組むべき課題が明確になってきたといえる。

【参考】

人社プロジェクト　1～7号ウェブサイト
　　www.jsps.go.jp/jinsha/10_newsletter.html

第三部
学融をめざす モード論の実践

8章
法と心理学という学融の実践

I　取調べ可視化論の心理学的検討

1　取調べ可視化のための試行

1-1　取調べ可視化のための試行とその報告

　取調べの可視化には，(1) 刑事訴訟法を含む法的問題，(2) 録音録画とその視聴に関する技術的問題（コストを含む），(3) 録音録画時における被疑者・取調官が受ける心理的影響，および，(4) 視聴時における裁判官・裁判員が受ける心理的影響，という論点が存在する。

　この節では，最高検察庁による「取調べの録音・録画の試行についての検証結果（検察庁文書と略）」（平成21年2月），警察庁「警察における取調べの録音・録画の試行の検証について（警察庁文書と略）」（平成21年3月），法務省が発表した「取調べの可視化に関する省内勉強会の中間とりまとめ（法務省文書と略）」（平成22年6月）を参考に，録音録画時における被疑者・取調官（者）が受ける心理的影響について取り上げ，いわゆる可視化問題に関して「法と心理学」の立場から心理学的側面を検討していく（上記の (3) と (4)）。

　警察や検察の試行の内容については改めて説明しないが，いずれも全過程ではなく，自白調書の任意性判断に役立つであろう部分（調書読み聞かせの

場合もある）を 20 〜 30 分程度録音・録画したものである。つまり，いずれの試行においても，録音・録画は被疑者が自白するプロセス（取調べ過程）を含んでいないし，取調べ過程をすべて録音・録画した例は報告されていない。警察庁文書では全過程録音・録画された場合の得失についての言及はあるが，経験的な検討はなされていないのである。一部録音・録画にはメリットはあるものの，やりにくくなったと感じる者もいた。全過程録音・録画ではなおさらやりにくい，というロジックであるが，全過程録音・録画を行って実際にどのような変化があったのか（なかったのか）こそを検討すべきであろう。さらに，試行においては取調べ側の行為の変化についても検討は少ない。なるほど，被疑者の反応については，録音・録画を用いるか否かの比較は可能であるが，取調べ側の行動が，録音・録画があるときとないときで同じだったのか違ったのか，ということについての検討がない。

　川出（2009）によれば，取調べの可視化には 2 つの側面がある[1]。ひとつは取調べの状況を明らかにすることにより，自白の任意性の立証を容易にするという観点からの可視化論である。もうひとつは，取調べの可視化によって取調べ状況を外部から監視できる態勢を作り，それを通じて捜査機関による違法不当な取調べを防ぐという観点からの可視化論である。そして，裁判所からの可視化論は前者のニュアンスが強いし，弁護士会からの可視化論は後者の観点を実現すべく要求してきた，とする。このように整理するなら，今回の警察・検察の試行は，裁判所が要求するような可視化論の意図をくんだ対応だという側面が強く，その経験を積み上げることで弁護士会の要求する全過程可視化論に対して反対していると総括することができる。

　ここで，本節における可視化と録音・録画の異同について述べておくと，可視化とは，取調べ場面を（調書ではなく）音声や画像で確認するプロセスのことを指すもので，場合によっては弁護士立会いや被疑者ノートの活用も含む広い概念として設定している。また，政策レベルも含めて一般的な用語としても用いる。一方，取調べの一部もしくは全過程を記録することは録音・録画と呼ぶ。録音・録画は可視化を可能にするための強力な前提の一つであるが，可視化のすべてではない。録音・録画の方法や提示の仕方によって思わぬ心理的バイアスが生じることにも注意を要するし，録音・録画をそ

のまま再生することが可視化になるわけではなく，適切な提示の仕方が考案される必要がある。

以上のようなことを考慮しつつ，本節でまず取り上げるべき課題は「人間関係の構築論を理由とする取調べの全過程の録音・録画に対する反対意見につき，全過程が可視化されれば本当に人間関係は構築できないのか，可視性のない環境下でなければ構築できない人間関係とはどのようなものか」ということである。そのうえで，録音・録画と可視化の間にあるギャップを指摘し，アメリカ・オハイオ大学のラシター教授らの研究や私たちの研究をもとにして，録音・録画された資料を裁判官・裁判員が視聴するときに受けるであろう心理的影響や，理解促進機能のあり方について紹介を行う。

1-2 「全過程」録音・録画反対論拠としての人間関係構築論

録音・録画を一部にするか全過程にするかについてさまざまな文書を見る限りでは，捜査実務側には全過程録音・録画に対する反対論が強い。その理由は多岐にわたるが，試行の調査結果以前から，取調べにおける被疑者と捜査官の間の人間関係の構築が重要だとする説（以下，人間関係構築論）は根強く，全過程録音・録画反対論拠の主要な柱の一つとなっている。

「被疑者から真実を吐露する供述を得るには，取調官が被疑者との間で信頼関係を構築し，被疑者の良心，真情に訴えかけ，真実を語るように説得することが不可欠」（本江, 2006）であり，そのためには「生の人間同士のぶつかり合い」が不可欠であるという。

渥美（2008）は，日本の伝統的な取調べが犯罪・非行を予防する機能も担っていると強調する文脈で，「取調官と被疑者の意思の交流による一種のカウンセリング・セラピーに近い，双方の信頼関係を築く技能こそが取調官に求められるものであった」と指摘する。

また，重松・桝野（2009）は「取調べ全過程の可視化」に対する警察の基本的考え方をまとめて述べているが，その第一にあげられているのが人間関係構築論であり，

> 「被疑者の取調べにおいては……略……人間的な信頼関係を構築することにより，少しずつ被疑者から真実の供述を引き出していくことが重要であるが，録音・録画によって，取調べの状況を第三者に知られることを被疑者が意識するようになれば，そうした人間的な信頼関係を構築することが不可能になる」（重松・桝野, 2009）

とのことである。

では，試行ではどうだったのだろうか。警察庁文書（2009）では試行に従事した58名の取調官を対象に質問を行っている。自白の任意性立証の観点から録音・録画試行の結果をどう評価するかについては

> 公判において「大きな効果がある」と回答した者は23人（40％），「ある程度の効果はある」と回答した者は35人（60％）であり，効果が乏しいと回答した者はいなかった（ただし，この試行中に実際に録音・録画が公判で調べられたことはなかった）。

また，取調べの全過程を録音・録画することについての回答は，

> 「そうすべきではない」と回答した者は56人（97％），「わからない」と回答した者は2人（3％）であった

とする。さらに，その「取調べの真相解明機能を害する」との回答の具体的内容としては，

> 「取調べでは，取調官自らが自分の失敗談などを赤裸々に話すなどして，会話のなかで被疑者との人間関係を作っていく。そうした場面を録音・録画すれば，そのような人間関係を作れなくなる。」

> 「暴力団の抗争事件で，実行犯である組員を逮捕した場合に，録音・録画されていれば組員が報復を恐れて組長の関与まで供述するとは考えられず，当該事件の解明はもとより，組織の壊滅にも支障を来す。」

> 「性犯罪の場合，性的描写や，被害者の落ち度と取られかねない発言が録

音・録画されると，公判で被害者が DVD を見た場合に，『そんなことまで聞くのか。警察は被害者を侮辱している』と受け取られるおそれがある。」

などがあったとしている。ここでも，全過程録音・録画への反対の第一論拠は人間関係構築論である。

次に，2008（平成20）年4月1日以降に送致をうけた，裁判員裁判対象事件を原則としてすべて録音・録画している検察庁の試行報告では全過程録音・録画はどう扱われているか。検察庁文書（2009）によれば，試行（一部録音・録画）の分析は行われているが，警察庁文書と異なり全過程録音・録画への言及はない。しかし，一部では不十分であるから全過程を，という考え方さえ扱われていない，と述べることも可能ではある。

法務省文書（2010）は具体的な調査を行っているわけではないが，全過程録音・録画については言及があり，全過程の録音・録画は捜査・公判の機能や被害者を始めとする事件関係者に「種々の影響」を与えるとして，3つの論点をあげている。

① 被疑者に与える影響
② 被害者その他事件関係者への影響
③ 捜査手法や取調官への影響

である。このうち「③ 捜査手法や取調官への影響」に従来の捜査手法（人間関係を構築して自白を得る）が使えなくなることが含まれている。法務省文書では全事件の全過程を録音・録画することに対して，さまざまな条件をつけるべきだという論調である。

捜査実務を根拠とする限り取調べ全過程の録音・録画は不必要だという意見は根強いと言えるだろう。川出（2009）は，全過程録音・録画に対する捜査機関側の反論を，(1) 捜査時の人間関係構築が難しくなる，(2) 組織犯罪への適用が難しい，(3) 関係者のプライバシーの問題，(4) 日本の取調べ過程をすべて録音・録画すると費用と手間がかかる，の4点にまとめたうえで，刑事訴訟法的な観点から検討を加えれば適切な処置ができるから (2)〜(4)

は妨げになりえず，(1)の点について検討する必要があると述べ，捜査機関側により具体的な事例の提示や代替案の可能性／不可能性の提示を求めている。

1-3 人間関係構築論についての2つの逸話

取調官と被疑者の間に信頼関係の確立が必要だとする人間関係構築論には明確な実証的証拠はないが，逸話的な例があげられる場合がある。近年でもっとも有名なのが，オウム真理教事件におけるH（敬称略）の例である。教団で治療大臣を務めていたHはその著書において，マインドコントロール下にあってサリンを散布したが，取調べにおいて取調官との間に信頼関係を確立していき，自白に至ったと回顧している。

一方，信頼関係が虚偽自白に結びついたとする逸話もある。甲山事件で無罪確定を得たY氏の例である。Y氏の供述調書によれば（結果的に虚偽自白となった）犯行自白を行ったとき，「真心のこもった捜査をしていただいたことを大変うれしく思います」などという供述が残されているし，実際，Y氏自身も，取調官との間に一種の信頼関係が醸成されていたと振り返っている。ただしY氏は弁護士からのアドバイスなどにより，取調官との人間関係を疑うきっかけを得て，後に否認に転じ無罪確定へと至ったのである。

つまり，人間関係構築論に関する逸話は賛否両論ある。前者Hの場合にはマインドコントロール状態が捜査官によって溶かされていった過程であり，それを信頼関係と述べることは可能かもしれない。だが後者Y氏の場合は，たとえ本人が信頼関係と思ったとしても，結果的には一種の迎合と捉えることも可能である。信頼関係がなければ本当のことを言わないという主張は，被疑者が真犯人だという前提だから成り立つのである（浜田, 2004）。

犯罪を実行した人が否認から自白に転じるケースと無辜の人が（虚偽）自白に転じるケースがあることは誰でも知っているが，自白をしたある一人の具体的な人物がどちらのケースなのかを知ることは難しい。だからこそ人間関係構築論には光と影があるということを，理論的前提として認識しておく必要がある。

2 録音・録画と人間関係構築論の関係

2-1 警察庁文書や法務省文書の前提

前述のように警察庁文書では捜査員の声として「取調べでは，取調官自らが自分の失敗談などを赤裸々に話すなどして，会話のなかで被疑者との人間関係を作っていく。そうした場面を録音・録画すれば，そのような人間関係を作れなくなる」を紹介している。可視性のない環境下でなければ構築できない人間関係とはどのようなものなのだろうか。全過程が可視化されれば，本当にそうした人間関係は構築できないのだろうか。そして，そもそも，こうした人間関係が構築されなければ自白は得られないのだろうか。

一般的に言えば，何かを人に話す場合に相手との信頼関係は重要な要因であろう。だが，取調べにおいて信頼関係が重要な要因となって真実を自白するかどうかについては，それほど多くの研究がなされているわけではない。この問題に対して被疑者の心理に関する経験的なデータを提供している公刊論文は多くないが，『科学警察研究所報告防犯少年編』の第39・40巻に分載された科学警察研究所の渡辺昭一による研究が重要なものである。ここでは渡辺（2004）の記述を主に参照しながら見ていこう。

渡辺（1999）の調査は，「黙秘または否認の後に自供が得られた殺人事件（強盗殺人，強盗致死を含む）および侵入窃盗事件」の被疑者を対象に行ったもので，被疑者（殺人事件22名，侵入窃盗事件63名）への面接を，取調べを担当した捜査官が行ったものである（対象被疑者の97.6％が男性，76.5％が前科・前歴あり，である）。

この調査は捜査官が被疑者に面接しているという意味で間接的なデータではあるが，被疑者の声が収録されているという点では重要である。そして，否認から自白へ転じた人たちの声から，自供を促進する要因として渡辺（1999）がまとめているのは，(1) 捜査情報に基づく説得，(2) 共感的理解，(3) 取調官への信頼，(4) 被疑者の人格を認める，(5) 被疑者の話を十分に

聞く，(6) 被害者の心情を諭されて，(7) その他といった要因である。

　ここでもたしかに被疑者と取調官との信頼関係の構築が重要であることが述べられているが，それがすべてではないこともわかる。

　ただし，この調査は否認（真実の隠蔽）から自白に転じた者を対象にした調査であり，可視化問題の重要な論点の一つである無辜の人が真実でないことを言うに至ったケース（虚偽自白）については何も語られていないし，信頼関係構築を妨害する要因として録音・録画が指摘されていることはない。むしろこの調査でも，被疑者は「大きな声を出された」「呼び捨てにされた」「人間らしくないと怒鳴られた」ことなどを，自白の妨害要因としてあげていたと報告されている。この調査は10年以上前のものであるからその捜査状況は現状とは乖離があると信じたいが，2010年には大阪で取調べを受けた男性が任意取調べを受けた際に警察官から「警察をなめとったらあかんぞ」とか「一生を台無しにするぞ」などという暴言を浴びていたことを告発したこと（当該警察官には実刑判決）からも楽観はできない。科学警察研究所の渡辺の調査によるこの指摘が事実なら，録音・録画によって「怒鳴る」などの妨害要因を抑制することができ，結果として人間関係構築を促進すると考えることもできる。

　さて，人間関係構築論は，人間と人間の「裸の」ぶつかり合いによる真実の追究をモデルとする。捜査における取調べでは，事件と何らかの関係があるだろうと考えられている人物が取調べに呼ばれることになる。そこでは，犯行に関する自白がなされることが強く期待されているから，自白が得られなければさまざまな捜査手法を用いて得ようとするだろうし，さらに，自白が得られたときに（それが虚偽であるという）批判的思考をすることが難しくなる。

　そこで取調べによって何を得ようとするのか，という整理が必要となる。

2-2　取調べによって何を得るのか ── 自白に対する2つの立場

　刑事捜査の取調べは，自白を得るために行われると考えられがちであるが，このこと自体が日本の刑事捜査の歴史性・文化性を反映しているのであり，

異なる考え方があることにも目を配らなければいけない。

一般に，心理学者たちは捜査のための取調べには以下のような二分類があると指摘している（大橋, 2005）。

1. 自白を「証拠の王」と捉え，被疑者から自白を得ることに価値をおく
2. 自白を特別視せず，被疑者から適切な情報としての自白を得ることに価値をおく

なお，この2つの類型とは少し異なるが，日本では犯人に反省悔悟を促し可能な限り早期に被害回復を実現するといった刑事政策的機能が重視されており（本江, 2006など），このことも，自白を得る立場を促進していると思われる。実際，司法制度改革審議会が約2年間の審議を経て，平成13年6月に公表した「司法制度改革審議会意見書 —— 21世紀の日本を支える司法制度」の「刑事司法制度の改革」の項にも，「被疑者の取調べは，それが適正に行われる限りは，真実の発見に寄与するとともに，実際に罪を犯した被疑者が真に自己の犯行を悔いて自白する場合には，その改善更生に役立つものである」としており，取調べに真相解明以外の悔悟促進機能のようなことが求められている。なお，この文章には「しかしながら，他方において，被疑者の自白を過度に重視する余り，その取調べが適正さを欠く事例が実際に存在することも否定できない」という文章が続いていることを付記する。

さて，上記1の立場にたったものとして，アメリカで捜査実務に携わり後に大学教授として刑事法を講じたインボーやリードらによる著書が有名である。この方法は「自白」を得ることを目的としたテクニックを体系化したものであり，場合によってはちょっとした嘘も許されるという立場さえもとっている。

捜査機関が1の立場で取調べにあたることは決して不可解なことではない。しかし，「自白」を得るのではなく「情報」を得るのだという上記2の立場があり，それは認知インタビューという手法として主にイギリスで展開してきた。

認知インタビューはアメリカの認知心理学者によって開発されたものであるが，その後イギリスでは実務者用の訓練方法がブルらによって整備され，一般的に使われるようになっている。

　なお，イギリスでは「1984年警察及び刑事証拠法（Police and Criminal Evidence Act 1984)」により，警察のすべての被疑者面接を録音することが定められた。このことによって実務は大幅に変わり，専門職としての警察の技術革新もなされた。捜査側の懸念事項である可視化による自白率の減少については，

> 「テープレコーダーをつけても，自白や自認率は減少せず，むしろある種の事件では公判自白率が増加することが確認された」（渡部, 1986）

という結果になった。つまり，録音・録画（イギリスでは2002年から録画が導入された）によって旧来の手法に頼れなくなった警察は，そのことによって技術を革新し，また録音・録画自体が，（自白を妨害する技術ではなく）場合によっては自白を得る技術とさえなりうることが明らかになったのである。現在では録音・録画を前提とした取調べ手法がさらに発展し，訓練法も開発され，警察官に対して訓練が行われるようになっている。

2-3　認知インタビューの進展

　フィッシャーとゲイゼルマン（Fisher & Geiselman, 1992）はそれまで開発されていた認知インタビューをより警察の実務に近づけるため，拡張型認知インタビュー（Enhanced cognitive interview）を提唱した。大橋（2005）やミルン&ブル（1999/2003）の紹介によれば，認知インタビューとは概ね以下のプロセスである。

　第1段階　挨拶しラポールを確立する。面接は，ポジティブな雰囲気を作り出すため事件と関係ない中立的な質問から始める。相手を独立した人格として扱う。質問はなるべく，開かれた質問（open-ended questions）を用いる。面接

者は常に開かれた心で面接に臨む。十分時間をかけ，被面接者の沈黙を妨げてはならない。

第2段階 面接の目的を説明する。面接者は被面接者に，必要な情報をもっているのは被面接者であり，面接者は想起の援助者にすぎないと伝える。

第3段階 自由報告を始める。この段階において面接者は，被面接者に対し出来事の文脈を心的に再構成するよう教示する。

第4段階 質問を行う。質問する内容は被面接者がそれ以前に語ったことに関連したもののみとする。開かれた質問から始め，次に閉じられた質問（closed questions）を行う。誘導的質問を避ける。

第5段階 多様で広範な検索を促す。さまざまな検索方略を用いることを勧めて多様な情報を得るようにする。

第6段階 要約。これまでの段階で得た，目的に合致したストーリーを要約する。要約により被面接者は，自身の再生の正確さを確認する機会が与えられる。

第7段階 終結。ラポールの段階で話題とした中立的な話題に徐々に戻り，終結時に面接者は被面接者の協力と努力に感謝を示す[10,11]。

認知インタビューという手法においても，信頼できる人間関係を構築することは重視されているが，それはラポール（rapport）という概念で表されている。ラポールは面接などの二者関係における信頼関係を指す概念であるが，対等な立場にある両者において，どちらかが自らをさらけ出すようなことをすることなく，構築できるものだとされている。もとより，学問的手続きや専門職の技術には透明性が担保されねばならないのは当然であり，カウンセリングにしても密室で何かが行われているという秘儀的なものではないから，ラポールもまた訓練によって確立できる技術であるとされる。臨床心理学において，録音・録画（サイレント映画を含む）の歴史は長い。心理学的な立場からカウンセリングを体系化し，無条件の受容や共感的理解を重視したロジャーズが，録音技術が未発達だった1940年代からカウンセリング場面を録音し，自ら聞き直して検討を行って改善・改良を図っていたことはその一例であり，こうした努力が，ラポールという概念の明示的なあり方へとつながってきたのである。

日本の捜査における人間関係構築論は，もし仮に捜査がカウンセリング機

能をもつとかラポールが重要だと主張するのであれば，カウンセリング心理学が行ってきた方向での実証性が求められているのではないだろうか。

3　録音録画と心理的バイアス

3-1　録音・録画の陥穽

ここまで，全過程録音・録画について心理学的側面から人間関係構築論を検討してきたが，録音・録画の画像の視聴に関して最近知られるようになってきた心理学的問題がある。以下ではそれを取り上げたい。

警察庁文書別紙2には，警察における録画方法が例示されており，それは被疑者が大写しの画面（全体の4/9）と捜査者の肩越しに被疑者の顔が見える全体状況の小画面（全体の1/9）が両方視聴できるように配慮されている画面である。

図8-1　警察における取調べ録画映像再生画面（警察庁，2011）
警察庁（2011）．警察における取調べの録音・録画の試行の検証について
〈http://www.npa.go.jp/sousa/kikaku/honbun.pdf〉（2011年6月30日）

被疑者の顔を見たいというのは当然かもしれない。取調べを受けている人が，本当のことを言っているのか違うのか，誰かに言わされているのか，自ら言っているのか，こうしたことを判断するには，何より，その人の顔を見て情報を見極めなければいけない，というのが常識の教えるところだからである。一方で被疑者だけの映像では不十分で，取調べる側の行為が同時に録られなければよくないと思う人も多いだろう。取調べに脅迫めいた行為がなかったか，確認が必要だからである。

このような形式で録音録画がなされれば，良質の記録が残る，というのは私たちの常識に照らして首肯できることである。しかし，事実はそうではない。心理学者によれば，こうした録音録画にも，さまざまな情報の歪みが忍び込んでいるのである。

3-2 カメラ・パースペクティブ・バイアス

ゲシュタルト心理学者・コフカ（Koffka, K.）は1935年に，私たちの知覚システムでは，注目を引きやすい事物は，そこで起きる出来事の原因として考えられやすいと指摘した。この「誤った因果づけ」を社会的領域で扱ったのが，アメリカのテイラーらである。彼らは人の行為の主体性を他者がどのように判断するのか，というテーマを扱うなかで，後にカメラ・パースペクティブ・バイアス（CPB）という現象として知られる現象を報告した。より具体的には，二人の人物のうち，一人がこちら側を向き，もう一人があちら側を向いている映像を見る場合，こちら側を向いている人物が主導権を握っていると感じてしまうということである。同じ場面の映像であっても，異なる人が異なる方向から撮られた映像を見た場合，自分に対して正面を向いている人物がより積極的に場を仕切っていると感じるのである。

この現象を，裁判における任意性判断や有罪判断の問題に適用したのが，アメリカの社会心理学者・ラシターである。ラシターは模擬的尋問状況の映像を用いて膨大な研究を行い，陪審による被疑者の任意性判断にCPBが存在するということを長年にわたり立証してきた（2010年には，その功績に対してアメリカ心理学会から「公共政策に対する研究への顕著な貢献」賞を贈られ

た)。

　CPBとは,まったく同一のやりとりを録画しても,ビデオカメラに対して被写体（＝捜査取調べの場合は被疑者と捜査官）をどのような位置・角度に置くかによって,その動画からの判断や推論に大きな系統的影響を与えてしまうカメラ・アングルがもつ効果である。その前提として,視聴者にとって顕著性が高い人物（目立つ人）は,行動の主導権をとっていると考えられやすく,カメラ・アングルが（尋問者や場の全体を含まず）被疑者のみを映しているなら,被疑者が自発的に行動していると判断されやすいという判断バイアスがある（Lassiter et al., 2001）。

　単純な形で初期のラシターらの研究を解説しよう。ラシターらは3つの異なるカメラ・アングルで撮影した尋問状況の映像を用いて,何を焦点かするか（どこから録画するかという方向）の違いだけで,その映像から受ける印象が異なり,判断が影響を受けてしまうことを明らかにしたのである。

表8-1　ラシターらが検討したカメラ・アングル

名称	撮影方法
① 被疑者中心（suspect-focus）	被疑者のみにカメラを向けた撮影方法
② 取調官中心（detective-focus）	取調官のみにカメラを向けた撮影方法
③ 両者並列（equal-focus）	①②の中間形態。被疑者と取調官の両方を撮影する方法。
	通常対面して座る様子を側面から撮る。

　ラシターは一般人のみならず司法関係者も対象にして,かつ,さまざまな犯罪類型を用意してこの実験を行い,① 被疑者中心映像で撮影されたものは任意性が高く評価され,② 取調官中心映像で評価されたものは任意性が低く評価されることを明らかにし,③ 両者並列映像がもっとも公平,客観的に評価される望ましい撮影方式であると指摘した。法律の専門家を対象にした研究も行い,法の専門家といえども,この判断バイアス（歪み）からは逃れ得ないとしている。ラシターの研究については指宿（2008; 2010）および指宿・黒沢（2010）も参照されたい。

　つまり,人は嘘をついているかどうかを判断するために,人の顔を見て判

断しがちであるのだが，ある人に注目するということ自体が，その人が自発的に行為している（＝任意性が高い）という判断を高めてしまうというパラドックスが存在するのである。ここに心理現象の奥深さと皮肉が現れている。

3-3 現実場面におけるカメラ・パースペクティブ・バイアス

日本の試行形態は，大画面と小画面を用いているという意味では，被疑者のみを単一映像で録画するよりは優れていると思われる。しかし，大画面に被疑者中心映像，小画面に全体像ではあるが被疑者中心の映像，となっている。

このような2つの画像を用いることはどのような心理的影響があるのだろうか。私たち立命館大学・R-GIRO「法と心理学」研究拠点の創成においては，そのメンバーでもある成城大学・指宿教授らと共に，院生・学生によっていくつかの実験を行ってきた。日本の二画面提示方式を模して，大小2つの画面に，被疑者中心，捜査官中心，両者並行の3つのアングルの模擬取調べ映像を組み合わせて提示したところ，被疑者中心映像が大画面に提示された場合は，有罪判断が他の条件よりも高く判断されることが示された（若林ほか，印刷中）。ただし任意性判断についての結果は現時点でははっきりして

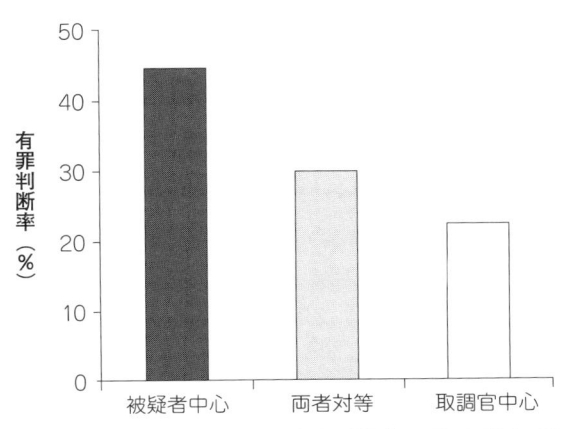

図8-2 大画面で映し出す人物の違いによる有罪判断率（％）の変化（若林ほか，印刷中）
（各条件22名ずつ＝合計66名）

いない。これはすなわち日本の方式においても，心理的バイアスが起きる可能性を示すものである。

　ラシターの研究や日本での結果は，任意性判断や有罪判断については視覚刺激としての映像の使用が望ましくないことを示唆する。つまり，身体的・物理的な行為の確認には全体映像が必要だが，任意性判断や有罪判断のことを考えると映像は「バイアスをかけるので不要」なのかもしれないのである。情報量が増えることで正確性が増すのではなくバイアスの影響を受けるのは，ある種のパラドックスである。
　なお，ラシターの研究結果はニュージーランド警察によって採用されており，ニュージーランドにおいては，両者並列映像を記録に残し，公判でもそれを用いることになっている。

4　全過程録音・録画を心理学的に考えるための補足

　最後に，これまで論じてこなかったいくつかの論点について補足をしておきたい。

（1）参照可能性が必要なもう一つの心理学的理由
　後に冤罪となった足利事件のＳ氏や氷見事件のＹ氏は，自身で犯行を認める自白をした後，それを維持した，あるいは否定しない，ということを公判でも行ってきた。そのことを指して，両氏にも責任があるのではないかという議論もある。
　しかし，この「なげやり」とも見えるような状態こそが，両氏の経験を如実に物語っている。心理学者・セリグマン（Seligman, M.）は学習性無力感（learned helplessness）という概念を提唱した。人が自分の努力で何かを成し遂げようとしたときに常に失敗し続けることによって「無力感」を獲得してしまい，異なる状況においてもかつて行った努力を回復することができない，というものである。いくら言っても自分の言い分を聞いてくれない，という

状況が繰り返されると，たとえ，相手が変わって言い分を聞いてくれるかもしれなくなったとしても，決して言い分を伝えようということにはならないのである。厳しい取調べと強制された自白の状況がこのようなものであることは，容易に想像がつく。

公判で罪を認めている，あるいは罪を否定しない者が目の前にいれば，それを有罪方向の証拠に使わないことは難しい。しかし，その状態が学習性無力感かもしれない，ということになれば，取調べの全過程を調べることが必要になることはありうる。身体的暴力があるとか声を荒げているというようなことではなく，自分の努力が通じない経験をしているかどうかを検討することが必要なときはあるだろうから，そのために全過程録音・録画を残しておくことには一定の意味がある。

(2) 参照しやすい録音・録画のために ── データとメタデータ

録音・録画の欠点としてあげられるのは，参照性・閲覧性の低さである。特に，日本で仮に全過程が録音・録画された場合，捜査の期間は決して短くないから，それを最初からすべて見ることは難しい。複数被疑者の事件であれば事態は絶望的となる。

録音・録画は重要であるが，それは可視化そのものではない。録音・録画を真に可視化と呼ぶためには，参照性を高める工夫が必要となる所以である。

こうした難問を解くカギは，メタデータ化である。メタデータとは一般にデータそのものではなく，そのデータがどういうデータであるかを説明するためのデータ，もしくは情報のことを指す。

8つの録音・録画映像データがあったとき，それに「A被疑者の取調べ」と書いてあれば，それは中味が何のデータかを示しているから，一つのメタデータである。8つの映像データのそれぞれに，取調べ日時が書かれていればそれもメタデータであるし，殺人動機，犯行日の行動，犯行の様子，などと書かれていれば内容がわかりやすいメタデータである。

このように考えると，録音・録画されたデータがあるとき，適切なメタデータが付与されていれば見たい部分を見る際に中味を最初から見る必要がなく参照に便利である。

検察・弁護に争いがある場合や複数被告人同士が争う場合などでは，一般に取調べは長期にわたり複雑となるから，その結果としてデータを参照することが難しくなる。複雑かつ大量な録音・録画を管理するメタデータシステムを開発することが必要である。私たちは三次元仮想空間を利用した KTH キューブを開発中である。これは，浜田式供述分析（浜田, 2005）の手法を用いて事件のトピックを抽出し，複線径路等至性モデル（サトウ, 2009）を用いて概念マップを作り，それぞれの被疑者がいつどこで何を供述したのかを時間ごとに地層のように重ねていくもの（斎藤・稲葉, 2008）である。逆に言えば，浜田式供述分析を，複線径路等至性モデルのスキームに乗せることで原事件の時間の流れと対立点を明確化したうえで，バーチャルな三次元キューブを用いることで，それぞれの供述がなされた時間を保全するという試みが KTH キューブであるといえる[20]。

　図 8-3 は KTH キューブを正面から見たものである。底面には，検察側主張と弁護側主張の二つの相対立するストーリーが付置されている。対立のあ

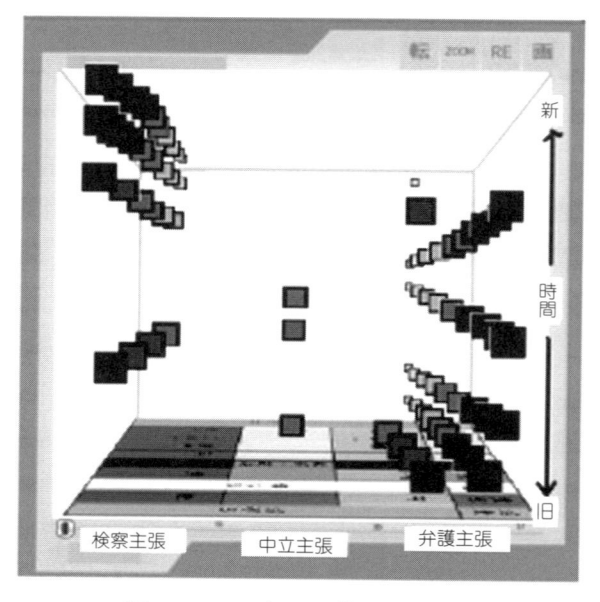

図 8-3　KTH キューブのイメージ

る裁判においては，検察側と弁護側が異なる主張を行う。たとえば，殺人事件で有罪か無罪かを争う事例を想定してみよう。検察側は被告が犯人だといい，その動機や凶器の準備プロセスや実行プロセスについて述べる。このストーリーは細かいユニットから成っている。一方，弁護側には，被告が犯人ではないというストーリーを呈示する義務はない。検察側の主張の一角を崩せば事足りる（はず）なのである。図にある「中立主張」は何かといえば，たとえば，被害者と被告が顔見知りだったとか，お互い知らない同士だったとか，被害者が包丁で刺されて死に至ったとか，検察側と弁護側が双方とも認める事実である。

　裁判における検察側の冒頭陳述は，それだけ聞くと，あたかも被告が犯人であるかのようなストーリーになっている（そうでなければ起訴して公判は維持できないのであるが）。しかし，最後にできあがったストーリーであるから納得できるストーリーであるのは当然である。冒頭陳述は様々な証拠に支えられている必要があるが，日本においては自白供述が重みを持っている。したがって，いつどのような自白供述がとられたのか，を，その時間順に見ることができれば，検察側の冒頭陳述の成り立ちを理解することが容易になる。

　たとえ真犯人であったとしても，ある殺人事件について，きっかけ，動機，凶器の準備，殺害方法，事後処理，についてスラスラとしゃべれる人はマレであろう。さて，被告の立場からすると，事件について語る機会は3つの異なる機会として現れる。警察の取調べ（行政），検察の取調べ（司法），裁判における陳述（公判廷），である。しかも，これらの機会は同時に起きることはなく，必ず，異なる時間に行われている。KTHキューブは，縦軸（垂直軸）を，裁判プロセスの時間に割り当てることで，被告がどのような言明を行ってきたのかを理解できるようにしたのである。

　この図の例では，被告が，弁護側主張，検察側主張の両方に関係する言明をしていたという事実を示している。検察側の冒頭陳述を聞いただけでは，被告はさも事件のことをスラスラとしゃべったように聞こえるのだが，そこに至るにはプロセスがある。KTHキューブはプロセスを可視化できるのである。この図を見れば，少なくとも二つの仮説が成り立つ。「自白を逡巡していたが，最終的には事件の全貌を語った」というものと「変遷を繰り返し

ながら，最終的に検察側主張に寄り添うような供述を行った」というものである。事件によっては徹頭徹尾，事件への関与を認める場合もあるだろうし，反対に，一貫して関与を認めない場合もあるだろう。この図の例では，変遷が見られている。この変遷を可視化することにこそ，KTHキューブの意義がある。裁判員裁判であれば，この図をもとに，市民たる裁判員自らが変遷の理由を問いただし，答えをひきだし（「罪と向き合うのが怖くて言を左右にしてました」という場合もあるだろうし，「警察も検察もやってないということを信じてくれないので，やったと言った時もあるけれど，やっていません」という場合もあるだろう），自らが自白供述の信用性を確かめれば良いのである。

　この技術が確立されれば，データがどれだけ多くなっても参照が容易（かつ正確）に行えるようになる可能性があり，長時間の録音・録画も決してマイナスにはならない。

（3）効率の心理

　法務省文書は「年間に検察庁が受理する刑事事件の数は約200万件と膨大」であるとしたうえで，「これらの膨大かつ多様な事件のすべての取調べについて録音・録画を実施するのは，可視化により実現しようとするメリットに見合わない多大な負担・コストとなるのではないか」と疑問を呈している。

　負担・コストは，得ることのできるメリットに見合わない場合には問題となる。そこで，何を利益・便益として算段しているのかを考える必要がある。実は，この文書からでは「可視化により実現しようとするメリット」が何であるかについてはわかりにくいのだが，「供述の任意性」が争われる事案であると思われる。

　一般に，得られるメリット（ベネフィットと言う）をコストで除したもの（効率＝ベネフィット／コスト）を効率と言う。つまり，分母と分子に何を入れるかによって効率の計算は一通りでなく，効率の感覚は心理的なものでもある。したがって，コストが割に合わないので一部の録音・録画で十分ではないかという議論は，任意性が争われる事件が少ない（分子にあたる）から，録音・録画を行う投資（分母にあたる）に見合わないのではないか，ということを意味する。しかし，川出（2009）の整理が示すように，録音・録画に

関する議論の始まりは，任意性が争われたか否かにかかわらず，結果的に虚偽の自白が行われており，その原因として誘導その他の非合法的な手法が使われていたのではないか，ということも含まれていた。

つまり，先の式のベネフィットにあたる部分が任意性を争う事件数だという設定は少なくとも一面的な議論であると言える。指宿（2010; p.29）が紹介しているイリノイ州のノース・ウェスタン大学ロー・スクールの誤判救済センターのレポート（2004）は，アメリカの 38 の州で行われている取調べの録音・録画について法執行官（主として取調べを行う警察官）に調査をしている。指宿（2010）のまとめによれば，録音・録画の利益とは，調書作成の作業量の減少，調書作成の際の未解明部分の発生を予防，被疑者からの不服回避，高い証拠価値，被告人からの法的な攻撃の減少，それらによる時間の節約，有罪答弁の増加とそれによる司法の効率化，冤罪の減少と予防，があげられている。アメリカの事情が単純に日本に当てはまるわけではないが，録音・録画のメリットが任意性判断に関することだけではないことがわかる。

効率に関する議論も可視化の2つの議論（川出，2009）に沿った主張に見合った定式化が必要ではないだろうか。先のノース・ウェスタン大学の文書が認めるメリット（利益）を設定すれば，全過程録音・録画をしても十分に効率的と言えるかもしれない。それでもなお，効率的でないとするなら，それは効率の式の分子にあたるコストが大きいからかもしれない。そうであればコストを圧縮することも考えるべきである。ただし，コスト圧縮は全過程録画から一部分録画への「後退」だけが選択肢ではない。全過程録音・録画を行うにふさわしい捜査期間を設定するという選択肢をも考慮に入れてもいいだろう。こうした主張は捜査実務の側からみれば本末転倒にみえるかもしれないが，全過程録音・録画を条件とした可視化のためのアーキテクチャ構築を前提にすれば，それほど奇妙な話でもないと，少なくとも法と心理学の立場からは言えるのではないだろうか。

II 司法臨床の可能性
――もう一つの法と心理学の接点を求めて

　司法臨床は新しい概念であり有望ではあるがあいまいな概念でもあり，いくつかの視点から検討を行う。まず弁護士として家事事件を扱う立場，家庭裁判所の調査官の立場，加害者治療の立場，カナダにおける問題解決型裁判所の視察を行った立場からのそれぞれの司法臨床のあり方について検討を行う。次に司法臨床の根本にある問題解決を支えるために必要なシステム論，法と心理の協働のための理論であるモード論について紹介を行う。最後に，司法臨床と類似の考え方である犯罪心理学や治療法学と比較を行うことでその異同を明らかにしつつ，司法臨床の今後の可能性について論じる。

1 司法臨床の概念と方法

1-1 日本における司法臨床のあり方

　司法臨床（forensic clinical psychology）は比較的新しい考え方である。廣井（2011）は狭義と広義の解釈が可能であるとしたうえで，「現代社会が司法に要請するさまざまな問題解決については，狭義の司法臨床にとどまらず，広義の司法臨床として取り組むことが要請されている」と指摘した。ここで狭義の定義は司法機関たる家庭裁判所の実践を指し，広義の司法臨床とは「裁判所はもとより司法関連機関としての保護観察所，少年院，刑務所などと，児童相談所，学校，病院，その他多領域の機関との協働によって実現する臨床的な実践」である。
　弁護士の立場から中川（2011）は「家族間紛争の場合，当事者間に感情的対立が激しいことが多く，単に法律を適用するだけでは真の紛争解決になら

ず，当事者の満足は得られない」ため，家族間紛争と少年事件を扱う家庭裁判所においては司法機能と臨床機能の両面でのアプローチと協働が必要だとしている。

では，司法と臨床（法的思考と臨床的思考）の特徴はどのようなものであろうか。廣井（2007）は表8-2のようにまとめている。

司法臨床においてはこの2つの考え方が乖離することなく融合していくこ

表8-2　法的思考と臨床的思考の対比（廣井, 2007; p25）

	準拠の基準	事実のとらえ方	時間軸	境界の設定	思考のプロセス	思考の方向性
法的	法的基準	法的構成	過去志向	二分法的	論理的整合性	直線的因果論
臨床的	個別的基準	多面的認識	未来志向	非分割的	螺旋的思考	システム的認識論

とが求められるのだが，廣井（2011）や中川（2011）の認識では，二重基準として乖離することも珍しくなく，また近年では乖離よりも臨床機能の低下が見られることが懸念されるとのことである。彼らは司法の基準が家庭裁判所など司法臨床の現場に一方的に影響しつつあることに警告を発している。司法臨床は有望ではあるが困難なアプローチであることがうかがえる。

家庭裁判所調査官を勤めていた廣井（2007）のアプローチは，広義の定義においてもなお家庭裁判所という司法機関の活動に重点をおいている。家庭裁判所という現場では非行・犯罪，虐待，DVなどの現象や離婚，扶養問題，遺産相続争いなどの紛争が扱われているから，その解決こそ司法臨床の中心となるのは当然であろう。とはいえ，こうした問題の紛争処理は司法機関を離れて行われる場合もあるから，司法臨床は，司法機関における活動という枠を取り外すことが不可能ではない。むしろ，司法機関を中心として積み上げられた司法臨床に関する実践の蓄積が，類似の問題を抱えその解決を求める人たちに普及していくことが望まれていると言えるのである。

そうであれば，司法臨床は刑事司法などにも普及していくことが望まれるとも言える。しかし一方で，現在の日本では（刑事司法を含む）司法一般に司法臨床を適用することは難しい現状がある。このことについて次に考えたい。

1-2　日本の司法システムの中の司法臨床

　司法臨床の広義・狭義の定義が，刑事裁判やその他の司法システムへ広がりにくいのはなぜだろうか。このことを考えるためには，日本の司法システムについて考えることが必要となる。

　日本の司法システムは第二次世界大戦における敗戦（1945）によって，戦勝国による占領を経験し，日本の占領政策の中心を担ったアメリカの影響を強く受けることになった。旧刑事訴訟法の大陸法的な「職権主義的な訴訟構造」からアメリカ法的な「当事者主義的な訴訟構造」への転換である。なお，家庭裁判所は1949年に成立したが，その際に，第二次世界大戦後に地方裁判所の支部として設置された家事審判所と旧少年法下の行政機関であった少年審判所の統合という形をとった。

　家庭裁判所の少年審判は，1．調査、2．観護措置、3．審判　という段階を踏んで行われる（家庭裁判所調査官は少年や保護者に面接するなどして調査に関わる）。そして審判では，職権主義構造がとられ，1名の裁判官が主宰して職権的に進められることになる。こうした家庭裁判所の少年審判のあり方が司法臨床を可能にしているのであれば，検察官と被告人という対立当事者をもち裁判官3名が当事者主義に基づき判決を下す日本の刑事裁判に司法臨床の考えを直ちに持ち込むのは難しいという結論になる。

　そこで，北米で実践されている問題解決型裁判所が依拠する治療法学などのように職権的・糾問的な裁判のあり方を（日本の刑事裁判において）志向することが一つの道となる。つまり，加害者の抱えるさまざまな問題を解決し再犯を防止することに主眼をおいた「治療法学」の理念，それを受けて構築された「治療的司法モデル」，その実践例として展開される「問題解決型裁判所」についての研究が必要になる（指宿，2010参照）。また，実際に治療を可能にするためには，加害者臨床などの取り組みでノウハウを蓄積しておくことにより，判決を受けずに治療を受けることを司法が促進するための受け皿を作ることになるかもしれない。

　現行日本の司法システムは基本的に職権的糾問的なシステムではない。証

拠に基づき有罪無罪を判断するのが裁判の役目であるから，加害者たる被告人が仮に問題を抱えていたとしてもそれを解決するという姿勢はとりにくいのだ，ということを確認したうえで「臨床」概念の検討に進みたい。

1-3 司法臨床における臨床

　少年事件や家族の問題を臨床的に扱うとはどのようなことか。臨床は一般に clinical の訳だと考えられている。心理学において，clinical psychology という概念を打ち立てたのはアメリカのウィトマー（Witmer, L.）である。彼はペンシルベニア大学に世界初の「psychological clinic（心理学的クリニック）」を創設した人として知られる（1896）。彼は主として学校で勉強に適応できていない子どもたちに関心をもっていたのだが，「clinical な心理学」にどのような意味を込めていたのだろうか。それを知る手がかりは，彼が自ら創刊した『Psychological Clinic』の巻頭論文（Witmer, 1907）にある。すなわち，彼は「clinical」という語を臨床医学から借りたものだとしたうえで，医学における「clinical」が単に場所を示す言葉ではなく，それ以前の哲学的・説教的な医学から脱却するときの方法を示していたと指摘した。近代以前，医学においても目の前の患者の状態を顧みないで診察治療をしていた時期があったのであり，それを打破するための「clinical」概念だったのである。つまりウィトマーが clinical を心理学に導入したことの意図は，目の前の個人を見て対応することであったことがうかがえる（サトウ, 2003 参照）。

　司法臨床は臨床という姿勢においてウィトマーの精神の延長線上にある。とはいえ，個人を理解するといってもさまざまな方法がある。心理学は知能検査や性格検査など個人を理解するための検査道具を開発してきたが，司法臨床ではこうした方法がメインになることはない。個人を理解するために，その個人が置かれている文脈を知り，個人を家族や社会と共にある存在として考える考え方をとるからである。これはすなわちシステム論的な考えによって問題を解決するということを意味する。司法手続きは往々にして個人を扱うという前提がある。しかし，個人は家族や学校，社会などの各システムと共にある。ここにおいて，司法臨床における臨床は，従来の個体測定を旨

とする心理学に基づくというよりは，システム論的な心理学に基づくものであることが必然的に導かれていく。システム論はフォン・ベルタランフィ (von Bertalanffy, L.) の『一般システム理論』(1968) によって提唱された考え方であり，心理学には，家族臨床における家族システム論などを通じて取り入れられてきた (システム論については後述する)。

　日本における司法臨床アプローチは，司法福祉などと比べて日が浅い。先行諸国，社会学など他学範(ディシプリン)における先導的取り組みを取り入れていくことも重要であろう。以下，司法臨床のさまざまな可能性を廣井 (2011)，村本 (2011)，中川 (2011)，中村 (2011) を手がかりにして概観し，その基本となる問題解決志向にとって重要な考え方をいくつか検討する。より具体的には，家事事件・家庭裁判所・加害者臨床・(カナダの) 問題解決型裁判所を順次扱っていくが，これらを通じて基本的には司法臨床の豊かな可能性を論じていくことになる。なぜなら司法臨床的な考えは違法行為に関与した人間を直ちに断罪して犯罪者として排除するのではなく，問題を抱える者と見なしたうえでその問題を解決しようとするアプローチであり，対象者の未来を志向するアプローチたりえるからである。

2　さまざまな現場からみた司法臨床のあり方

2-1　家事事件の現場から

　家事事件の経験から弁護士の中川 (2011) は，家事事件の解決には2つの解決があるとする。法律的な紛争解決と，当事者にとっての紛争解決である。

　中川 (2011) はまず弁護士法21条が「弁護士は，良心に従い，依頼者の権利及び正当な利益を実現するように努める」であること，これらの規定は弁護士が「依頼者の恣意的な欲求に追随するものではないことを明らかにする」ものであると解されること，に注意を促す (日本弁護士連合会「解説『弁護士職務基本規程』」)。

　しかし，この点が強調され，法律の適用による法律的に公正妥当な紛争の

解決を図ることに意識の中心がおかれると，法の妥当性の範囲を外れる当事者の主張はすべて恣意的なものとして捉えられ，考慮する必要がないものとされてしまう。そして —— このような割り切りで法的解決を導くことは，公益的役割を担っている法の専門家としては当然の態度であっても —— それがかえって当事者間の解決を妨げる場合があるというのである。中川は民事事件においても金銭的得失や法的公正では解決しない事例（謝罪させたい，自分の気持ちをわかってほしい）があること，家事事件においては関係性に基づく感情的対立が他人同士の争いよりも一層激しい場合があることを指摘し，問題解決のために法の枠組みを厳密にせず，当事者の要求を恣意的だと決めつけない姿勢が必要だとしている。

家事事件における問題解決とは，判決による決着だけとは限らない。家族が内包した問題を家族の視線から解決し，可能であれば家族の再生につながるようなことが真の問題解決であろう。司法臨床は，家族の問題を法の基準に照らして裁くのではなく，目の前の家族の問題を見ることから始まるのである。家庭に関する紛争解決においては，一刀両断に法律のみで決めるのではなく，当事者の協議を重視し優先させることを基本とすべき（村松, 2003）なのである。

2-2　家庭裁判所の現場から

廣井（2011）は，司法臨床という実践的概念を日本の家庭裁判所の活動をもとに議論する。司法臨床を論じる意義は「従来の司法と心理臨床の連携や協力にとどまらない，より高い次元で機能する司法臨床の方法を確認し，その展開のために克服すべき問題と課題を見極める」ことにあるという。

家庭裁判所で扱う少年事件は，当該事件の非行事実と少年の要保護性をどう判断するのかによって，その後の処遇選択が変わってくる。このとき，非行事実は「司法」，少年の要保護性は「臨床」の機能が担うべきものであると廣井（2011）はいう。非行事実は法的事案であるから，法の枠組みによって評価される。一方，要保護性は，累非行性，矯正可能性，保護相当性，という下位の項目によって判断される（心身鑑別もなされる場合がある）。

この要保護性の判断こそが，少年を違法行為の文脈だけではなく社会の文脈（廣井の言うところの家族，学校，職場などの関係性）から理解することである。システム論的に考えるなら，非行少年自身が家族ほかのシステムの一部として，好むと好まざるとにかかわらず結果的に法的事案となってしまった，ということがあるかもしれないことを考慮することになる。

　（当該事件の非行事実と少年の要保護性を異なる視点から考えるという）多角的視点によって少年の適切な処遇を考えていくアプローチが司法臨床なのであるが，廣井（2011）によれば近年の日本の家庭裁判所では法的軸が主軸となり強調されすぎ，臨床的軸は従的または補充的に据え置かれているのが現状だとのことである。

　さらに，家庭裁判所で扱う事件については，法改正が司法臨床機能を発揮させにくくなっている原因だという考え方もある（中川, 2011）。家事事件に関しては当事者に対する手続保障を盛り込む方向で進められている家事審判法の改正の先取り，少年事件に関しては少年法改正の影響などが考えられるというのである。たとえば，家事事件においては，被虐待児を保護者の意思に反して施設入所させる場合に，これまで認められてきた家裁調査官による当事者への後見的な働きかけが行われにくくなっており，その代わり，児童相談所と保護者とを相争う対等の当事者と捉えて手続きを進行しようという意識が家庭裁判所に強くなってきているという。また，少年事件については，2000年と2007年の少年法改正により，少年法の理念であった保護優先主義の後退がみられる（以上，中川, 2011）。

　家庭裁判所における司法臨床（廣井の言う狭義の司法臨床）の現状は若干悲観的なものがあるかもしれない。ただし，このような現状ではあるが，法的軸それ自体を変更するという道もあり，それは治療法学に基づく治療的司法の導入を志向することになる（後述）。

2-3　加害者臨床の現場から

　司法臨床に関連してはいるものの家庭裁判所の活動に直接の軸足をおかない取り組みについてもみてみよう。中村（2011）の「加害者臨床」の現場は，

(1) ドメスティック・バイオレンス (DV) と虐待 (abuse) の加害者への対応，(2) 少年刑務所での取り組み，法務省が力点をおいている性犯罪者処遇プログラム，(3) ハラスメントの加害者対応，である。

中村（2011）は，加害者治療ではなく加害者臨床という表現を好む。なぜなら，加害者を「治療」するという表現は病因を突き止めてその原因を除去するという医療モデルを連想させるからである。そうではなく，加害者臨床という言葉によって，決して個人「のみ」を治療するという意味ではなく，社会のあり方をも治療するということを含意する必要がある。

こうした取り組みは，法の逸脱者に対して罰を与えるだけでは，再犯を防ぐことができない事例（もしくは類型）があるということが動機の一つになっている。たとえば性犯罪である。日本において厳罰化傾向が進んでも，（殺人を伴わない多くの）性犯罪者は刑期の終了と共に社会に戻るから，出所後のことを考え再犯を防がねばならないのであるが，現実にはその再犯率が低くないことは大きな問題となっていた。こうしたなか，2004年11月に起きた奈良県の女児誘拐殺害事件の犯人が二度の性犯罪歴をもっていたことから，性犯罪を繰り返す者への処遇を検討する世論が高まったこともあり，法務省は2006年から性犯罪者処遇プログラムを取り入れるに至っている。

奈良少年刑務所の性犯罪者処遇プログラムを受けた人へのインタビューが2010年4月17日付『読売新聞』連載「性暴力を問う」に掲載されている。

それによればプログラムの中心は，「認知行動療法」と「リラプス・プリベンション（再発防止）技法」である。女性や性行為に対する〈認知の歪み〉を自覚すると同時に，犯罪に至る行動パターンを分析，引き金となる状況を回避する対処法を見いだす。また，グループワークで同じ立場の受刑者と意見交換することにより内省を深める過程もある。

あるプログラム受講者は「僕は〈人気のない所で女性が歩いていたら，こうやって脅そう〉などと，妄想の頻度が高くなったときに犯行を繰り返していた」ということに気づいたという。当時は，こうした妄想が「犯行の前兆」だということにはまったく思い至らなかったという。プログラムを受講することで，こうした「危険信号」を感じたときに，〈自分のDNA型は警察に登録されている〉〈老いた母親の泣き顔を思い出せ〉と自らに言い聞かせて制

御する方法を学んだのだという。

このプログラムの効果については未知数な部分もあるが，刑務所内における治療的取り組みは大いに注目されていいだろう。本来的な教育刑の実施と言えるかもしれない。

現在の日本では判決により刑罰が確定した後でなければ治療的取り組みを行わせることは難しい。しかし，判決を経ずに強制的な治療を課すことを司法が積極的に担うべきだとする立場もありえる。それが治療法学の考え方であり，その具体的実践が問題解決型裁判所ということになる。

2-4 カナダ・問題解決型裁判所の現場から

北米や豪州では，司法と治療・加療が融合した形の実践が存在し，司法機関が治療の主体となる取り組みが，早いところでは1980年代から実践として取り組まれてきた。

アメリカでは1989年に薬物処遇裁判所が設置され問題解決型裁判所（problem solving courts ＝ PSC）の嚆矢とされる。カナダでは1990年代に問題解決型裁判所の実践が導入された。問題解決型裁判所とは，社会心理的な問題を抱えた個人について，刑事裁判所よりも人道的な解決と成功をめざすものである（オーマツ, 2007）。

問題解決型裁判所は，裁判所に持ち込まれる個人の根本的な問題に対処することをめざすため，司法の問題を法の専門家だけで完結させて扱うことをしない。コミュニティ・サービス・プロバイダ（地域のサービス提供者）とより緊密に協働し，統合的で協調主義的，また当事者主義的でない多くの専門家によるチームアプローチを強調する点に特徴がある。ここで当事者主義とは糾問主義に対置される法学の用語である。「当事者主義ではない」というフレーズを心理学者が読むと当事者を無視するのか，と憤るかもしれないが，そうではない。訴追側と被告側が対置され，それぞれの当事者が争う型の裁判（対審型の裁判）が当事者主義の裁判なのである。したがって，当事者主義ではないということは，対審型ではない，ということを意味しているにすぎない。

村本（2011）はカナダ・オンタリオ州トロントにある問題解決型裁判所（ドラッグ・コートとメンタルヘルス・コート）を視察し，正義の倫理とケアの倫理を融合させることで可能になる司法システムがありえることを実感している。彼女はすでにドイツ，韓国，オーストラリアにおいて，問題解決型アプローチを採る裁判官たちに聞き取りを行ったうえで今回のカナダ訪問を行った。自身の経験と総合したうえで，トロントの問題解決型裁判所には治療法学のエッセンスである「法の人間化」が透徹されていたと感じたとのことである。また，従来の厳粛な法廷と絶対的権威を象徴する裁判官というイメージとは正反対に，民主的で自由な法廷と暖かく人間らしい裁判官という共通点を見いだすことができたとのことである。あえてカナダの制度を他国のそれと比較するならば，移民の国ならではのインクルージョン（社会包摂）の精神を見る思いだったという。

　村本は90年代前半，家庭内における性的虐待の被害者がその氏名変更を家庭裁判所に申し立てした際に意見書を書いたところ「裁判所は治療の場ではありません」と言われたという。こうした日本の状況は残念ながら今も変わっていないのではないだろうか。杞憂であれば幸いであるが，現状も変わっていないとするなら，だからこそ，村本が行った視察や報告には，現状を変えるための提言という意味で確かな意義があると考えられる。

　日本ではこうした問題解決型裁判所は存在しないが，家庭裁判所のあり方を少年や家族問題に特化した裁判所であると考えるなら，これに近い。むしろ，一般の刑事裁判に問題解決型裁判所のアプローチが適用できるのかこそが問題となるのである。

3　司法臨床において問題解決を支える諸理論

　ここまでの議論で，直線的な因果関係ではなくシステム論的に考えること，社会からの隔離ではなく社会内処遇をめざすこと，などが司法臨床の基本となる考え方であることがわかる。また，その実現のためには，一つの専門職や一つの学範（ディシプリン）だけでは不十分で，複数の専門に立つ複数の専門家の協働が必

要だという認識も必要である。以下では，システム論的な考え方と司法臨床に適用された事例，学融のメタ方法論とでも言うべきモード論を紹介する。

3-1　システム論

フォン・ベルタランフィの一般システム理論によれば，システムとは以下のようなものである。

表8-3　システムの特徴

システムは互いに作用している要素からなるものである。
システムは部分に還元することができない。
システムは目的に向かって動いている。
ひとつのシステムの中には独特の構造を持った複数の下位システムが存在する。
下位システムは相互に作用しあいながら調和し，全体としてまとまった存在をなしている。

家族をシステムとして捉えることは，家族を家族成員の総和として捉える以上のことを意味している。

司法臨床が依拠するシステム論においては，非行を含む物事の生起について，ただ1つの原因によって結果が起きたと考えるのではなく，原因が結果を生み，その結果がまた原因となり他の結果を生む，というような複雑な相互連関を考える（廣井，2011の図2を参照）。このことを親子に置き換えると，親の何らかの状態（不和）が子どもに何かを引き起こし（非行），それが親を刺激して何かをさせ（子への体罰），それがまた子どものさらなる非行を生み出すということである。誰か一人の個人が悪いと考えるのではなく，家族をシステムとして捉え，「全体としての家族」を考えていく必要があるのである。

家族療法の先駆者であるアッカーマンは『家族生活の精神力学』を刊行して（Ackerman, 1958），家族を心理・社会的な有機体として捉えることの重要性を指摘し，「全体としての家族」という視点から家族療法を行うべきとしてシステム論的な観点を家族療法に導入した。家族をシステムとして捉えると，ある問題（たとえば子どもの非行）は，それが社会から見れば文字通り問

題であるとしても，システムとしての家族にとってはやむにやまれぬ行動であるかもしれず，また，その行動があるからこそ当該家族が安定していると考えることも可能となる。この見方からは，子どもだけを「悪者」として「矯正」するという考え方は導かれない。家族をシステムと見なして，その全成員を対象にしたうえでシステムとしての家族の問題を見て，それを無くしていこうとするのである。

　問題を無くすためには一種の試練・荒療治（ordeal；オーディール）が必要だと考える家族療法の立場がある。以下で，直線的因果ではなく円環システムとして考えることの重要性を示すことができ，かつ問題解決のための試練付与という実践についても知ることができる事例を廣井（2007）から紹介したい。

　事例は概ね以下のようである。

　　　中学3年生男子がほぼ毎日シンナーを吸って親に反抗している。シンナー吸引は毒物劇物取締法違反になるから，両親は警察からも呼び出される。しかも，父親は警察から帰ると子どもを殴るということである。父親の過去の浮気経験から夫婦仲はきわめて悪かったが，警察に頻繁に呼ばれることで，夫婦ゲンカをする暇もなくなっていた。少年はシンナーを止めることはできないと訴えたが，一方で，シンナーにより身体が壊れることを恐れてもいた。

家裁調査官は，話を聞いたあとで，両親には「シンナーは身体に悪いから，息子が帰ってきたら，すぐにコップ三杯の水をのませてください」と指示し，少年にはシンナーを禁止することはせず，「帰ってすぐに水を三杯飲まないと健康上大変なことになる」と言い含めた。

　この事例では3ヶ月後にこの少年のシンナー吸引はなくなったのだが，それはなぜか。家裁調査官は以下の見立てのもとに，コップ三杯のルールを定めたからである。

1. 少年のシンナー吸引は両親の不仲を阻止する目的がある。
2. 父親の体罰による少年の反抗という悪循環が存在する。
3. シンナー吸引している少年自身が，シンナーの有害性にも敏感である。

コップ三杯の水を飲ませることにより両親は協力し，また，何をおいても水を飲ませろと家裁調査官（という権威）から命を受けた父親は，殴打行動と拮抗する行動（水を飲ませる行動）を行うため，殴ることもなくなった。水を飲ませながら殴ることはできない，という意味で，水を飲ませる行動は殴打行動と拮抗する行動なのである。そして夫婦も協力するようになり，少年の外出も減少し，シンナー吸引もなくなっていったのである。
　水を飲ませる／飲むという試練を導入することによってシステムとしての家族が機能しはじめ，結果的に子どものシンナー吸引がなくなったのである。
　この事例では，シンナー吸引を個人の「悪い性質」に帰するのではなく，家族における機能を分析し（この事例では両親の不和の阻止），代替手法によって夫婦に協力体制を作ることで，結果的に少年のシンナー吸引が減少したのである。
　シンナー吸引だけを取り上げれば，毒物劇物取締法違反であるから，罪に相当する罰を与える必要がある。しかし，罪を見つけ罰を与えれば問題が解決するわけではないと考える際に，その思考の基礎を与えるのがシステム論的な考え方なのである。

3-2　モード論

　司法臨床は，現場と研究の協働，法学と心理学の協働，という二重の意味でのコラボレーションが求められている。一般にこういうコラボレーションが重要だということは，誰でも考えつくし，誰でも理解できるし，また，スローガンとしては何度も言われていることだが，なかなかうまくいかない。愚考するに，メタ学問的方法論が少ないことが理由ではないだろうか。個々の学問に方法論が必要なように，協働のための方法論も必要なのではないだろうか。
　現場と研究の協働に役立つ理論にモード論がある。モード論は科学社会学者・ギボンズらによって提案されたもので（Gibbons et al., 1994），日本語では小林（1996）やサトウ（2001）による紹介を読むことができる（本書1，3

章)。モード論では，学問的な活動を研究と実践のように分けることなく，すべてを「知識生産」活動とする。基礎と応用という語に変えて学範内好奇心駆動によるモードⅠと社会内関心駆動型によるモードⅡという語を用いる(3章図3-3参照)。

　学問は一つの社会であり，その内部で蓄積されている知識や興味が研究を推進することは否定できない。これがモードⅠである。一方で，社会的な問題を扱うと低く見られることが多かった。しかし，自分の学範(ディシプリン)以外の関心によって行われる知識生産活動もありえる。それこそがモードⅡである。基礎と応用を言い換えただけではないのか？という疑問も出てくるかもしれないが，基礎・応用という言葉のニュアンスに優劣が染みついてしまっているのだから，それを取り払う必要がある。

　モードⅡは学融に結びつく。これは「trans-disciplinary」という語の訳として提唱したものである。わざわざ学融などという語を作らなくても学際という語がすでにあるではないか，と思う人もいるだろう。しかし，学際と学融とでは大きく違う。学際は「inter-disciplinary」の訳である。さまざまな学範(ディシプリン)があくまで自分の学範のやり方(パラダイム)に沿ってバラバラに行い，最後にまとめとして一緒に発表して成果を共有する，その程度の関わり方が学際研究のイメージである。一方，学融は解決すべき問題についてさまざまな学範が一緒に解決をめざしてその解(solution)を共有するスタイルである。

　司法臨床も，法と心理という2つの学範が融合的に機能することが求められているし，モード論という考え方はその活動の基盤を提供しうるのである。

4　司法臨床の可能性

　ここまで，司法臨床という語を中心において考えてきたが，現状では，司法福祉，犯罪心理学，治療法学，など類似の概念が存在している。そこで最後に，犯罪心理学，治療法学，との異同を検討しつつ司法臨床のあり方を考えていきたい(司法福祉との比較検討は他日を期したい)。

4-1 犯罪心理学とどのような関係にあるのか

　犯罪心理学という領域と司法臨床はどのように関係するのだろうか。
　現在の犯罪心理学は，誤解をおそれずに心理学者の目から単純化すれば，刑法の主観主義の流れにあり，目的刑論・教育刑論をめざす流れの中にあると理解できる。
　19世紀の末，イタリアのロンブローゾ（Lombroso, C.）は『犯罪人』を公刊した（1876）。彼は犯罪者の身体的特徴を精査し，犯罪者は人類の変種である（したがって生まれつきである）とする生来性犯罪人説を唱えた。さらにイギリスではゴルトン（Galton, F.）が『指紋』を公刊した（1892）。指紋の個人固有性が発見され，個人識別が確実になったことで，累犯者の観察や考察ができるようになったことは，犯罪者の扱いを大きく変えた一因となる（若林・サトウ，2011；印刷中）。犯罪ではなく，犯罪者（の人格）を理解することは（犯罪の重大性の判断とは異なり）主観的判断が入ることから，こうした考え方は主観主義と称されることになった。そして犯罪者理解には折から（19世紀の末に）新しい科学として勃興していた心理学とその技術が利用されることになった。
　（犯罪学や刑法はともかく）犯罪心理学は，行為の結果の重大さよりも個人のあり方を重視することをめざしているはずである。そして，犯罪を犯した個人に注目し，個人の悪い性質を科学的に測定・鑑定したうえで，その個人の矯正を行うという立場である。もっとも，最近の日本では非行事実の軽重が，在宅処分か収容処分かの判断に結びつきやすいという指摘もあり（前野，1997），家庭裁判所の実践は，主観主義から客観主義へと時代をさかのぼっているとさえ解釈可能なのかもしれない。
　また，日本では，犯罪・非行からの立ち直りをめざし支援する立場を矯正心理学と呼ぶ（犬塚，2004参照）。矯正現場のアセスメント・分類・処遇というプロセスにおいて心理的アプローチが占める割合は大きいが，ここでは，個人の鑑定・鑑別・検査に基づく個人の矯正がめざされている。つまり，悪の原因を個人に求めるアプローチである。ただしこうした風潮は変わりつつ

あり，システム論に基づく処遇も行われているので今後に期待したい。

現在のところ司法臨床的アプローチは，少年事件においてもっとも適合的であるが，決してそこにのみ留まるものではない。刑事裁判における客観主義と主観主義の対立を超えたアプローチとしての潜在性ももっているのである。

現在の日本の刑事政策は刑罰大衆主義（penal populism）と称される厳罰主義が力をもっている。司法臨床はそうした風潮に抗して，社会的包摂をめざす取り組みを提案する新しい考え方である。

4-2　治療法学・治療的司法とどのような関係にあるのか

治療法学（therapeutic justice）は，1980 年代にアリゾナ大学のヴェクスラー（Wexler, D.）によって提唱された。精神保健と関連する法的な対応は，治療薬にも反治療薬にもなる —— つまり制度としての司法が，薬物利用などの違法行為者をかえって悪化させることがある —— ことへの気づきが，その原点である（Wexler, 1991）。治療法学は，行動科学の知見に基づき，法適用に関わる心理的，情緒的側面に着目し，法過程や司法過程を社会的メカニズムの一つとして理解する。そして，治療法学の考えに基づき実践されている司法実践は治療的司法と呼ばれる（指宿，2010）。具体的には，問題解決型の司法となり治療型裁判所という構想につながっていく。すでに英米では薬物裁判所（ドラッグ・コート）などで成果をあげている。

新しい司法観である治療法学は，行動科学の知見に基づき，法適用に関わる心理的，情緒的側面に着目し，法過程や司法過程を社会的メカニズムの一つとして理解するのが特徴である（指宿，2010）。つまり，法学の側から見ると，「治療法学」の理念が「治療的司法モデル」として構築され，その実践例として展開されるのが「問題解決型裁判所」ということになる。

村本（2011）が紹介した例はカナダの問題解決型裁判所であり，治療法学に基づく治療的司法の実践の形である。また，中村（2011）の奈良少年刑務所での取り組みは，日本型の治療的司法が実現に向けて動き出す際には，具体的な治療的処遇の方法論の蓄積をもつ実践として意義をもつだろう。

日本では「刑事施設及び受刑者の処遇等に関する法律」が 2006 年 5 月か

ら施行され，関連法律が改められ，その改正により「刑事収容施設及び被収容者等の処遇に関する法律」が2007年6月から施行された。これにより日本の行刑は大きく変わり，刑務所は社会復帰施設という位置づけを与えられ受刑者の出所後の再犯防止の役割が期待されるようになった（後藤，2008）。中村（2011）が紹介した性犯罪再犯防止指導のほかにも，薬物依存離脱指導や被害者の視点を取り入れた教育などさまざまな再犯防止教育がなされるようになった。しかしこの改革は行刑の範囲内でしかないと言うことも可能であり，広く治療法学の考え方に基づいた実践が裁判過程などにも普及することが望まれる。

このように考えたとき，中川（2011），廣井（2011）が言及する家庭裁判所の現場の思想は治療法学と遠くはない。だが実際には現行日本の制度からすれば，司法臨床と治療的司法はきわめて遠い位置にある。現時点の日本の司法システムは家庭裁判所を除けば問題解決型ではないし，その家庭裁判所で司法臨床が機能しえるのは少年法という法の存在と家庭裁判所の裁判システムのあり方に依拠している。現在の日本の刑事システムを前提とする限り，司法臨床と治療的司法は，すぐそばにいて近づきたいのに近づくことができない「ロミオとジュリエット」になぞらえるのが適切かもしれない。

刑法における客観主義は，（違法）行為の事実を客観的に判定して処遇を定めるという意味で現在志向と呼べる。主観主義は，行為者の人物を見て処遇を定めるが，心理検査などにより当該事件以前に形成された心理的変数（知能・性格）を推定するものであるから，これは過去志向と呼ぶことができる。それに対して，司法臨床がめざすところは，処遇を通じて人びとの生活を再構築し再犯率を低減することであるから，その意味で未来を志向するアプローチと呼べるのではないだろうか。

4-3 学融的チャレンジとしての司法臨床

法と心理，あるいは，法学と心理学は，水と油のような関係として表現されることが多かった。廣井は一連の論文や著書で二重基準という言い方をする。規範の学と事実の学の二重基準である。

しかしこれ以外にも二重基準がいくつか存在する。

まず，問題発生における一回性という性質について，法や処罰に収斂させるか問題解決に重きをおくかという対立が存在する。

次に，学問と実践という二分法を立てた場合には，学問は純粋化をめざし，実践は有用性をめざすという特徴があり，ここにも対立が存在する。

学問としての法と心理学は海外でも日本でも，これらの対立を理解しつつもそれを融合させる道を探ってきた。学融という概念はまさにそうした姿勢を示すものである。日本における法と心理学会の活動自体が，そうした努力の跡である。司法臨床という領域においても，同様のことが起きていくことが望まれる。

これまでの心理学のあり方は，個体主義であり測定主義であった。しかし，サトウ（2006）が『IQを問う』で明らかにしたように，知能という概念や知能を測定するということ自体が歴史的産物なのであり，絶対的な知能の存在を仮定して客観的に測定することは不可能なのである。かつて心理学には「悪い人」の存在を科学的に証明する役割が期待されており，その結末の一つは排除主義の極北にある優生劣廃学（eugenics）であった。こうした歴史に学び，心理学の個体主義・測定主義にとらわれない自由な発想が必要となる。本節で紹介したシステム論的思考はその一つのカギとなる。

心理学が従来の個体主義を打破することが犯罪や問題行動に関する認識の転換を呼び起こし，治療法学の推進に資することになる。このことは決しておかしなことではない。19世紀の末，心理学が個体を測定する学問として成立したのは他ならぬ刑法や治安当局からの社会的な要請の結果であった。21世紀初頭において，社会のあり方が変わるのであれば心理学への要請も変化し，結果として心理学も変容していく必要がある。

異質な悪の存在を前提とすれば，それを排除しようとする排除主義に行き着くのは当然である。そこで，悪を異質なものとして捉えるのではなく，多様な現実システムの一部として認める枠組みを作ることが重要となる。このような考え方は，排他的ではないインクルーシブな社会，つまり社会的包摂をめざすことにつながっていくはずである。司法臨床の取り組みが，心理学の従来の考え方を乗り越えるだけではなく心理学そのものを変革する力にな

り，今度はその心理学の変革が刑法における主観主義・客観主義を超越した社会包摂的な考え方へとつながっていく。こうした考え方を超越主義（独 Transzendental＝英 transcendental）と称したのではわかりにくいかもしれないが，司法臨床と治療法学はそうした新しい考えを標榜すべきである。また，日本で現に行われているさまざまなシステムの変革も進めていく必要がある。法と心理学の新しいオルタナティブな学融の形の発展にこれからも期待したい。

4-4　結語と今後の課題 ── 教育過程に法と心理や司法臨床を取り入れよう

　本章で取り残された課題は多い。現行の刑事司法システムと司法臨床の関係，および，司法福祉と司法臨床の関係についての詳細な理論的検討がその代表的なものである。さらには犯罪学との関係も考慮すべきだと思われる。
　また本章は心理学者による論考であるため，司法臨床に対する評価が基本的に楽観的かつ肯定的であり，その発展を望む論調となった。しかし，法学側からみれば現行システムとの齟齬は大きく，司法臨床の発展を望むのが多数派を占めるということはないだろう。司法制度全体における実現は簡単ではないと思料される所以である。
　そこで最後は，ボトムアップな方策をもって，司法臨床の実現を図ることを提案したい。それは担い手の育成である。
　法科大学院で心理関係の講義が開講されているかどうかを調べた調査によれば，法と心理関係の科目は 74 大学院中 13 校（17.6 %）で開講されていたにすぎない（サトウ・厳島・原, 2008）。このほかに「リーガルクリニック」や「リーガルカウンセリング・アンド・ネゴシエーション」など相談に特化した科目が存在することは心強いが，いずれにせよ法曹教育における少数派であることは否めない。学部教育に至ってはほぼゼロである。2012 年度に女子大学として初めて法学部を設置する京都女子大学法学部には 3 年次科目として「法と心理」が開講されるが，極めて珍しいと言える（前途に希望をもてる試みではある）。ただし，失望するのではなく，このような状況を変えることが重要である。法に関する学部教育や大学院教育において広義の司法臨

床に関心をもつ人が増えれば，彼／女らがその意識を広げてくれる可能性がある。

司法臨床の現状が家庭裁判所においても低調であること，刑事司法に生かす直接の道筋がついていないからこそ，法学の教育過程に司法臨床のあり方を伝えることが，司法臨床，ひいては法と心理の可能性を広げる一つのアプローチであると考えられる。

【付記】日本における司法臨床・治療的司法への志向がみられる取り組みとして，立命館大学法科大学院および同大学応用人間科学研究科における取り組み（松本・吉田・村本, 2011）や大分県の弁護士法人おおいた市民総合法律事務所の取り組みがあげられる（廣井・河野・河野・坂野・指宿, 2012 印刷中）。

9章

厚生心理学
—— 医療（特に難病患者の心理）と心理学という学融の実践

I　QOL再考 —— 死より悪いQOL値を補助線として

1　QOL（Quality of Life）の何が問題か

1-1　測定すること，評価すること

　測定とは，一定の手続きで数値化することであり，評価は（数値であるないにかかわらず）良い悪いについての意味づけをすることである。
「＊＊くんの彼女ってスラッとしてるよね……」。
「身長140cmあるんだって！」
「高〜い！　ステキ。お似合いのカップルだね。」
　小中学生だったら十分ありうる会話である。ここで身長は測定値であり，スラッとしてる，とか，ステキ，というのが評価である。測定を基にしたうえで，特定の価値体系（評価空間）の中でなされるのが評価である。
　日本では明治20年代に，小学校の卒業時に人物評価が証書として与えられることになった。この制度は施行前にはかなり歓迎されていたのだが，実施されるとわずか数年で姿を消した。成績が必ずしも優秀でなかった者たちは，人物の評価で高い評価を得られると期待していたのだが，実際にはそうはならず，両面を低く評価されるものが多かったのである[1]。
　評価軸が1つである場合，他の軸が理論的にも実際的にも必要とされる場

合があり，それが評価実施者はもちろんのこと，評価される当事者に歓迎される場合もある。しかし，軸が2つになるということは，2つの劣った評価を得る人が出ることを意味する。

　心理学的測定理論（以下，心理測定学とする場合もある）に基づく知能検査は，フーコー（Foucault, M.）の言うところのパノプティコン（一望監視装置）だと私はかつて述べたことがある（サトウ，2006）。また，知能検査は創案者のビネの意図に反して，優生劣廃学（eugeniｃs の訳）のための選別の道具として使われたこともある。

　評価の軸を増やすということがまったく不要だということにはならないが，評価は誰のために，何のためにするのか，開発の目的を離れて使うことの是非はどうなのか，ということを常に考えていかねばならない。

　本節で主題とする QOL（Quality of Life; 生活の質）の測定について，知能検査の教訓は生かされているのだろうか。

1-2　QOL ── 質を測定する志向

　QOL に明確な定義がないことはすでに定説化して久しいが，「良い生のあり方」を考えるというように意味を広くとるならば，プラトンの『国家』やアリストテレスの議論にさかのぼることができる。アリストテレスは『ニコマコス倫理学』において，健康が幸福にとって重要だと指摘していたから，健康関連 QOL の源流と考えられている。

　さて，QOL が今日的な意味で社会学・心理学・医学において実証的に研究されるようになったのは 20 世紀になってからである。クオリティを測定するというのは，字義からすると矛盾以外の何ものでもない。しかし，そのようなことが実際に行われており，QOL の数値は，それ自体として重宝されるだけではなく，医療経済学などでも用いられることがあり，医療資源配分の議論の参考にされることもある。

　ところで，QOL の数値化のなかで驚かされるのは，マイナスになる QOL というものである。QOL においては，死を 0，完全もしくは理想的な健康状態を 1 としたうえでさまざまな状態の QOL を数値化するのであるから，定

義から言ってもマイナスはありえないはずである。死んだ方がマシ，死にたいくらい苦しい，という表現は存在するが，それはあくまで生者の言葉であり，それを文字通りにとってマイナスの QOL もありえるとする態度は、おそらく学問としても不誠実だろう。この点について，マイナスの QOL は QOL の値ではなく「効用値」なのだ，と反論する人がいる。しかし私の立場からすれば，効用値だからといって不誠実さが減じられるわけではないと考えられる。

　死より低い生の数値化を許容する QOL 測定の仕組みについては後に詳しく検討するが，このことを含めて本節では，QOL なるものについて，数値化の手続きという観点からいくつかのことを考えていく。QOL の Q はクオリティであるから，質であり，数値化になじみにくいと思われるのだが，心理測定学が蓄積してきた数値化の技術を援用することで，現実に数値化が行われている。質を数値化するということは不可能であると叫んだところで，さまざまな数量化の方法があるなかではごまめの歯ぎしりのようなものである。ここでは，数値化の問題の最たるものは，結果の単純な一次元化であると主張しておきたい。数字の一次元性こそが，功利主義との結びつきを根底で支えており，指標としての QOL（効用値としての QOL）が医療経済学に回収され，時にはマイナスの QOL が重宝される根源だからである。

2　健康に関連する QOL とその内容

2-1　健康関連 QOL 尺度の多様性

　一口に QOL といってもさまざまな領域の QOL が考えられているのだが，医療や看護に関連する QOL は健康関連 QOL（Health-Related Quality Of Life; HRQOL と略す場合もある）と呼ばれることが多い。以下ではこの HRQOL を中心に考えていく。HRQOL は，医療における結果・効果を完治・治癒以外に設定するという文脈で医療に登場した。その初期のものとしては医師・カ

ルノフスキーによるガン患者を対象にしたパフォーマンス・ステータス (Karnofsky Performance Status; KPS)・スケールがある。パフォーマンスの状態という語が暗示するように、これは日常生活動作 (Activities of Daily Living; ADL) に焦点を当てた尺度であるが、医療のアウトカムとして用いるという発想による尺度で、当時において斬新であり、またその内容はその後も色あせず今日においても用いられている。

そしてHRQOLは、大きく分けて日常生活動作を基盤とするものと主観的ウェルビーイング (Subjective Well-Being; SWB) を基盤とするものがある[2]。福原 (2002) によれば、HRQOLを構成する基本的な構成要素は「主観的なウェルビーイング」(subjective well being) と「日常生活機能」(functioning) の2つである。つまり、HRQOLは「疾患や治療が、患者の主観的健康感 (メンタルヘルス、活力、痛み、など) や、毎日行っている仕事、家事、社会活動にどのようなインパクトを与えているか、これを定量化したものである」と定義できるとのことである。

また、HRQOLの指標には、大きく分けると包括的尺度と特異的尺度 (特殊疾患尺度) がある。前者は疾患や健康状態にかかわらず、その人の全体的なQOLを捉えようとするものであり、後者は個別の疾患における患者のQOLを捉えようとするものである。前者、つまり、包括的尺度は、病人 (それがどのようなものであっても) と健康人のQOLを連続したものとして捉えようとするものであり、(1) 健康プロファイル型尺度と、(2) 選好に基づく尺度とがある。

健康プロファイル型の尺度は疾病重大度プロフィール (Sickness Impact Profile; SIP) や Short-Form-36 Health Survey (SF-36) に代表されるもので、いくつかの次元についてQOLを把握することができる (Ware & Sherbourne, 1992; 福原・鈴鴨, 2004)。SIPは疾病 (sickness) の影響を行動に基づいて計測する尺度であり、社会的交互作用、栄養摂取、余暇活動、など14のカテゴリーについて、機能不全が起きているかどうかを行動レベルで把握するものである。SF-36の場合は8次元 (ただし6次元のものもあるし、一次元の効用値も開発されている) のプロフィールを描くことができる (表9-1に8次元版の次元名を掲げる)。

表9-1 SF-36の下位尺度

身体機能（Physical functioning）PF	日常役割機能（身体）（Role physical）RP
身体の痛み（Bodily pain）BP	社会生活機能（Social functioning）SF
全体的健康感（General health perceptions）GH	活力（Vitality）VT
日常役割機能（精神）（Role emotional）RE	心の健康（Mental health）MH

　このほか，世界保健機構によるWHOQOLなどがある（100項目版と短縮版がある）。

　選好に基づく尺度は価値づけ型尺度，効用型尺度などとも呼ばれ，HRQOLを一次元の効用値という概念（最悪値が0，最良値が1など）として測定する方法である。死がゼロ，最高の状態が1であるとして，その一次元の間にさまざまな健康状態を位置づけるのだ。つまり，QOLの状態を0～1の間の数値に置き換えることが可能となる。こうしたことにより複数の健康状態をその具体的な状態ではなく，効用値を見ることによって比較することが可能になるのである。

　効用値の算出方法にはさまざまな方法がある。評点尺度法，スタンダード・ギャンブリング法，タイムトレードオフ法（Time Trade-Off; TTO＝時間得失法）の3つが標準的である。TTO法については，その具体例を後で検討する。

　選好に基づく尺度としてはユーロQOLや健康効用インデックス（Health Utilities Index; HUI）などがある。

　なお健康関連QOL（HRQOL）の特徴は，単にその内容が「健康に関連」していることだけにあるわけではない。選好に基づく尺度によって算出された効用値が質調整生存年（QALY）に組み込まれ，その数値がさらに医療経済学における費用効用分析に使用され，財の分配に関する意思決定に接続しているところにこそHRQOLの特殊性がある。

2-2 バリューセットとユーロ QOL

　さて，一部の医療業界ではウワサされていることであるが，難病患者のQOLがマイナスになるらしい。気温だってマイナスの温度もあるのだし，まあ，たいしたことではないだろうという考えもありうるが，このQOLの場合には「死亡を0，完全な健康を1とした間隔尺度上で表されたQOLスコア（効用値）に換算することができる」ことが謳われており，マイナスの数値は死よりもひどい状態ということになる。

　マイナスのQOLはどのように存在するのだろうか。

　ユーロQOLは1990年に開発された手法で，健康状態を5つの項目に分けて評価する5項目法（EuroQoL-5dimension; EQ-5D）と視覚尺度（Visual Analogue Scale; VAS）による評価の2つから構成されている。そのめざすところは，単純な項目でQOLを把握することであり，単純な少ない項目数だからこそ，さまざまな状態の人たちのQOL測定が可能になるというのが基本的なポリシーである。

　5項目とは，移動，身の回りの管理，ふだんの活動，痛み／不快感，不安／ふさぎ込みであり，回答者は表9-2のような形式の質問に答えることが求められる。こうした5項目で判断することは乱暴であり拙速だという批判もありえるが，医療全体が対象にするさまざまな状態について考慮するなら，むしろ個別の状態（骨折，目が見えない，運動神経が完全に麻痺して筋肉が動かない）などを尋ねるよりも，包括的な項目に答える方が汎用性を確保できるという思想（志向？嗜好？）があり，こうした方向性に一定の価値があることは否定できない。ちょうど，生理学者・セリエが個別の疾患状態の根底にあるものを見ようとしてストレスという概念を発見・創案したのと同じように，個別の疾患状態にはとらわれずに健康状態を包括的に捉えようとするのが，ユーロQOLの根本的思想なのだろう。

　この項目から察するに，自身で移動したり歩き回るのに問題がなく，身だしなみを整えたり身の回りのことをするのに問題がなく，仕事，勉強，家事，家族・余暇活動を行うのに問題がなく，痛みや不快感がなく，不安でもない

表9-2 ユーロQOL（EQ-5D）日本語版における5次元と3水準の表現
（池田・池上, 2001）

移動の程度
1 私は歩き回るのに問題はない
2 私は歩き回るのにいくらか問題がある
3 私はベッド（床）に寝たきりである

身の回りの管理
1 私は身の回りの管理に問題はない
2 私は洗面や着替えを自分でするのにいくらか問題がある
3 私は洗面や着替えを自分でできない

ふだんの活動（例：仕事，勉強，家事，家族・余暇活動）
1 私はふだんの活動を行うのに問題はない
2 私はふだんの活動を行うのにいくらか問題がある
3 私はふだんの活動を行うことができない

痛み／不快感
1 私は痛みや不快感はない
2 私は中程度の痛みや不快感がある
3 私はひどい痛みや不快感がある

不安／ふさぎ込み
1 私は不安でもふさぎ込んでもいない
2 私は中程度に不安あるいはふさぎ込んでいる
3 私はひどく不安あるいはふさぎ込んでいる

しふさぎ込んでもいない，という状態がQOLの高い状態であるというのが，EQ-5Dの根本的な考えだと見て取れる。

さて，EQ-5Dにおいて回答者は各項目別に3段階尺度で回答を求められる。3段階には，1, 2, 3という数値が割り当てられているから —— 多くの尺度がそうしているように —— これらの数値を単純に加算するのであれば，マイナスの数値になるわけがない。5つの項目の回答値を，単純に合計して他者と比較をするというのが，普通の心理測定法である。たとえば，移動，身の回りの管理，ふだんの活動，痛み／不快感，不安／ふさぎ込みのすべてについて，まったく問題がない場合には，すべての項目に1と回答することになる。一方で，すべての項目に問題を抱えているとするなら，すべての項目に3と回答することになる。前者は$1+1+1+1+1=5$，後者は$3+3+3+3+3=15$というように計算するのが，単純化した計算方法であ

る。

しかしEQ-5Dにおいては,そうした単純な加算は行わず,回答パターンをQOL効用値に換算するという作業がなされる(ここで効用とはUtilityの訳である)。これは,EQ-5Dで表現されるいくつかの状態について,それがどれくらいの好ましさなのかをTTO法によって判断してもらい,効用値を決定するというものであり,これについては後述する。日本では1998年に日本語版が開発され,ユーロQOLの承認を得ている。表9-3に,池田・池上(2001)による日本版の数値表(効用値表)の一部を示す。

表 9-3　日本版版 QOL 効用値の抜粋
(池田・池上, 2001, p.47 による)

11111	1.000	22231	0.482
11112	0.786	22232	0.419
11113	0.736	22233	0.370
11121	0.768	22311	0.587
11122	0.705	22312	0.524
11123	0.656	22313	0.474

煩をいとわずに「1,1,1,2,3」について記述するなら,以下のような状態となる。

移動の程度
　1　私は歩き回るのに問題はない
身の回りの管理
　1　私は身の回りの管理に問題はない
ふだんの活動(例:仕事,勉強,家事,家族・余暇活動)
　1　私はふだんの活動を行うのに問題はない
痛み/不快感
　2　私は中程度の痛みや不快感がある
不安/ふさぎ込み
　3　私はひどく不安あるいはふさぎ込んでいる

この状態の効用値は0.656となっている(有効数字はどこまでなのか…とツ

ッコミを入れたい[3]）。つまり，この状態で生きることはすべてに問題のない状態で6年半ほど生きるのと等価であると判断されており，この状態は完全な健康状態の約65%の効用だということになる。

「2，2，2，3，3」というのは

　移動の程度
　　2　私は歩き回るのにいくらか問題がある
　身の回りの管理
　　2　私は洗面や着替えを自分でするのにいくらか問題がある
　ふだんの活動（例：仕事，勉強，家事，家族・余暇活動）
　　3　私はふだんの活動を行うことができない
　痛み／不快感
　　3　私はひどい痛みや不快感がある
　不安／ふさぎ込み
　　3　私はひどく不安あるいはふさぎ込んでいる

という状態のことである。この状態の効用値は0.370となっているので，この状態で生きることはすべてに問題のない状態の37%でしかないのと等値であると判断されているわけであり，約37%の効用だということになる。

　こうした効用値はどのように決められるのか。そして，マイナス値はどのようにあてがわれるのか？　もう少し詳しくみてみよう。池田・池上（2001）の表の中から効用値がマイナスになっている数値について着目し，その状態を抜き出してみると，「31333」＝－0.010；「32332」＝－0.014；「32333」＝－0.063；「33233」＝－0.022；「33332」＝－0.062；「33333」＝－0.111であり，6つの状態が死より悪いと価値づけられている。

　たとえば「31333」は「ベッド（床）に寝たきり」「ふだんの活動を行うことができない」「ひどい痛みや不快感がある」「ひどく不安あるいはふさぎ込んでいる」が「身の回りの管理に問題はない」状態である。

2-3 TTO（タイム・トレードオフ）法によってバリューセットを作るということ

このような効用値がどのように算出されているのか，誰でも疑問を抱くであろう。

前述のように効用値を求める方法はいくつか存在するが，EQ-5Dにおいてはタイム・トレード・オフ法（Time Trade-Off; TTO）で効用値をたたき出している。TTO法はトーランスら（Torrance et al., 1972）によって開発されたものであり，ミクロ経済学の期待効用理論に依拠し，確実性条件下における健康状態の選好（preference）価値を測定するのである[4]。

ユーロQOLのEQ-5Dに話を戻す。この手法はどのようにTTO法を用いて効用値を求めるのか。それは，5つの項目からなる数値セットの状態について，その状態で10年間いることが「もし完全な健康な状態でいる何年間と等価値か」を問うことによってである。

EQ-5Dにおいては，3項目の5乗のバリエーションに意識不明と死を加えた245通りの状態が設定されている。これら245の状態に対してあらかじめの調査で参照する値を決定しておくのが心理測定法のオーソドックスな方法である。だが，245通りすべてについて判断してもらうことは時間的にもその他の理由によっても難しいので，17セットもしくは43セットのパターンのみ[5]を取り出して判断を求め，そこで得られた数値によって他のパターンの効用値を推定するということを行う場合がある。

EQ-5Dのバリューセット算定の際のTTO法では，特定の一つの状態についてではなく複数の状態について，必ずしも当事者ではない三人称的な他者が評定しているという特徴がある。バリューセットを作成する回答者と，自分自身の病状をもとに回答する人は，まったく接点がない。バリューセット作成のために参加した人は，17セットなり43セットなりの状態を提示され，その状態で10年間生きることを想像したうえで，さらに，その状態が完全な健康状態で何年生きることと等価でありえるのか，を想像して回答することを求められるのである。

2-4 死より悪い QOL 値の導出法

　さて，ここまでの説明では，マイナスになる QOL 効用値について，その存在理由も存在様態もわからなかっただろう。マイナスの数値が導出されるには TTO 法を行うに際して異なる手順が用いられる。

　TTO 法において，「そんな状態で 10 年生きることは想像できない」「これで 10 年生きるなら死んだ方がまし」と答える場合を想定してみよう。ここでは具体的には書かないが，そう思うような状態があると言う人がいるだろうことは想像できる。

　その場合，調査者は仕切り直しをする。

　以下は，日本版においてマイナスの数値を示した「31333」の事例の，戯画化した仮想のトークである。

　この事例の人は，ベッド（床）に寝たきりで，ふだんの活動を行うことができず，ひどい痛みや不快感があり，ひどく不安あるいはふさぎ込んでいる。ただし，身の回りの管理に問題はない。この状態について，TTO 法を行うのが回答者の役目である。実際に以下のようなやりとりがなされるわけではないが，わかりやすさを優先すれば以下のような感じになるだろう。

　　回答者「この状態は死よりひどい，死の方が良いように思います。」
　　質問者「今示した状態が，死んだ方がマシだという状態だということはわかりました。違う聞き方をします。『この状態で 1 年生きてその後 9 年健康な状態で生きるということ』と，この状態ならすぐに死ぬことのどちらがいいですか？」
　　回答者「この状態で 1 年間のあと，健康な 9 年があるのですね。それなら大丈夫そうです。」
　　質問者「それでは『この状態で 2 年生きてその後 8 年健康な状態で生きるということ』と比べてみてください。」
　　回答者「つらそうですね，でも，それでもやはり生きる方がいいです。」

　以下このように，数値を変えていく。

質問者「それでは『この状態で 8 年生きてその後 2 年健康な状態で生きるということ』」
　　回答者「それは選べないなぁ。同じくらいでしょうか。」

という感じになれば終了となる（以上はあくまで戯画化した仮想場面である）。
　この場合の効用値はどのように計算されるのだろうか。

　　効用値 U は x/10 − 1 で算出される。
　　先の例では，8 年だったので，8/10 − 1 = − 0.2 となる。

　かくして，マイナスの QOL が設定されることになった。
　EQ-5D では，このようにして協力してくれる個々人から，17 もしくは 43 の状態について TTO 法を用いて効用値を推定してもらう。まず回答を求められた人たちの数値は平均化される。そして，5 項目から成る重回帰式の説明率が最大になるような各項目の係数と定数を推定するのである。センデら（Szende, Oppe, Devlin, 2006）には，各国の結果が包括的に紹介されており，そこから日本の数値を示すと表 9-4（次ページ）のようになる。
　すべての項目について 1 が選択された場合には，係数がマイナスになることはないし，定数項（− 0.152）も無視される。2, 1, 1, 1, 1 の状態であれば，移動の程度が 2 であるからそれにあてがわれた係数（− 0.075）が考慮される。さらに，一つでも 1 以外の数値があれば，マイナスの定数項（− 0.152）を加算しなければならない。
　かくして，2, 1, 1, 1, 1 の状態は 1 − 0.152 − 0.075 となる（0.773）。このような手順で 243 すべての組み合わせの効用値が算出できるが，計算をしなくていいように数値表も利用可能であり（池田・池上, 2001, p.47），先の表 9-3 はその抜粋である。
　このような方式を考えたのには何か根拠があり，また，心理測定学上の妥当性もあるのだろうが，死よりマイナスを考える，ということが尺度構成として妥当と言えるかどうかは別にしても，こうした方法を考えること自体に

表9-4　日本版のEQ-5値のための係数・定数表
（Szende et al., 2006から日本のデータのみを取り出して作表した）

定数項	−0.152
移動の程度	
2	−0.075
3	−0.418
身の回りの管理	
2	−0.054
3	−0.102
ふだんの活動	
2	−0.140
3	−0.374
痛み／不快感	
2	−0.080
3	−0.194
不安／抑うつ	
2	−0.063
3	−0.112

問題があると言える余地はあるだろう。たしかに「こんな状況なら死にたい」と語る人がいることは想像できる。さらに「こんなに苦しいならいっそ殺してくれ」と周りの人に訴える人だっているだろう。

　しかし，そういう表現自体は「死ぬ」ことを意味するわけではなく，ましてや，その状態が死と比べて劣っていると考えているわけでもない。「死んだ方がマシだと思って生きている」のである。多くの状況で「死んだ方がマシ」というのはレトリックとして表現されているだろう。「死んだ方がマシなら死んだら？」と言われたら「いやいや，そういう意味じゃなくて……」というように返されるのが普通であり，それはつまりプラス状態なのである。一方で，その願いが本当だったとして，「はい，では今死んでもらいます」というようなことにはなりえない。

　また，死んだ方がマシと思うような状況があるとして，その状況を耐えれば状況が変わるということはよくある。一度数値にしてしまうと，状況のこととは無関係に数字が一人歩きをし始める。医療経済学の数式に組み込まれたなら，そのマイナスの数値がまったく見知らぬ地平まで，まさに一人歩き

をさせられてしまうのである。

　レトリックであるかありえない状態の表現であるはずなのに，言葉尻を捉えて死ぬより低いQOLがあると見なしてそのプロセスを手順化しているのがユーロQOLの効用値算出プロセスなのではあるまいか。このような方法が効用値設定の段階で実現可能なのは，回答者はあくまで仮想的に想像するだけだということ（自身がその状態になっているわけではない），具体的な病像を想像するのではなく，一般的な状態を想像するだけだからだということ，の2つが関与しているように思える。

　では，マイナスのQOLというのはどのような理屈で許容されているのだろうか。ドラモンドら（1997/2003）の第六章「費用−効用分析」から抜き書きしつつ考えたい。

　　　一見すると，健康関連QOLの尺度は，死亡をゼロとしているようにみえるかもしれない。しかし，結局，死亡はいかなる健康関連QOLをも表さない。ここで問題となるのは，死亡よりも悪い状態が存在する可能性があるということである（Torrance et al., 1982; Torrance, 1984; Patrick et al., 1994）。これらの状態も，それ自身の健康関連QOLの点数を必要とする。したがって死亡は尺度の最低値ではない。事実，この尺度には，十分に定義された最低値は存在しない。慣例的には，上で述べたように，死亡にゼロ点を割り当て，死亡よりも悪い状態は負の点数をとる。

　この引用文章の2文目，死亡はいかなる健康関連QOLをも表さない，というのはその正しさに唖然とさせられる。死亡はLIFEではないのだから当然の帰結である。しかも，この文は（死をゼロとする）効用値算出手順すらも否定してしまっている。ただし，もっと驚くのは，以下の文章との接続である。死をゼロとすることを否定しているにもかかわらず死亡より悪い状態が存在すると言いながら，その可能性の根拠が示されていないのだ。もしそうした状態に彼らの言うところのQOLの点数が必要であるとしても，ゼロより下にしなければいけない理由は存在しない。もしあるとしたら日常感覚であろうか。この文章における「したがって」という接続詞の理由が読み取れないし，その前後関係は論理的にもつながらない。最後に，「慣例上」と

断って「死亡にゼロ点を割り当て，死亡よりも悪い状態は負の点数をとる」と解説されても，何が何だかわからない。念のために付け加えれば，訳の問題ではない。また，ここで引用した文章のみが特異なわけではない。詳細は控えるが，マイナスより低いQOLを与える根拠は日常生活の実感か先行文献の羅列に基づくものが大半であり，根拠それ自体について詳細に検討している文献はほとんどないのが実状である。

2-5 選好に基づくQOL尺度（たとえばEQ-5D）は患者立脚型アウトカムと呼べないだろう

さてTTO法に基づく効用値は，患者自身が自分の状態について自己報告するのではなく，一般の人が多くの状態を想像したものに立脚しているので

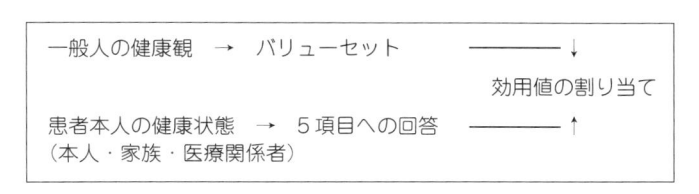

```
一般人の健康観    →   バリューセット         ──────↓
                                          効用値の割り当て
患者本人の健康状態  →   5項目への回答         ──────↑
（本人・家族・医療関係者）
```

図9-1　EQ-5Dの効用値は何に立脚しているのか

あった。つまり一般人の健康観を反映しているのである（図9-1）。

つまり，EQ-5DのQOLは患者にも立脚しているが，より正確に言えば，一般人の健康観と患者本人の健康状態の評価に立脚したアウトカム，ということになるのではないだろうか。

健康関連QOLやそれを重視する姿勢が患者立脚型アウトカムという文脈で開発されたとしても，選好に基づく尺度（たとえばEQ-5D）の数値は，患者に立脚というにはほど遠い。選好に基づくQOL尺度（たとえばEQ-5D）の回答者はたしかに患者自身である。その意味で，患者立脚型と呼べないこともない。しかし，効用値は明らかに当事者たる患者とは無関係に設定されている。

患者としてEQ-5Dに回答させられる人は，単に自分の状態を告白させら

れているだけではなく，他者の評価という網目の中に組み込まれてしまっているのである。

　ある文献には EQ-5D の効用値の設定方法について民主的であるとしているものがあった。納税者たる市民の判断に基づいた効用値だから一定の価値がある，という言い方をしている文献もあった。このような見解に真っ向から反論するわけでもないが，少なくとも，健康観に関して多数派と少数派が存在すること，実際の患者は少数派であることを指摘しておく。また，こうして開発されたバリューセットの数値が QALY（p.189 参照）に使われ，それが何を意味するのか，を説明しないで QOL 効用値を医療経済学に使用するのは倫理的に問題があると言わざるを得ない。そもそも，こうした効用値を医療経済学に使用することを，罠と言わず何と表現すればいいのか。

　ユーロ QOL では，一般人口の健康状態そのものが調べられているわけではない。ある状態だったらどうか？という問いが一般の（多くは病気ではない）人たちに質問され，その回答によって，検査された個人の状態が推量されているのである。回答を求められた患者は自分の状態だけを答えているのであるが，その回答は一般人の空想による評価軸で評価されてしまい，それを調査者が客観的と評している（民主的と言われる場合さえある）というねじれがある。

　こうした QOL は単純なパノプティコンを超えた仕組みである。一望監視装置という概念装置で考えるのではなく，告白とそのポリティクスをめぐる問題系であると考えた方がいい。そして，ここでのポリティクスは単なる力のせめぎ合いではなく，現実の政治に反映されるかもしれない。知能検査の結果が優生劣廃学によって用いられて移民制限や断種という具体的政策に取り入れられていったのと同じように，何らかの政策に取り入れられるのである。

　健康ならば幸せだというとき，健康でなければ不幸だということは意味しない（サトウ，2008a）。しかし，ユーロ QOL の効用値の算定のときに協力を依頼された人たちの多くには，この種の健康神話が投影されてしまっている可能性が大きい。

　もし，あなたが以下のような告知を受けたらどうするだろうか。

「あなたの冒された疾患は，神経性の難病の『筋萎縮性側索硬化症』，通称ALSです。この病気は，発病後，平均3年から4年で呼吸ができなくなり，その時点で患者さんは人工呼吸器で延命するか，そのまま人生を全うするかのどちらかを選択します。また，症状の一つとして筋肉の麻痺があります。これはやがて全身から，人によりますが眼球にまで及び，逃れる手立てはありません。つまり，人工呼吸器で延命したとしても，全身麻痺で寝たきりになります。加えて，一度装着した人工呼吸器は，どんな理由があっても，あなたが亡くなるまで外せません。」

これはALS患者舩後靖彦氏が自身の体験を語ったなかでの病名告知の回想シーンである（舩後, 2009）。そして，彼自身も「告知により知り得た我が人生の見えない落下点が……略……深い悲しみと絶望を生み，私はその場で延命拒否を決めたのであった」という。上記の状態にうちひしがれてしまうのが一般的な健康観であるが，それは当事者としてその生活をしたときの実態とは異なる。告知を受けたときの舩後氏はいわば一般人の健康観をもっていたのだが，実際に患者として暮らすことでその健康観も変わっていく。事実，舩後氏は，その後はピアサポートに生き甲斐を見いだし，筋肉が衰えても元気に暮らしているし，多くのALS患者さんは人工呼吸器を着けた生活に価値を見いだし，その生を楽しんでいる。

健康神話というものは，健康な一般人がもっているものであるが，それがどのようなものかはふだんは気づかない。だがALSに罹患した方が告知を受けたときの経験は，まさにそうした健康神話の一端を見せてもらうことができる例である。難病になる人生など誰も予期していないから，そのときまではごく普通の健康観をもっていることが多い。そして，自身の予後を聞かされたときに，その健康観をもとに自分の延命措置についても考えてしまい拒否するのである。だが，さまざまな人との出会い，知識の蓄積によって，健康神話が崩され，新しい健康観とでも呼べるものが構築されていくのである。多くの人はALSなど難病の方々と出会う機会もないし，その生き方に接することもない。自分や家族の健康を祈るしかない，か弱い存在である。したがって，EQ-5D用のバリューセットのためにさまざまな状態を想像すると，その時点における自分の常識（健康神話）の影響を大きく受けてしま

う。

　もちろん，健康神話をもっているからといってバリュー作成に協力した一般の人たちを糾弾するのは筋違いであり，彼らもまた被害者である。よもや自分の行為が，QOLの数値化に使われるとは思っていないだろうし，ましてや医療経済学に用いられて難病患者の生活がマイナスになる片棒を担がされているとは，まったく思っていないだろうからである。

　EQ-5Dによるマイナスの値は，実際には生きるということ，生きているということを含意している。それならむしろ，マイナスという表現だって許容されてもいいのではないかと考える人もいるだろうが，それが医療経済学における費用‐効用分析などに使用されるなら，たとえばQALY（質調節生存年数）の算出のための一部に組み込まれるなら，とんでもない悪影響をもたらすことになるのである。

2-6　医療経済学と費用効用分析

　医療経済学は，医療を一つのサービスとして見たときに，費用と結果の関係を考慮に入れながら複数存在する医療サービスを選択するときに助けとなることを目的として発展してきた学範(ディシプリン)である。経済学の一分野として，費用を金銭的に評価したうえで（経済的評価），医療の結果もまた何らかの形で評価したうえで比較し，費用との関係を分析していく。そして分析するだけではなく限られた費用をどのような分野，どのような開発，どのような治療に割り振ればいいのか，ということについての判断材料とするのである。

　現在，主に使われているのは，費用‐最小化分析，費用‐効果分析，費用‐便益分析，費用‐効用分析の4つであるが，ドラモンドら（1997／2003）の標準的なテキストが指摘するとおり，これらの境界はそれほど明確なものではなく，実際の分析ではあいまいになっていくこともある。

　そして，現在においてもっとも使用されているのは費用‐効用分析であるという。費用‐効用分析は功利主義の哲学に基づいているから，そのめざすところは「資源が最大の善をなすところに，それを配分すべきである」というものである。医療にかかる費用は金額で算出できる。では効用をどのよう

に定義するべきか。一般的には医療サービスの提供を受けた結果として得ることのできる健康に対して，個人や社会のもつ好ましさのことである。この好ましさのことを選好（preference）と言うのである。

　適切な例かどうかわからないが，事故で両手の機能を失ったとき，治療をすればどちらかの手を回復できるとする。多くの人は利き手の回復を願うだろう。これが選好である。費用が同じであれば，迷わず利き手の回復を実行することになる。しかし，なぜか右手と左手とで価格が異なり，右手は100万円，左手は1万円（ありえない例です）かかるとする。そのとき，右手が利き手の人はどのように考えるだろうか。右手は51万円，左手は49万円だったらその判断は変わるのだろうか。費用は治療にかかるお金，効用はどちらかの手が回復したときの好ましさである。この場合，利き手回復の方が効用大と考えるだろう。ただし，効用の比較が「大きい－小さい」や「便利－不便」という表現だと，コストパフォーマンス（費用対効果）を数式化できないので，効用の部分を数値化するのが費用－効用分析の前提となる。仮に利き手の回復の効用が100なら，非利き手の効用は50などのように数値化するのである。最初の例だと利き手（右手）の場合の効用＝100，費用＝100万円なので，効用を1単位あげるのに1万円かかることになる。一方，逆の手は，効用＝50，費用1万円なので，効用を1単位あげるのに200円ということになる。

2-7　費用－効用分析と QALY

　さて，費用－効用分析では，効用値をそのまま用いず，効用値にその状態が続くであろう年数を乗じた指標が用いられる。医療における効用は時間という次元抜きには考えられないからである。そうした実際の計算において，効用の指標として QALY が用いられるのである。QALY とは，Quality-adjusted life-year の略であり「質調節生存年数」「生活の質を調整した生存年」と訳される。この概念の立役者であるウィリアムズ（Williams, 1985）によれば，

QALY なるものの本質は，健康な生活を期待できる 1 年を 1 と価値づけ，不健康な生活の期待される 1 年についてはその価値を 1 以下と見なすことにある。不健康な人物の QOL が低くなるほど，その正確な〈QALY の〉数値は低くなる（'quality adjusted' という部分が意味するのはそういうことである）。

　QOL 効用値 0.4 で 10 年生きることは，4QALY（単位は年）というような計算を行うから，QALY 値を勘案した医療資源配分は功利主義 —— 特に選好功利主義 —— 的な手法であり，医療資源に限定がある場合の配分問題について明快な回答を与える。この値を用いればある医療行為の結果もたらされる状態の比較が可能になるから，かかった費用とのコストパフォーマンスを計算して比較することができるのである。1QALY あたりのコストを計算し，比較することで，予算配分を決定しようという流れもある。もちろん，問題も多々あるが，類書を見てもらうことにして，QALY が費用効用分析に接続するそのことこそが大問題だと提起しておく。

　ハリス（Harris, 1987）は QALY を批判する。そのもっともらしさ（妥当性）が，「選択を与えられたなら，人間というものは，深刻で不満足な状態で長く生き延びるよりも，より短くより健康な状態を好むだろう」ということを「真実」と見なしたうえで組み立てられているからだと彼は言う。

　さて，QALY の単位は時間（年数）であるため，このままでは費用効用分析に用いることはできたとしても，費用便益分析（便益が金銭価値化された分析）に用いることはできない。これは医療経済学では少し残念なことらしい。そこで，QALY（年数）に VSLY（金額／年）を乗じれば，金銭価値化された値となるため，費用便益分析に用いることが可能となる。

　VSLY（Value of Statistical Life Years；統計的延命年価値；単位は，通貨単位／年）という指標についても，残念ながら詳細な検討をする余裕がない。だがこの VSLY というのは延命 1 年あたりの価値を推定するものであり（生まれたての子どもから老人まで同じということではなく，年齢に依拠した推定を行う），日本では円／年である。単位に通貨単位（日本なら円）が含まれることになると，費用便益分析にもって行けることになる。

　単位の存在しない生活の質（QOL）を効用値という形で数値化し，そこに

生存年（year）を乗じることで QALY というものが算出される（単位は年）。それに VSLY（円／年）をかけると，円（金銭単位）になる。このようにして，EQ-5D その他による QOL 効用値は，式の中に組み込まれていき，VSLY を組み込むことで最終的に金銭価値（日本だと円）の算出に寄与することになってしまうのである。

　なお，QALY に必要なのが効用値化された QOL であるというなら，他の QOL 値を使うことも考えてよいはずである。功利主義的な観点からすれば，効用値は一次元でなければならないという制約はあるが，EQ-5D だけが唯一の効用値というわけではない。プロフィール型の QOL 尺度である SF-36 は，複数次元による理解だけではなく一次元の効用値化を行っている。しかし，数値で一次元化するのではなく，多様性を確保しながら QOL を表現する方法もあるはずである。

3　一人称的 QOL（individual QOL）= iQOL の可能性

3-1　QOL の歴史性

　QOL 値がマイナスになる人が存在するということを許容したり，あるいは，そういう測定器具を作っても大丈夫だという事態に至るには，それなりの経緯（歴史性）がある。これは，知能検査の結果で断種を迫ってもよいと思った人たちがいたことの歴史から学ぶことが多いように思える。また，医療経済学との連携についても，同様に知能検査と優生劣廃学（eugenics の訳）との関係から学ぶことが多いように思える。何かを測定する＝数値で表すことと，それを評価空間の中で評価すること，そして政策に反映させること，これらの関係について私たちは学ぶべき歴史をもっているのだから，QOL についてもそうした知識を反映させていく必要がある。「予算の配分は不可欠で医療経済学は花形だから，それに乗っていくことは悪くない。」という言説と，「人口の抑制は不可欠で優生学（eugenics の一般的な訳）は花形だから，それに乗っていくことは悪くない。」という言説のパターンの類似性に

は驚くばかりである。

　QOLに限ったことではないが，心理測定学の技術が入ると，人間をその個人として扱うことが難しくなる。人間を固有の生をもった全体として見るというよりは，人間を変数の束として見ることになりがちなのである。

　QOLが医療現場において，患者立脚型アウトカム（結果・効果）だとして，その片足を現場においていたとしても，もう片足をおいている心理測定学は，患者全体を見るよりはQOLという変数のみに注意を払う仕組みにほかならない。その結果，人間の全体性よりも測定値（それがどのように算出されたものであれ）が重視され一人歩きする。測定値の評価は人間全体の評価であることを忘れさせてくれるから，残忍な決定を政策に反映させやすくなる（IQが低い人は断種させようという主張が科学的に聞こえてくるという意味）。QOLにおいてはさらに悪いことに，IQやストレスの場合と違い，測定されたQOLは効用値という形に変換される。効用値の評価空間は一般の人が空想に基づいてなすものであるから，個別の患者の生に立脚すべきQOLの状態とはかけ離れている。しかし一度効用値として見なされたなら，他の効用計算の一部に組み込まれていくことになる。それを避けるには，効用という考えとは別の考えに基づく経済学，たとえばアマルティア・セン（Sen, 1985/1988）のケイパビリティ概念に依拠した経済学に接続した医療経済学（本当の意味での厚生経済学＝つまり，分厚い生の経済学）などを考えていく必要があるだろう。

3-2　測定における人称性の混乱

　QOLについて誰がどのような視点で検討しているのか？　自分が自分のことを考えて答えるのはよいとしよう。自分が親しい他者について考えている場合はどうか。親しい他者といっても，親子，夫婦，友だち同士，など2人の関係性や年齢によって大きな違いが現れることは言うまでもない。

　自分のいわゆる「植物状態」と，その人と関係している他者にとっての「植物状態」とが異なることは言うまでもない。しかも，自分は一人しかいないが，関係のある他者というのは複数存在する。関係性の質や量が異なっ

ているのである。昨今の医療裁判においても，複数存在する二人称的他者の対立が争点を作り出していることが多い。

　ある人から見て，意味のない「無駄」な延命（かつ高額費用がかかる）という指摘があることは容易に想像できる。たしかに，オープンシステムとしての人間を考えれば，ある一人の人の価値をその人の状態だけで価値づけるわけにはいかないだろう。しかし日常生活動作（ADL）のような活動レベルの判断によって，本人の思いとは別に医療関係者に QOL を測定されてしまうのは，ちょっとおかしな話になることもある。

　では EQ-5D の 5 項目を提示されて，自分の状態にあわせて回答する人はどのような位置にいるのだろうか。

　自分の状態を EQ-5D 項目に合わせて答えた人は，自身の状態を項目に沿った形で「告白」させられ，その結果をすでにできあがっている数値表（バリューセット）の中に位置づけられる。そして，その状態を評価され烙印を押されるのだ。

　こうした作業が，さまざまな揺らぎのなかで行われていること，独自の評価空間を形成していることは，異なる文化における EQ-5D のバリューセットを見ることで実感できる。もし，こうした QOL が本当の意味で普遍的であれば，各国でバリューセットを作る必要はないだろう。しかし，それはいくらなんでも乱暴だという意見が生じるから，少なくとも，国単位で基準を作ろうという話になるし，実際にそうなっている。今回は詳述しなかったが「3，3，3，3，3」の効用値を比較すると，国の違いが明確に出る（たとえば韓国において著しく低く，日本はそれほど低くなかった）。

　ここで EQ-5D について，人称的観点（渡邊・佐藤，1994）から整理しておくと，これは明らかに三人称的な視点を含んだ QOL 判定ということになる。効用値推定／算定に参加した人びとは，具体的な状態を —— 自分のことのように考える人もいるかもしれないが —— 遠い他人の出来事として想像して TTO 法を用いて効用値化しているし，研究者がその数値をさらに集積・平均化した値というものが，バリューセットの正体である。そうであるなら，一人称的な QOL というものがあれば，三人称的な QOL 効用値とは別のオルタナティブ・オプション（代替選択肢）になりうるだろう。

3-3 主観的な判断を超えるものとしての SEIQOL

　ここまで紹介してきた，従来的な心理測定学に依拠する QOL 測定法以外の方法に，SEIQOL-DW（The Schedule for the Evaluation of Individual Quality of Life-Direct Weighting；個人の生活の質を直接重みづけする評価法）というものがある。これは，アイルランドの心理学者，オーボイルらによって提唱された，少し変わったタイプの QOL 評価法である（O'Boyle et al., 1993 / 2007; Browne et al., 1997）。

　手順は以下のとおりである。まず調査協力者の生活の質を決定する重要な領域を5つあげてもらう。SEIQOL ではこの領域のことを，キュー（cue）と呼ぶ。キューが5つあげられたら，それぞれのキューの充足度（level）を VAS（Visual Analog Scale）によって評価する。まったく不十分であれば0，完全に満足していれば1（または100％）となる。その後さらに，5つのキューの相対的な重要度（weight）を評価する。これは円盤を用いることが多い。最後に充足度と重みづけを数値化したものを掛け合わせ，各人の QOL の指標として算出するのが SEIQOL の方法となる（O'Boyle et al., 1993 / 2007）。

　この方法では，自らの QOL を構成する生活要素を自らで決定することができる。つまり SEIQOL は項目事前準備型ではなく，項目自己生成型の QOL 評価法であると言える。その考え方の基本には心理学者ジョージ・ケリー（Kelly, G. A.）の影響が見て取れるだろう。ケリーはパーソナル・コンストラクト（自分にとっての概念化のような意味）を重視し，人は自らの経験や環境を自ら意味づける存在であると考え，個人ごとの構成概念を知ることによって，その意味世界やその人自身を知ることができると考えた。項目事前準備型の知能検査や性格検査によってあらかじめ用意したモノサシの上に個人を乗せて考えるのではなく，個々人が世界をどのように捉えているのかという観点から見ようとしたのがケリーのパーソナル・コンストラクトである。SEIQOL にはこうしたケリーの考えが反映されている。

　SEIQOL を用いた研究例をみてみよう。ノイデルトら（Neudert et al., 2001）は，ミュンヘンにおいて42名の ALS 患者を対象に，3つの健康関連 QOL 評

価法（SIP と SF-36 か SEIQOL）を用いて，最低 3 回（間隔は 2 ヶ月以上）の回答を求める調査を行い，それぞれの手法によって捉えた QOL および手法の特徴について報告している。

　ALS は進行性の難治性疾患であるから，その病態は悪化するのみである。それに従い SIP や SF-36 の QOL は直線的に下降傾向を示した。だが，SEIQOL の QOL 値は病像の進行と相関しなかった。病像悪化と相関しないことをもって SEIQOL の妥当性がないと言うべきなのだろうか？　ノイデルトらは必ずしもそうした立場をとらず，むしろ SEIQOL の結果は臨床的な経験と合致すると述べている。

　4 回にわたって SEIQOL を行ったある患者では 8 個のキュー（項目）が提出された（各回 5 個×4 回であるから，最大で 20 のキューを提出することが可能だが，実際には毎回違ったキューが出てくるということはない。「家族」「文化的生活」についてはキューとして毎回言及されたのだが，他のキューについては入れ替わっていた）。すなわち，初回のキュー（項目）は，文化的生活，庭いじり，職業，スポーツ（活動），家族だったものが，4 回目には，文化的生活，文学，休暇，スポーツ（観戦），家族になっていたのである。自らの病態の進行により，できないことは増えているのだが，QOL を支えるキュー（項目）が新たに発生していることがわかる（たとえば，スポーツ活動はスポーツ観戦に変わった）。SEIQOL による QOL 値はほぼ変化していなかった。そしてこの研究によれば，患者自身は SEIQOL を，SIP や SF-36 よりも妥当な指標だと感じていたとのことである。

3-4　達成可能な選択肢集合の生成を捉える仕組みとしての SEIQOL

　功利主義アプローチに代わり潜在能力アプローチを提唱するセンの経済学についてコーエン（1993/2006）は，（功利主義的厚生に対するロールズの批判と対照する形で）センは 2 つの転換をなしたと評した。ひとつは，実際の状態から機会への転換，もうひとつは財（さらには厚生）から彼が「機能」（functioning）と呼ぶものへの転換である。機能とはセンの潜在能力アプローチの基本的な視角であるが，潜在能力についてセン（1980/1989）は文化との関係

で面白いことを述べている。

> 「基本的潜在能力の観念はきわめて一般的なものだが，それを適用するにあたっては，どうしても（特に異なる潜在能力を比較考慮するような場合に）文化に従属する（culture-dependent）形で現れざるをえない」(Sen, 1980/1989)。

　ここで文化をどのように定義しているのかは不明だが，記号の発生を文化と見なす文化心理学の立場（Valsiner, 2007; サトウ, 2008b）からすれば，難病患者とその生活は一つの文化をなしていると言える。したがって，ALS などの進行性の難治性疾病を単に健康状態が劣っているというように捉えるのではないやり方，健康−不健康の一次元で捉えるのではないとらえ方が必要になると言えるだろう。

　潜在能力アプローチにおける潜在能力の概念的意味には，達成可能な福祉の選択肢集合を表すという考え方があり，それはすなわち選択の幅を示すものである。このとき，健康な人が病を得た人をみて，選択の幅が狭まったと思うのは一面の真実である。食事も自由にできず職業にも就けない……。しかし，それは，健康者の文化からみた選択の幅の狭さにすぎない。健康者の文化というものと対置する形で，疾病者の文化というものを設定するなら（健康−非健康という一次元で理解するのではなく），その文化を暮らす者自身の選択の新しい生成を見ていくことができる。SEIQOL において患者自身が設定する QOL の項目は，自身と環境との接点における機能（functioning）の新たな生成を捉えられると考えられるだろう。

　つまり，SEIQOL のような項目自己設定型 QOL の指標は，心理測定学に基づく測定とは異なり，個人の視点から QOL を捉えることが可能なのである。こうした，QOL の把握の仕方を一人称的 QOL もしくは個人型 QOL（individual QOL）と呼ぶことは可能であり，（iPod や ips 細胞にならって）iQOL という名前で愛称化しておくことには意味があるだろう。

4　おわりに —— 数式で数値を算出して質を表現すること

本節では，QOL という指標の測定ということを中心に据え，数値の出し方の手続きのあり方をも視野に入れながら検討を行ってきた。
　最後に医師であるショウ（Shaw, 1977）による QOL を見てみよう。
　このわずか 1 頁の論考で，彼は新生児の QOL（彼の論文では QL となっているが，本章での整合をとるため QOL とする）を以下のように定義する。

QOL ＝ NE ×（H ＋ S）

　　QOL ＝生きる場合に子どもがもつだろう生命の質。NE ＝子どもの知的・身体的な天賦の資質。H ＝両親の結婚の情緒的安定度・両親の教育レベル・両親の財産に基づいて，子どもが家庭，家族から得られるだろう支援。S ＝子どもが地域社会から得られる社会サービスの質。

　この式の驚くべきところは，式の中に積算（かけざん）を含んでいるところにある。積算は，その前後の項のどちらかがゼロであると自動的にゼロになるからである。
　案の定，ショウは都市部のスラム街に住む薬物中毒の 10 代の女性から生まれた児の例をあげ，この子の H がゼロだと言い切る。もし S の項（社会からのサービス）がゼロになるならばと前提をつけながらではあるが，こうした子の QOL はゼロになると述べているのである。
　つまりショウが提唱した数式においては，自身の資質がどのようなものであっても，家族から得られる支援や社会から得られる社会サービスがゼロになるなら，結果として QOL がゼロになるというのである。そうした子は現実に生まれ，そしてショウの式とは無関係に，おそらく生き続けているだろう。だが，ショウはそうした子どもを見ることはなく，計算式を示して特定の条件の下に生まれた子どもの QOL はゼロと言い放つ。そうした発言を可

能にし，そのことにまったく問題を感知させないシステムが，何らかの形で存在していることがわかる。

　まず，家族を支援しろよ，それが社会サービスだろ，というツッコミを入れたくなるのは私だけではないだろう。

　QOL（やその効用値）がマイナスになったり，ゼロになったりするという例，こうした例の具体的な一つひとつに驚いていてはいけないのである。むしろ，それは川の流れが岩にぶつかったときの波しぶきのようなものでしかない。川の流れの部分にあたる，大きな思想の流れを捉える必要があるし，その表現を促進している道具としての心理測定学に由来する技術のあり方そのものを批判的に検討する必要がある。

　QOLの研究と実践においては，定義が一致しないことを当然のこととして測定手続きの開発が行われてきた。しかし，今こそ，QOLの定義から検討していくことが望まれるのである。マイナスを許容するかどうかも，真剣な議論が必要である[6]。日常生活において，「死よりひどい状態」というような表現が存在したりそういう実感をもつことはありえるだろうが，一般的な感想は，それが測定として数値化されたりはしない。一般的に想定できるからと言って，それを測定という考え方に取り入れてよいということにはならない。感想はその場限りだが，マイナスを付与されたQOL値はQALYやその他の数式に混ぜ込まれ，効果が永続するからである。マイナスの数値が何らかの形で積算の項として使われ，医療経済学などで使われたら，その効果はきわめて憂慮すべきものになる。数値の結果が負の値になるからである。

　QOLとその効用値を医療経済学に使用することは止められないかもしれない。医療経済学におけるQOLは生命の質とか生活の質と訳されている。だが，QOLを人生そのものに寄り添うものとして理解する手立ても必要である。lifeという英単語は日本語では一語で置き換えられない。このlifeという語が生命・生活・人生に相当することを思い起こすなら，人生の質に寄り添うQOLという構想は決しておかしなものではない。そういうQOLの理解に何がふさわしいのかはわからないが，知能検査や性格を否定したケリーの思想とも接続しているSEIQOLが，その一つの可能性であることは改めて強調しておきたい（福田, 2011; 福田・サトウ, 2009, 2012）。

測定値に限ったことではないが，それを評価する場合（評価行為）には，(1) 何が評価対象になるのかと，(2) それぞれの対象にどれだけの価値があるのかという2つの問題を区別して考えなければならない，とセン(1993/2006) が述べるとき，価値対象を財の多寡（効用，所得，機会等々）にするのではなく，機能（functioning）にすべきであるとセンは考えているはずである。そしてさまざまな行為や状態それ自体の重要性というとき，重要性を外在的に評価するのではなく，その個人と環境との調和によって内在的に理解され評価されるべきであろう。

　本節でみてきたさまざまなQOLについて，本稿の問題意識から整理するなら以下の3つの方法に分類できそうである。

1. 回答者は自分の状態を答えているとしか思っていないのに，他者の回答傾向と比較されるもの。
2. 回答者は自分の状態を答えているとしか思っていないのに，一般人の価値観のなかで価値を値踏みされてしまっているもの。
3. 回答者が自分なりに重要なものを提出することで，生活全体を理解する手がかりとなるもの。

　1は単純な心理測定学に基づくQOL評価方法であり，2は一般人口の選好に基づくもので，EQ-5Dなどが典型的なものである。それに対して3はSEIQOLが用いている方法であり，iQOLである。SEIQOLは，自分の言葉でQOLを価値づけることができるという意味で画期的であり，自分自身の責任でQOLを評価するという意味で，2の方法などとは決定的に異なっている。他者が決めた項目でもなく，他者が想定した効用値でもなく，自分が決めた項目で自分が判断した充足度を数値にする。これがSEIQOLであり，こうした患者自らの声を聞く方法は，真の意味でのQOL理解には欠かせないものになるのではないだろうか。

II 時・文化・厚生

1 時を扱う方法としての TEM

「時をかける少女」という小説（筒井康隆著）・映画（原田知世主演）があった。「時間」ではなく「時」という言葉が用いられている。ここでは時間という語を一度破棄し，時という語に置き換え，さらに，時間と時刻の違いを考えることで，TEM（Trajectory Equifinality Model; 複線径路等至性モデル）と時について考えてみたい。TEM については 10 章 I でも述べるが，人間の発達を時間的変化と社会・文化・歴史的な文脈との関係で捉え，記述するための方法論的枠組みである。TEM では時を捨象しないのはもちろんのこと，クロックタイム（時計で計測できる時間）として測れるものと考えてもいない。直線を引いて時を表すことは空間的表現にほかならず，それは時間を計測可能なものとして扱うことだ，という批判もあるが，そうではない。TEM には様々な範型がある。図 9-2 で説明してみよう。

　等至点（ETP）とその補集合である両極化した等至点（P-ETP）は上下に隣接して描かれ，後者が点線で示されることで（実際には実現していない）補集合的な性質を表している。そして，等至点以降の展望として，ZOF（目的の幅）や多重等至性（マルチファイナリティ）が末広がり的に表現されている（図 9-2）。
　横軸は，非可逆的な時を表している。何度でも繰り返すが，この→は充満した時を表象しているという意味である「時の次元」を表しており，さらに重要なことであるが，非可逆性を示している。では縦軸は何か。これまでは選択の幅という言い方をしてきたが，もう一つの「時の次元」と考えることができる。過去でもなく未来でもない，生成する時である。

日本語には，時間と時刻という似た単語がある。ふだんの生活では違いを

9章　厚生心理学

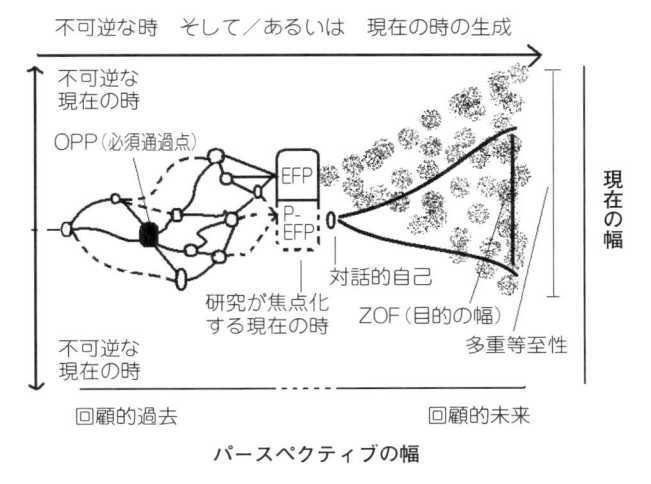

図 9-2　TEM における時

あまり意識してはいないが、この2つの単語の違いを TEM 図の横軸と縦軸に当てはめてみよう。TEM 図では時をグラフィカルに表しており、それを見たり読んだりする私たちはそこに縦と横という二次元を読み取る。その横軸と縦軸に時の異なる性質を読み込んでみたいのである。

私たちは日常生活において、時間という語を（時刻よりも）日常生活で使う傾向にあり、「今からカレーを煮込むから時間を測ってね」とか「待ち合わせの時間決めておこうよ」などという。しかし、時間と時刻は若干意味が異なるのである。

TEM における時間は、「間」が示すように、ベルクソン（Bergson, H-L.）が言う「デュレー（durée）」、つまり充満し流れている時であると考える。一方で、時刻は「刻」が示すように、締め切りや期限がクロックタイムとして立ち上がる現在のことを示す。測れる時間は時「刻」と時「刻」の間である。刻を刻み確定することが測定の前提となる。時「間」はその前後に刻まれた時がないデュレーである。「今からカレーを煮込むから時間を測ってね」とか「待ち合わせの時間決めておこうよ」という先ほどの2つの例は、（時間という語を使ってはいるものの）実はどちらも時「刻」の立ち上がりを示す例だったのである。カレーを煮始める時を刻むことで時の測定が可能になる。

2人で待ち合わせる時を刻むことができるのは，それ以前の時とは異なるものとして時を異質化するからである。

　以下では，大学生の就職活動ということを例にとって時の変質について考えていく。4月に入学した大学1年生にとって，卒業後の就職活動は遠い未来である（ここでも，時の次元が「遠い」という距離的な形容詞で表されることに注意しておく必要はあるが）。入学直後の大学生が，就職活動を見据えて「今すぐ」何かをしなければいけないという将来展望をもつことはない。ここでは遠景と呼んでおこう。新幹線に乗っていて車窓に富士山が見え始めたときのことを考えてみる。「あ，富士山だ！」と車内の子どもが歓声をあげる。そのとき，車両は猛烈なスピードで富士山に近づいているはずである。しかし，富士山に近づけている感覚はない。遠景とはそのような感じである。就職をしなければならないと思っていても，大学1年生の入学した年の4月は就職態勢の身体を作るような時ではない。たとえ，半年が過ぎ，後期になったとしても，事情は変わらない。相変わらず就職（活動）は身近なものではなく，入学から6ヶ月が過ぎていたとしても，就職活動をする身体にとっては，時が立ち上がっていないに等しい。まだいいや，ずっと先のことだし，という感じであり，その意味で，入学からの6ヶ月間というものはいずれ就職活動をする身体にとって一瞬であり永遠である。就活をしない時は測ることができないデュレーである。ところが，入学から2年経ち，3年生の4月くらいになると事情は一変する。促進的記号（promoter sign）としての就職活動が立ち上がり，何月までに情報収集，何月からは会社訪問，のように，刻まれた時が立ち上がるのである。「この6ヶ月間が勝負！」と思う学生がいるなら，まさに，クロックタイムとしての6ヶ月の過ごし方が問題となり，それは大学1年生の最初の半年とは —— 就職活動に関しては —— まったく異なる時の過ごし方となる。

　もう一つの例として刑期を考えてみたい。刑務所内では，刑期がクロックタイムとして定められていることが多く，刑務所で過ごす時間は，クロックタイムとしてのみ計測可能であり，クロックタイムで挟まれた計測可能な時間をやりすごせばよいのだ，と考える人もいるだろう。もちろん，出所が10年後ということであれば，最初の数年間は，出所時期は単なる遠景にす

ぎず，近づいても近づいても，出所する自分をイメージすることは難しい。だからこそ，出所後をイメージした訓練などは身についていかないのかもしれない。一方で，刑というものは，過去の出来事に対して与えられるものであるから，過去の出来事と向き合う必要がある。つまり，過去の経験を，出所後の未来にトレースするための，充満したデュレーとしての時を経験することが求められていると言えるのであるが，そうしたことを体験できるシステムとして自由を奪う刑罰たる自由刑の刑期が機能しているかどうかは難しいだろう。たとえば松本（2009）は，刑罰を受けている少年が自分と向き合い未来を展望しがたい理由の一端を，法的ストーリー（Bruner, 2002 参照）の支配に求めている。過去の経験が裁判などの仕組み上の言葉で語られることにより，経験の阻害が起きているというのである。他人の言葉で語ったことは，自身の過去経験としては向き合えないのかもしれないのである。

ヴァルシナー（Valsiner, 2007）は，「過去と未来は非対称的である」と述べている。回顧的研究と展望的研究では，もしかしたら，時刻と時間の違いがあるのかもしれない。回顧型は時刻を，展望型は時間を扱うのである。

等至点は研究上の焦点であるが，非可逆的時間のうえで過去から「現在」が立ち上がり，未来に対して「現在」が刻まれる。つまり，現在は充満した時から分離することで過去や未来から峻別されている。

つまり TEM では，時を，時間と時刻として考えることを意図している。

2 TEM は文化をどのように考えるのか

文化心理学とは，記号の学である。ヴァルシナーは，この世に生まれ落ちた生命が，そのままの形で外界と対峙しなくてすむ仕組みすべてを文化として考えている。そして，こうした仕組みは物質的なものだけではなく，記号的なものも含まれる。いやむしろ，記号的な形をとった諸要請こそが人間の発達を形づくるのであり，その記号にこそ文化を見て取ることができるというのが，私たちが依拠する文化心理学である。比較文化心理学のように，どこの文化とここの文化が違う，という意味での文化は結果としての差異を手

がかりに表層的な比較をしている場合もあり，俗に言う，文化の容器モデル（文化という入れ物があって，そのなかで人間が文化の影響を受けながら発達する）である。文化心理学は，比較文化心理学とは異なり，文化を容器としては見ない。人が文化に属するという見方はとらない。文化は，人と共に移ろいゆくプロセスである。

　ヴァルシナー（2007）は『*Culture in minds and societies*』（『文化心理学―― こころと社会の中にある文化』）のあとがきにおいて，文化心理学は発達的な観点をその核として持つとしている。発達というと子どもの成長というイメージが強いのだが，文化心理学においては，どんな年齢の人でも発達していくと考える。また，人間を開放的なシステムとして考えることも文化心理学の特徴である。そして文化心理学においては，記号の機能化（あるいは，記号が機能していくこと）が一般的なメカニズムとして見いだされるのである。質的研究や少数事例研究は，一般法則から背を向け個別の記述をめざしているのではないか，と思われがちだが，そうではなく，個々の事例は記号が機能する一般的なメカニズムの具体的な発現なのであって，そこから普遍的知識を蓄積していくのが文化心理学なのである。記号の機能するプロセスとは，記号による媒介（semiotic mediation）のことを言う。

　記号が媒介するとはどういうことか。端的には，促進的記号（promoter sign；プロモーター・サイン）が作動して，個人が行為をオーガナイズしていく（体系化して統合化していく）ことである。ただし記号が人間に影響するといっても，それは決して受動的なプロセスではないし，ある一時期にある一つの記号のみがある個人に影響すると考えるわけでもない。記号は決して一つではないし，だからこそ人間が複数の記号群から，主体的に選び取ることになる。それをヴァルシナーは「冗長的な統制原理（the principle of redundant control)」と表現する（Valsiner, 2007; p.57）。冗長という言葉には日本語的には負のイメージがあるために理解を妨げるかもしれないが，ここでの冗長は豊富・豊穣と同じような意味である。統制やコントロールも日本語では冷たいイメージの言葉であるが，自分以外の外界や文脈の影響を受けるという意味である。人間は実に多くの文脈の多くの記号により影響を受けている，というのがヴァルシナーの主張であり，私も強く賛同する。コトバをしゃべ

る，進路を決める，来週の日曜にどこかに遊びにいく，でも何でも，自分で決めているように思えても時代や周囲のさまざまな影響を受けているし，その一方で豊富な可能性のなかから選び取って行為するのである。ただし，「日曜日」なるものも歴史的文化的に構成されていることを考える必要もあるのだが。日曜日の過ごし方の選択肢や価値観も実はそんなに選択肢が少ないわけではない。その中の複数の選択肢の中にいる自分自身こそが，日曜日の過ごし方を決めているのであり，このようなプロセスのことを，ヴァルシナーは「冗長に統制された」というように表現しているのである。豊かな多様性の中から一つの可能性を紡ぎ出す，というような言い方も可能である。

　これはまた偶有性（contingency）という考えともつながっている。ある前提との出会い，ある行為の実行，そして結果の生成。私たちはよく「たまたま」という言い方をする。「たまたま，本屋に行って本を立ち読みしたら，近くの遊園地でイベントをやっているとわかったから，来週の日曜は遊園地にいくことにした」というような物言いである。この場合，立ち読みという前提条件があったから，イベント情報を知り，遊園地に行ったということである。また，立ち読みした本にはイベント以外のことも沢山書かれていたはずである。こうした前提と結果の緩い結びつきを偶有性と称するのである。ところが，「たまたま」は決して単なる偶然ではなく，必然も含む概念である。

　たまたま，遊園地で誰かに会った。あるいは，たまたま会った人と一緒にいた友だちとお茶したことで恋愛が始まった。このような例を考えたなら，知り合いでない人とは「たまたま」出会えない。あるいは，その後付き合いが続かない人とは「たまたま会ったから」とは言えない，ことがわかる。「たまたま」は，時間的なつながりのなかで「たまたま」として構成されるのである。

　なお付け加えるなら，心理学を学んだ人であれば，contingency は随伴性と訳されていることを知っているだろう。そして，それは行動分析というジャンルで質的研究や文化心理学からは遠いはずなのに，と訝るかもしれない。スキナー（Skinner, B. F.）の行動分析は，呈示する刺激を実験室で統制することによって実験を行った。たとえば青とか赤のランプがあるとして，青ラ

ンプが付いたときにバーをつつくとエサが出てくるというような実験である。いわゆる A-B-C（Antecedent（先行子）- Behavior（行動）- Consequence（結果））デザインであるが，ここには時間の流れがある。オペラント行動というのは，自発的行動である。青ランプが点灯した（A）時に，「たまたま」レバーをつついてみたら（B），エサが出てきた（C）から，その後も同じ条件では同じことをするようになる，というのがこの研究パラダイムが意味することである。この例では，ランプの色というきわめて単純な刺激であるし，スキナー箱の中であるから刺激を統制できた。一般的には，人間の日常生活をそのように統制することは難しいし，意味がない。だが，「冗長に統制された」日常のなかの一つだけを取り出して系統的に変化させることで行動の変化を見るやり方は，随伴性の原語である contingency を理解するうえで有用である。

　さらに，社会学を学んだ人であれば，コンティンジェンシー・テーブルという言葉を聞いたことがあるだろう。このコンティンジェンシーはもちろん contingency である。小学校3年生に，血液型で性格はわかるか？と聞くと，男女差はあまりないが，中学生になると男女差が出てくるというデータがある。

表 9-5

	関係ある	関係ない
男	20%	80%
女	50%	50%

　上記は仮想データである。このような表をコンティンジェンシー・テーブルというのだが，それは，男女という性別の違いが，血液型と性格の関係の信念（関係があると思うかないと思うか）とたまたま違いをもたらす，ということを示している。そして，そのたまたまから必然を掘り起こしていくのである。女性は迷信深いとか非科学的とか言いたい人がいるかもしれないが，そういうことではなく，ある性別をもって社会で暮らすこと（これがジェンダーの意味するところである）が，血液型と性格の関係に関心をもつようになるのであり，それは，決して必然的なものではないのである。

　「冗長に統制された」ということに戻ろう。人間の日常生活では，スキナ

一箱で実験する実験者のように外在的に刺激を変えるような超越的な存在は仮定しえない。だからこそ —— 人は常に多様な刺激に統制されており文脈に置かれているからこそ ——，そこから何に意味を見いだしていくかは個人ごとに異なるのである。場合によっては集団ごとに何を重んじるかが異なってくる。そして，主体が何にどのような意味を見いだすかということこそが，記号作用の発生であり，記号による媒介なのである。ちなみに，記号による媒介とはヴィゴツキーの基本概念であり，「記号は，つねに最初は社会的結合の手段であり，他人への働きかけの手段であって，その後でのみ自分自身への働きかけの手段となる」（ヴィゴツキー，1930-31/70; p.206）。

習俗や行動の違いを比較するのが文化心理学なのではなく，個人が記号を媒介にして意味を読み取り，行動していくプロセスやメカニズムを記述するのが文化心理学である。国や民族によって異なる行動をすることを発見することが大事なのではなく，そのプロセスとメカニズムを記述することを志向するのである。例をあげよう。

日中韓越4ヵ国の子どもたちを対象に，お金，お小遣い，親子関係を考察するプロジェクト（山本・高橋・サトウ・片・呉・金・崔，2003 など）からの例である。非常におおざっぱな話ではあるが，日本の親たちは，子どもにお小遣いをあげるときに，子どもたちがおごりあうことを非常にいやがる。学校でも教師が禁止を打ち出す。一方，韓国では，親たちは我が子が「おごりあいネットワーク」の中にいることを奨励する。お小遣いをあげる理由の一つが我が子が友だちにおごるため，だったりする。日本でおごりが禁止される理由としてあげられることはいくつかあるが，友だち間でおごると，相手が負担に思うかもしれない，ということがその一つである。では，韓国では相手が負担に思っても平気なのか，というとそういうことではない。割り勘にすると友だちが負担に思う，ということなのである。つまり，友だち関係に気まずさは持ち込まない，友だちと仲良くやっていく，ということは日韓共通である。しかし，親や社会は，その実行手段については異なる記号を発生させているのである。日本では割り勘が友だちに気を遣わせないことであり，韓国ではおごりが友だちに気を遣わせないことだ，ということである。

さて，私たちの目に見えるのは，「割り勘」「おごる」という具体的な行為

しかない。自分の文化と同じ行動ではない場合には，背後の価値観も異なっていると思いがちなのである。どちらの国でも，友だちに気まずい思いをさせない，ということでは一致しているし，それはもしかしたら万国共通であろう。ある種の促進的記号は「友だちとうまくやる」ことをガイドする。しかし，その具体的な行動に関していえば，日韓でまったく異なっていた。私たちはこうした目に見える違いに驚くのではなく，その背後にある記号体系を読み取り，無用な紛争を避けなければいけない。「郷に入りては郷に従え」ということわざの意味は，具体的な行動レベルの一致がないと，背後にある価値観まで疑われてしまう，ということだと私には思われる。

3 医療ではなく厚生（心理学）のための TEM

TEM は個人の経験を扱うので，それがどのような経験であっても扱うことができる。たとえば，学生結婚の研究や高校ブラスバンドの研究も可能である。つまり，結婚した学生カップル，高校の吹奏楽部など，開放システムとして見なすことができれば，すべてが研究対象になる。化粧の開始や異文化における変容（木戸，2011），個人が喫煙を開始した事情や妊娠中絶手術経験（安田・高田・木戸・サトウ，2008），留学生の保険料支払い（未払い）といったことも対象にできる。フィールドワークとして，電車における過ごし方も対象にできる（サトウ，2009; 安田・サトウ，2012 も参照されたい）。もちろん，医療や臨床という語でくくられるフィールドの研究にも相性が良い。

ところで，医療や心理の臨床は「治す」ことが目的となる。治すとは傲慢だ，というような批判もありうるが，治りたい人がいることや，一つの目標として治すこと（もしくは悪化を防ぐこと）をめざすことまでは否定できない。心理学はこうした活動において何をしてきただろうか。医療的に「治す」前提として，心理検査（知能検査やロールシャッハ検査）で対象を測定することを担ってきた。医療モデルは，原因－結果モデルに依拠しているから，原因を見極めたうえで「治す」ことをめざしている。病院における心理士の活動を医療心理学と呼ぶことさえあるが，それは，治すために原因を同定するた

めの検査活動を包含した名称であり，見事なまでに医療モデルに組み込まれている。TEM が扱う医療現場の経験は，そういう実践とは少し違う。どのように表現すべきだろうか。

2004 年 2 月ヴァルシナー教授が立命館大学で集中講義を行った。そこで TEM の基本発想が誕生したのだが，これに先立つ 2003 年 4 月，立命館大学に先端総合学術研究科という一貫制博士課程の大学院が誕生した。筆者はそこに兼担教員として参加することになり，専任教員・院生のみなさんと知己を得ることになった。そのご縁もあって，ALS（筋萎縮性側索硬化症）患者会の会長の橋本操さんが立命館大学を訪れてくることになった。2003 年の春だったと思う。時間があいていたこともあり，特に断る理由もないので，「たまたま」橋本さんを囲む会に参加した。なお，ALS は野球選手・ルー＝ゲーリックや物理学者ホーキングが罹患したことで知られているが，運動神経のみが選択的に冒されていく病である。心臓や肺が動かなくなると，どうなるのか。選択肢としては人工心肺を付けるか否かが問われることになる。

橋本さんとの偶有的（contingent）な出会い以降，筆者はこの出会いが作る随伴性（contingency）を径路として歩み，選択肢として選ぶようなことをしてきた。

カルガリー大学の社会学者で『傷ついた身体の語り』の著者であるアーサー・フランク教授を招いてシンポジウムを行ったこともあった（2005 年 9 月）。その後，ジョン・マクロード教授（語りと臨床心理学），トリシャ・グリーンハル教授（ナラティブ医療），ダン・マクアダムス教授（ナラティブ心理学），アラン・ヤング教授（医療社会学），ケネス・ガーゲン教授（社会構成主義），ヒューベルト・ハーマンス教授（対話的自己），マイケル・バンバーグ教授（ナラティブ心理学）といった人たちのシンポジウムが（さまざまな団体の主催により）立命館大学で行われた。また，アーサー・フランク教授は 2008 年 6 月および 2011 年 8 月に再来日を果たした。またそれに先立つ 2007 年 6 月，立命館大学にはグローバル COE 生存学創成拠点が設置され（リーダー＝立岩真也教授），私も関わることとなった。

心理学が，病気の人やその生活を対象にすることは稀である（精神・身体・知的障害者に関する研究や実践を除けば）。ましてや，不治の病や慢性疾患，

進行性の病の方々やその生活を心理学が対象としたことは少なかった。それは一つには，そうした方々と知り合えるチャンスがなく，医療の現場の方やご本人の側でも，卒論や修論の学生などの対応をするゆとりはない，というような事情があっただろう。また他方では，心理学の方法論的臆病さによるところも大きかった。臆病な人は自分が臆病であることを隠すので，「方法が厳密にならなければダメだ！」とか「頻度の少ない経験を扱っても意味がない！」などとして抑圧してきたのかもしれない。しかし，今や，不治の病や慢性疾患，進行性の病の方々の経験を対象にすることには研究としても実践としても正当な地位が与えられるべきなのである。そしてその際には，検査で測定するような手法ではなく，生活文脈に寄り添い，生活をチューンアップするのに役立つ現場志向の研究が望まれる。

私が指導する学部ゼミ（愛称サトゼミ）では，私が先端研と関わったことと軌を一にするかのように，テーマの多様化に拍車がかかった。2期生による「妊娠中絶手術経験」「留学生の保険料支払い（未払い）」に関する論文も現れた。後者は外国人留学生が医療保険を利用する，つまり保険料を支払うかどうか，という問題を扱ったものである。これらが，医療に関係するテーマの嚆矢である。こうしたテーマを扱う心理学の卒業論文はあまり聞かないから，心理学のなかでどのような分野・領域の研究と言えばいいのかもよくわからなかった。とりあえず医療関係のフィールド社会心理学的な研究として捉えていた。RA（Research Assistant）として荒川歩さんが，TA（Teaching Assistant）として安田裕子さんが，指導にあたってくれた。

その後，荒川歩さんの後任PD（Postdoctoral Fellow）である水月昭道さんは，日本ALS協会近畿ブロック会長の和中勝三さんや久住純司さんと月1回お会いするアクションリサーチ活動を始めた。また私自身，難病医療で名高い国立新潟病院副院長の中島孝先生とも知己をえて，ゼミ生たちが難病（筋ジストロフィー）患者さんの個人型QOL（individual QOL = iQOL）について研究するようにもなっていった（なお，2012年4月現在，荒川歩氏は武蔵野美術大学，安田裕子氏は立命館大学，水月昭道氏は筑紫女学園大学，においてそれぞれのポジションで活躍しており，私の喜びでもあり誇りでもある）。

人が病を得ると，病人としてカテゴリー化され，社会学者・パーソンズ

(Persons, T.) が指摘したような「病人役割」の遂行が求められる。病気の人生，であり，病気の方が強く表現される。しかし，逆から見ることもできる。つまり，人生に病がくっついただけ，と考えることもできる。「人生 with 病」というキャッチフレーズ（大沼，2008）は，ささやかではあるが，こうした視点の転換を要請している。そして，病いだから生活の質が低いなどと決めつけることがないようにしていく必要がある。

> 何が人生において幸せなのか……。健康で何不自由のない生活を送ることが幸せなのだろうか？　しかし，それらをすべて手に入れていても幸せを感じていない人もいれば病を抱えていても人生を楽しく送っている人もいる。幸せは人それぞれで個人の価値観次第である。「幸せの軸は自分で決めよう」。
> （大沼，2008）

　前述のように，こうした心理学的な活動や研究をどのように呼べばいいのか少し考えあぐねていた。病院や患者さんということからすると医療心理学という言葉がすぐに思い当たった。しかし，現状の医療心理学という語は，病院における臨床心理学的実践のことを指す場合があり，具体的にはロールシャッハ検査や知能検査といった検査活動を示すことになる。あるいは医療者の人間関係なども医療心理学と呼ばれることがある。診断や測定を中心とする医療心理学と同じ名前を使うことはできない。

　そこで思い当たったのが厚生心理学という名称である。この転換によって，いくつかのしがらみを断つことができるし，新しいつながりをつけることもできる。

　また，厚生心理学は厚生経済学とつながることができる。経済学には，医療経済学に対峙して厚生経済学という分野がすでにある。医療にまつわる経済を分析対象とするのが医療経済学であるなら，患者一人ひとりの厚生という側面から経済学を考える立場が可能なはずであり，代表的な論者として，1998 年にノーベル経済学賞を受賞したアマルティア・センがいる。センは福祉（well-being の訳）の実現における潜在能力アプローチ（潜在能力は capability の訳）で知られている。同じ財（goods の訳）を得ても，それをどのように活かせるかは個々人によって異なるから，財配分の表面的公正さは，結

果としての福祉の公正を担保しないということが導かれる。センの経済学は，理論的には厚生主義と帰結主義を否定するものであるが，本人はその学問を厚生経済学であると標榜するときもある。そして，選択の幅があることが，生活の豊かさであると喝破している。本節でセンの経済学を論じることは不可能であるから深追いをしないが，障老病と共にある人がその生活文脈に沿ったチューニングを行うことでよりよい生活をしていくことをめざすことは，潜在能力アプローチからの帰結とも一致するはずだ。

　社会学には厚生社会学という言い方はない。しかし，ナラティブなどを重視するアーサー・フランク教授たちの医療社会学を厚生社会学として再配置することで，パーソンズからはじまる医療社会学の流れから切り離すことができる。

　つまり厚生心理学は，アマルティア・センの厚生経済学，アーサー・フランクの厚生社会学と接続する新しい心理学の分野であることをめざすのである。（潜在能力アプローチに連なるという意味で）厚生看護学という一派が立ち上がってもいいだろう。ちなみに，2008年6月に来日したアーサー・フランク教授本人に，私たちの意図を説明したうえで「welfare psychology をやろうとしている」と伝えたところ，「それは北米圏では伝わらない。あえて言えば critical psychology ではないか」というアドバイスをもらった。英語と日本語の組み合わせはこのアドバイスに従おうと思う。

　わざわざ厚生と言わずとも，医療研究とか医学研究でもよいだろうという声があるのはわかる。しかし，制度は「利権」を生み，制度と共にある人は利権に縛られがちである。制度から離れた立場に立ち，私たちは病を得た人の「権利」を問題にしたいのである。利権と権利，上下を逆さまにすると異なる意味になる語は少なくないが，これくらい皮肉な意味のズレが起きるのは珍しい。

　ALS 患者会（NPO 法人 ALS／MND サポートセンターさくら会）の川口有美子さん（立命館大学先端研院生；大宅壮一ノンフィクション賞受賞者）は，かつて「ALS 患者の選択は簡単に死の方向に行きがちだ」というようなことを述べたことがあった。ALS 患者において筋肉が動かなくなることは，やがて肺や心臓も動かなくなることを意味する。そのときのことを考えてみよう。一

方には，人工心肺装置を付ければ余命が 15 年以上はあるという選択肢があり，他方には「肺や心臓が自分で動かせなくなってまで生きたくはありません」と言わざるをえないような選択肢がある。このような場合，── 適切な処置により，生きていくことができるのに ── 人工心肺を付けない選択をせざるを得ないように，さまざまな社会的圧力が向きがちだということを川口さんは表現したのである。このことは ALS 患者支援団体・さくら会（橋本操会長）のウェブサイト【ALS 患者の選択肢】http://www31.ocn.ne.jp/~sakurakai/select.htm にも記載されている。

　TEM（複線径路等至性モデル）によってこうした径路を描くことは選択肢を見させない制度や，一方向に選択を向かわせる力の存在を描くことになるから，結果的に見えない選択肢を表現することも可能になる。

4　TEM がめざすもの

　TEM は文化心理学の方法論だが，実践論として厚生心理学と関連していく。
　文化心理学は記号の機能化の一般的なメカニズムを記述することが目的である。そして，記号の機能化がもっとも顕現しやすいのが，重要な選択をする場面である。先にあげた，ALS 患者が人工心肺装置を付けると判断するかどうか，などが一つの極限的な状況である。付けなければ生きていられないし，付ければ生きていられる。こうした状況で前者が選択されることは，さまざまな社会的力の作用＝記号の働きによっているであろう。
　つまり，記号の配列が人の生き方における選択に大きな影響を与えているなら，── 具体的には，心臓の筋肉が動かなくなったときに，人生の終焉を迎えることを選ぶのか，人工心肺装置を装着して生きることを選ぶのか，について選択肢が設定されていないなら ── そこにこそ文化の影響を見て取ることができるのである。「〜すべきだ」という言明，「〜せざるを得ない」という言明，これらの言明に基づいてなされる行為を価値観や規範と絡めて考える学問が多いのだが，文化心理学は記号の配列やその不可能性（潜在的可

能性）ということを考える。

　TEM は，その原理的な立場として，等至点（EFP）に対して両極化した等至点（P-EFP）を設定することにしている。この意味で，道徳的言明をこえて倫理的思考を志向しているし，選択肢を記述する努力によって人びとに実際の選択肢を可視化するのである。

　道徳と倫理の違いについて，今橋（2008）は写真の読み取りに関するリテラシーを論じるなかで，以下のように言う。

> 「せねばならない」と指し示す「道徳」とは異なり，「倫理」とは，ありうべき複数の可能性のなかで思考を継続させる誠実さそのもの（今橋, 2008）

　ありうべき複数選択肢の可能性がなければ，倫理を実践することはできない。記号の力が道徳（すべき）に傾き倫理（複数選択肢）を可能にしないことは多くの場面で起こりえるが，医療の現場でもっともわかりやすい形で現れる。だからこそ，厚生心理学を実践していくためには，方法としての TEM や理論としての文化心理学が重要なのである。ちなみに，道徳は「せねばならない」だから，「できる」が前提である。縦に積み上がっているイメージである。倫理は「どうするか考える」だから，「選択肢」が前提であり，横に広がっているイメージである。

　病気の進行やある種の判断には，必ず時「刻」が関連している。一瞬と永遠の間に構成された時「刻」において，私たちは判断し生活を方向付けていくのだ。そして，多くの場合，判断は，判断する時が限られている（時限という表現もある）。つまり，ある刻まれた時までのクロックタイムとの競争となる。さらに，ある判断を行う際には，その場も重要な意味をもつ。ホームグラウンドという語があるように，自分の本拠地で判断できるなら自分らしい判断ができるとしても，それが「敵地」であれば変わってくるかもしれない。自宅で行う判断と病院で行う判断が同じなのか異なるのか，それ自体が問いになりうるだろう。医師と患者の関係が水平的関係になっているのか垂直的関係になっているのか，とも関係する（本書4章など参照）。

　時と場というのは，私たちの生活の基本要素なのであり，そこで立ち上が

り，私たちを一定方向にガイドしたり誘ったりする記号があるとするなら，それはすなわち文化である。

　文化は時と場を包括する概念であり，厚生心理学を下支えするだけの概念枠組みをもっている。すでに述べたように，厚生心理学＝医療や看護に関する領域のみが TEM の対象になるわけではない。人の生活から時や場を捨象して人間を実験室に招き入れて行う研究では扱えなかった研究対象がすべて扱っていけるはずである。

　再び繰り返すが，TEM は径路の複線性を主張し，代替選択肢の重要性を主張する。また，個人のなかに能力のようなものを仮定してそれを測るようなことはせず，人間をシステムとして捉え，時と共にある人間の行為の変容を記述していく。

　方法は些末なことであるが，方法が私たちの考えの制約を取り払ってくれることもある。文化心理学や厚生心理学の考え方や TEM が読者の問題意識や研究にしっくりくるかどうか，ぜひ使ってみて考えていただければ幸いである。

【註】
[1] 仮に評価が優劣のみの二分法であり，2 つの評価軸が完全に独立だったとき，全体の 4 分の 1 が成績人物の両方を劣とされることになる。しかし，実際には教師から見た人物の優秀さは成績と相関していたに違いないから（2 つの軸が独立ではない），かなり多くの人が成績・人物共に劣っていると評価されたはずだと私は勘ぐっている。具体的に言えば，教師にとって「良い人物」とは成績の良い人であることが多いということであり，成績が良い子は「良い人物」に見えてしまうと言うことである。
[2] 単純な理屈であれば，健康関連 QOL は主観的ウェルビーイングの一部であると考えるべきであるが，健康関連 QOL と主観的ウェルビーイング（well-being）について，どちらをより上位のカテゴリーとして考えるかは諸説あり，その目的によって，どちらを上位にするかは分かれるようである。
[3] 科学だと標榜する心理学や心理測定学を実践する人びとは，有効数字という概念をほとんど無視している。そうでなければ，小数点 3 桁などという数値が心理測定で用いられるはずがない。本当に驚くべきことであるし，冷たく言えば心理（測定）学の似非科学性を裏書きするものだと考える。
[4] 選好とは文字通りで言えば，どちらが好ましいか，ということである。実際の手続

きでは2つの異なる状態を比べて，どちらも見分けがつかない，という判断を手がかりにして，さまざまな状態の価値を決定すし，それを選好価値と呼ぶ。

[5]　なぜかわからないが17セットか43セットの状態に対する効用値設定調査が行われている。日本版の場合，17のセットそれぞれの状態について十年間生きることが，完全な健康状態の何年分と釣り合いが取れるかを判断してもらい，その値を用いて，それぞれの5項目（次元）のそれぞれの水準（レベル）が，健康という効用に対しても つ値が統計的に決定されることになった。

[6]　なお本節では，マイナスのQOLという考え方が，さも当然のこととして語られる現状も否定的に紹介したが，逆に，マイナスのQOLという考え方がないと言うと，そのことに対して説明が求められる場合がある。そのような場合には『現代思想』2004年11月号において小泉義之と立岩真也によって行われた対談「生存の争い」の中の立岩の語りを紹介することが適切であろう。そこで立岩は「生きていればいろんなことが感じられる。それだけでいいんです。……見えなくても聞こえなくても世界は感受できる。そしてそのことは，その人において肯定的であるとしか言いようのないことです。」と述べている。ここで言う肯定的と数値上のプラスというのは同じではないが，どのような状態であっても，「その人において肯定的」であることを数値で表現するのであればプラスということにしかなりえないであろう。QOLという質を数量化するという手続きにおいては，それが最低限のマナーではあるまいか。

10章
教育と心理学という学融の実践

I モードⅡ型学習としてのサービスラーニング
―― 対人援助学との融合をめざして

1 サービスラーニングとは何か

1-1 サービスラーニングの多様な定義

　サービスラーニングにおけるサービスとラーニングの関係について，ラーニングを勉強というように捉えると意味がわからなくなる人は多いだろう。勉強は勉めて強いる，ということであり，商売における「勉強します」が値引きを意味するように，苦しみながら何かをするということがその原義である。一方でサービスというのは，他者に対する奉仕の志向である。自分を追い詰めて苦しんで他者に何かを提供するというのは宗教的であるかもしれないが，学習という意味には遠い。
　実際のところ，サービスラーニングとは誰かのニーズに沿って何かを提供することが学びになるということがラフな意味である。まず最初にいくつかの定義をみてみよう。
　ジャコビー（2006）によれば「サービスラーニングとは，学生の学びや成長を増進するような意図をもって設計された構造的な機会に，学生が人びとや地域社会のニーズに対応する活動に従事するような経験教育の一形式である」。そして，省察（reflection）と互恵（reciprocity）がサービスラーニング

のキー概念であると指摘している。

筑波大学人間学群「サービス・ラーニング」の定義は以下のようである。

> サービス・ラーニングは，教室で学ばれた学問的な知識・技能を，地域社会の諸課題を解決するために組織された社会的活動に生かすことを通して，市民的責任や社会的役割を感じ取ってもらうことを目的とした教育方法，と定義されます。

草津市と立命館大学が取り交わした「新たな教育研究連携に関わる覚書」および「サービスラーニングに関する協定書」によれば，

> 教室でのアカデミックな学習と地域社会での実践的課題への貢献を結びつけた経験学習の一形態である教授・学習法。地域社会における現実の問題を解決するという課題を，教室で学んだ知識を活かして取り組むことにより，学習内容について深められると共に，市民的責任を学び，市民としての社会参加を促進する。

というのがサービスラーニングの定義である。

このように，サービスラーニングをめぐっては似て非なるいくつかの定義がある。海外の定義を参照すればさらに多様になりうるが，本節では，歴史をたどることで海外，特にアメリカの動向を参照しつつ，サービスラーニングの定義についても考えてみることにする。

1-2　サービスラーニングの歴史

サービスラーニングの歴史を簡単に繙いてみると，サービスベイスドラーニング (service-based learning; サービスに立脚した学習) という考え方が20世紀の初頭頃にみられた。一方，具体的な言葉としての「service learning; サービスラーニング」は，アメリカで1960年代に使用されるようになったと言われている。アメリカにおいてはキリスト教と深い関係があることは想像できる。アメリカのカレッジはキリスト教の教義を背景にカリキュラムが組み立てられていることが多い。サービスという語は奉仕であるが，宗教的な

活動としての奉仕という意味である。他者にサービスすることは単に奉仕であるだけではなく学びになるのだ，ということがサービスラーニングという語のもともとの意味だったようである。そして，1970年に全米サービスラーニングセンターができるとその意味も変容し定義も深化していく。その後若干の停滞を経て，1990年には「全米及びコミュニティサービス法（The National and Community Service Act of 1990）」が制定される。3年後にはその修正法である「全米及びコミュニティサービス委託法（The National and Community Service Trust Act of 1993）」が制定された。この1993年に制定された法によれば，サービスラーニングは以下の5つで定義される（文部科学省のサイトを参考に一部訳を変更）。

表10-1　サービスラーニングの定義（全米及びコミュニティサービス委託法）(1993)

1. 学生が，十分に組織化され，コミュニティのニーズに基づいた活動への積極的な参加を通じて，学習し発達するための一つの方法である。
2. 小・中・高等学校，コミュニティ・サービス・プログラムおよびコミュニティと協同で行われるものである。
3. 市民の責任感を育成することに資するものである。
4. 学校カリキュラム等の一環として行われるものである。
5. 参加者が活動経験について省察する決められた時間を確保する。

＊番号を振ったのは引用者である。

表10-1をみると，カリキュラム（正課）の一環として，コミュニティ（他者）ニーズに基づく活動を，その相手と共に行い（協働），省察（振り返り）の時間を確保することにより，市民としての責任感を涵養する，というのがアメリカ流のサービスラーニングであると定義できよう。

さて，サービスラーニングの教育実践としての源流は，19世紀末から20世紀のアメリカで活躍した学者たち，ウィリアム・ジェームズ（James, W.）やジョン・デューイ（Dewey, J.）にさかのぼることができる。ジェームズは1906年にスタンフォード大学で「戦争にかわる道徳的行為（The Moral Equivalent of War）」という講演を行った。ジェームズは，銃をとること（兵士になること；他国と戦争をすること）が市民の誇りであり義務であり社会への貢献であるという当時の風潮に抗い，より直接的な社会貢献活動によって

市民性を涵養すべきだと提案した点で，サービスラーニング的考えの提唱者の一人だと言えるだろう。哲学者であり心理学者でもあり教育学者でもあったデューイは，体験的教育理論を提唱した。そこでのキーワードは，省察的指向，コミュニティ中心の教育，他者への福祉に向けられた活動的価値，ということである。

省察ということをわかりやくたとえると，お化粧するときに鏡を見るということである。鏡を見ずに化粧をして出かけたら大変なことになる。鏡に自身を映してチェックする，そういうことを省察（リフレクション）と呼ぶ。したがって，省察的な学習というのは，学んだ本人がその出来映えを（鏡で見るように）チェックするということを意味する。

コミュニティ中心，これは何か。コミュニティを単純に訳せば地域ということになるが，必ずしも場所を意味する概念ではなく，ネットワークであったり人とのつながりが作る一種の集団である。大学や学生が中心になるのではなく，あくまで，地域に根ざしたニーズを中心にするということである。

他者への福祉に向けられた活動的価値。学習とか勉強というのは，自分のためにやるという価値づけが大きいけれど，サービスラーニングにおいては，他者の福祉に向かう価値が重要だと明確にする。

デューイの体験的教育理論で提唱された概念は後のサービスラーニング概念に受け継がれていることがよ良くわかる。

本節はサービスラーニングのあり方について，サービスとラーニングの融合がどのように可能なのかを論じていく。そのためにはまず，従来の知識観や人間観，ひいては学問観を変更する必要がある。そこでサービスラーニングを支える新しい考え方について述べ，次に，サービスとラーニングを融合して大学教育に位置づけるための前提となる考え方についていくつか紹介する。

10章　教育と心理学という学融の実践

2　サービスラーニングを支える新しい考え方

2-1　宣言的知識と手続き的知識 ── 新しい学習観

　サービスラーニングというのは，単に何かを学ぶとか，知識を得るとか，そういう単純なことを言っているわけではない。どこかに行って知識を学ぶ，それを蓄積する，というものがサービスラーニングなのではない。それとはまったく違うものである。一方で，ボランティア活動のように，自分ができることを誰かに提供するということがそのまますぐにラーニングになるわけでもない。ニーズに応えるサービスの提供，あるいは特定の人に有用なサービスを編成して提供すること。そうした活動が自身の学びになると考えるのがサービスラーニングである。だからこそ，カリキュラムとしての仕掛けが必要になるし，活動後の省察が欠かせない。そして，このプロセスすべてが一つのシステムとして動いていくのがサービスラーニングということになる。
　カリキュラムが重視されるとはいっても，こうした活動がこれまでの「勉強」や「学習」のイメージと異なることもまた事実である。したがって ── こうしたことがラーニングだというためには ── 学習観や人間観を変えていく必要があるだろう。つまり，個人が社会とは孤立した存在であって，知識を蓄えていって，その能力が測れるというような知能テスト的人間観というものを変える必要があるし，学習というものも，自分が知識をつけるだけではなくて，いろんな人が解を共有して，それをまた次に使えるようにするプロセスそのものが学びなのだ，というように考え方を変えていかなければならないのである。
　まず，知識の概念についての変更が必要となる。最近の認知心理学においては知識を宣言的知識と手続き的知識とに分けて考える考え方がある。
　宣言的知識とは，知識の一種であり，「AはBである」というような宣言的文章や「AならばBである」という形式をとる暗示的命題のような形式の知識である。一方，手続き的知識とは，作業を行う方法に関する知識を示し

221

ている。何かをする際のハウツー的な知識でありノウハウ（know-how）と言われることもある。このように考えればたとえば自転車の乗り方も手続き的知識ということになり，疑問をもつ人もいるだろうが，航空機の操縦を手続き的知識だと言われると納得する人が多いのではないだろうか。

大学は，座学中心主義で，一対多の講義形式で宣言的知識を与えることが多かったのだが，それは多くの学生の学びを深化させたとは言えなかったという反省がある。そうであるならば，大学の外に出て，手続き的知識の習得をめざす学びの形式があってもいいだろう。

2-2　オープンシステム（開放系）──因果を超えて

次に，人間観の変更も必要となる。まず，人間を単体とみたり，変数の束としてみるのではなく一つのシステムとしてみる必要がある。システムにはオープンシステム（開放系）とクローズドシステム（閉鎖系）があるが，以下では人間をオープンシステム（開放系）としてみることが重要だと考えていくことにしたい。なお，以下ではオープンシステムと開放系という語，クローズドシステムと閉鎖系という語は，それぞれ等価なものとして扱う。

オープンシステムの例としては，光合成をあげることができよう。木の葉を見ていると，すごく固定的で何もしていないように見えるが，晴れた日には光合成をしている。つまり，実際には葉の表と裏とでさまざまなことが起きている。クエン酸回路（クレブス回路）と呼ばれるものであり，酸素と日光を取り入れ，二酸化炭素と水を排出する。そういう外界との相互作用が不断に進行している。私たち人間も，一人ひとり皮膚があって，外からは区切られているように見えるが，決して外界と独立なのではなく，開放系（オープンシステム）として常に外界と相互作用していると考えるべきなのである。特に人間は社会的動物であるから，外界と言ったときには他の個体も含まれる。というより，他の個体との相互作用こそが人間の特徴であろう。

現代システム論の祖，フォン・ベルタランフィ（von Bertalanffy, 1968 / 1973）は，オープンシステムは等至性（equifinality）をもつと述べた。つまり，閉鎖系（クローズドシステム）においては，その最終状態は初期状態の関数で

あり一義的に定まるのに対し，後者では最終状態が初期状態から一義的に定まらず，複数の多様な径路を経たとしても同じ結果が実現するというのである。そしてこの最終状態が等至点（equifinality point）と呼ばれる。逆から述べれば，（オープンシステムにおける）等至点は複線径路をもつ，ということになる。

　ベルタランフィが述べたことを人間生活に当てはめてみれば，オープンシステムであるならば，1つの目標に対して複数の径路がありうるということになる。多くの人は，目標への道筋を1つの直線として比喩的に考えて，達成できなかったらすぐ挫折してしまいがちになる。だが，私たち人間がオープンシステム（開放系）であるとするならば，複線性があるということになる。つまり，個人個人が今，オープンシステムであるとするならば，ある目標に対していろんな行き方（生き方）がありえるはずなのである。サービスラーニングに引きつけて言えばこういうことになる。あるニーズをもつ人がいる。その人のニーズ充足は自身では実現不可能である。つまり，個人ではある目標への径路が断たれている。そのときに，複線径路，ということを想起できるなら，誰かが関わることで他の径路からニーズ充足ができるかもしれない，と考えるのである。ニーズ充足を求めている人をオープンシステムとして措定することができるなら，自分がそのシステムの一部分として作動するということを考えることができる。そして，後にみることではあるが，相手のニーズの充足ということが，オープンシステムとしての自分のあり方をも変えていくということが起きるのである。

　オープンシステムという考え方は「私は，私の人生物語の共著者の一人にすぎない」という哲学者・マッキンタイア（Macintyre, 1984/1993）の考えに通じる。人は環境社会から独立した存在ではなく，ある人の人生にはさまざまな人が共著者になっている。自分は自分の物語の主人公であるとは限らない。共著者がたくさんいる。そういうようなことをマッキンタイアは述べているのだが，この見解ともサービスラーニングの実践は合致する。

　そもそも，近代的人間観は個人を閉鎖系として捉えただけでなく，能力を測定して比較できると考えていた。それは，人を工場や軍隊で資源として使おうとする姿勢と結びついていた（心理測定学は能力の測定・比較に加担した）。

チャップリンの有名な映画『モダン・タイムス』が風刺したのは，そうした風潮であった。機械を使っているつもりなのに，いつのまにか機械に使われる生活，歯車の中に人間が組み込まれてしまうのが近代だということを，チャップリンは映画という表現で示したのである。

さて，ヴァルシナー（Valsiner, 2001; p.62）は，等至性の考えを歴史的文化的側面を重視する発達心理学や文化心理学に取り入れ，発達における多様な可能性を示すことを重視した。それをヴァルシナーとサトウ（Valsiner & Sato, 2006）は，複線径路等至性モデル（Trajectory and Equifinality Model; 以下 TEM と表記することもある）という形で心理学の方法論として整備した。そこで次に TEM について簡単にみていく。サービスラーニング実践を記録として残して省察したり研究としてまとめるときに重要なツールになる可能性を秘めているからである。

2-3　複線径路を表す方法論としての TEM

オープンシステムが等至性をもつということを前提として，人間の生のあり方を記述するために開発されたのが，複線径路等至性モデルである（サトウ, 2009; Sato et al., 2007）。

このモデルでは，ある等至点に至る道筋が決して1つではなく，さまざまなものがありうるということを記述する。また，等至点に対してその補集合である「両極化した等至点」を設定することで，実現しなかったとはいえ重

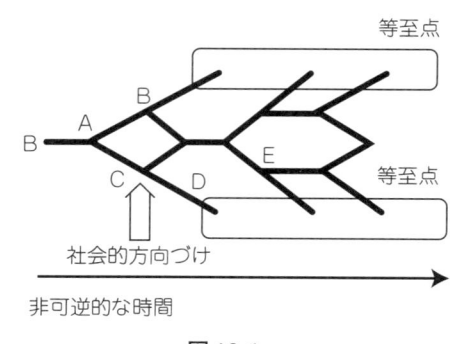

図 10-1

要な出来事を描くことを可能にする。

　たとえば図 10-1 が TEM の型の一つである。上の等至点を「ニーズに応えることができる」とするなら，その等至点までの道筋が複数あることを示しているし，その途上には分岐点がいくつかあることも示している。そして，この図における下の等至点は「ニーズに応えられない」ことを示している。ニーズに応えられる場合にも用意周到な準備が実ったということもあるだろうし，偶発的な助け舟が入って可能になったということもあるだろう。ニーズに応えられない場合にも，さまざまな事情が絡んでいるはずである。サービスラーニング実践においては，相手のニーズに応えるということがまず第一に重要ではあるが，省察こそがさらに重要であることをすでに何度も述べてきた。個々人のサービスラーニングのあり方を TEM によって記述することにより，成功や失敗という体験ではなく，そこに至る道筋を描くことが可能になるから，成功した場合にはその手続き的知識を他に転用できるし，失敗した場合には，自分や他者が同じ轍を踏まないようにするための反面教師として機能することが可能となる。ここで，轍は「わだち」とも読む。つまり「車のわだち」のことであり，キャリアの語源ともなった語である（キャリアとはラテン語の Carraria を語源とし，Carraria とは「車のわだち」のことなのである）。

2-4　モード論 ── 社会関心に駆動され問題の解決をめざすモード

　サービスラーニングを行う際には，まず人間をオープンシステムとして考え，オープンシステムが等至性をもつことをふまえ，一つの等至点に対して複数の径路を取りうると考えることが重要である。そして，その際に得られた知識は「やり方」についての知識である手続き的知識が身につくと考えること，体験だけではなく体験の省察が重要であること，をここまで確認してきた。ただし，さらに重要なのは以下で述べるような，社会関心に駆動された問題について，その解決を志向するモードをもつこと，さらにそうしたモードを評価する軸をもつ，ということなのである。そこでまず科学社会学におけるモード論（ギボンズ他，1994/1997）を補助線として用いながら，社会関心駆動型の学習について整理してみたい。

モード論とは，科学社会学において，研究と社会との関係を考える際に提出された考え方であり，研究そのものの方法論を提供するのではなく，研究のあり方について考えるメタ方法論の一種である。本論では，これを援用拡張し，学習と社会の関係を考える補助線とする。
　モード論では，研究を基礎と応用に二分するのではなく，学範の関心に駆動されるのか（モードⅠ），社会関心に駆動されるのか（モードⅡ），という2つのモードの違いであると考える。論文や本を読んで研究テーマを設定するのがモードⅠ，現実に存在する問題を取り上げて研究テーマを設定するのがモードⅡということになる。モードⅡがめざすのは，問題を解決するためにさまざまなセクターと協働して取り組む学融的研究である。一般には学際的研究という言葉がよく知られているが，学融的研究と学際的研究はどう違うのか？　学際的研究はまずモードⅠとして取り組まれる場合がある。学者だけがテーマを設定する場合である。仮にモードⅡとして現実の問題を扱うことになったとしても，複数の学範が集まって問題を共有するだけで実際の解決まで志向しないことが多い。なお，モード論の詳細は日本語で読めるギボンズらの論考（ギボンズら，1994/1997）や，解説論文（小林，1996; 佐藤，1998＝本書1章; サトウ，2001＝本書3章）などを参照されたい。
　モード論は研究を知識生産として捉えてその様式について考える理論であるが，それを学習について拡張することも可能だろう。同様のことが言えるのではないだろうか。学習を知識獲得として考え，教科書に書いてある知識（＝宣言的知識）を理解し蓄積することが目標となるモードⅠ型学習と，現実の社会問題について扱いその解決をめざして知識や資源を動員するやり方を

表10-2　モード論における研究と学習の再定義

研究ではなく知識生産
　　　学範関心駆動型のモードⅠ型知識生産
　　　社会関心駆動型のモードⅡ型知識生産

学習ではなく知識獲得
　　　学範関心駆動型のモードⅠ型知識獲得
　　　社会関心駆動型のモードⅡ型知識獲得

学ぶ（＝手続き的的知識）モードⅡ型学習である。

　モードⅠ型学習の典型例は受験勉強であるが，大学においても同様の学習が行われていることも多い。教師が伝達すべき宣言的知識（テキスト）を用意してしゃべり倒し，学生はそれをノートにとって試験の前に一夜漬けして単位をとる，というようなものである。それに対してモードⅡ型学習と名づけることができる学習が仮にあるとするなら，現実の問題の扱い方の志向にもいくつかタイプがある。まず，社会問題に関心をもちながらも，それを調べたり既存の理論で理解しようとするタイプである。これはモードⅡ型学習における問題理解志向と呼べるだろう。それに対し，現実の問題に関心をもつだけではなく，その解決をめざすようなタイプもある。モードⅡ型学習における問題解決志向と呼べる。前者，現実問題に関心をもつもののそれを知識として理解しようとする際には，情報収集や理解力が問題に問題になる。それに対して問題解決志向の際には，知識に頼っているだけではダメであり，既存のさまざまな情報・資源を活用して，解決をめざすことが重要になる。挫折も多いはずである。その際に重要なのが，先に紹介した複線径路の発想であることは論を俟たない。

　中村（2009）は，参加・参画の学習について問題を整理するなかで，「体験」に過度に重きをおくだけでは学習の進化としては一面的であると指摘しているが，単なる体験を越えた学びのためにも，モードⅡ型学習，あるいは，社会関心駆動型学習についての理論研究や実践研究が重要になってくるのではないだろうか。サービスラーニングが単なる体験消費学習に堕さない方法について考えていく必要があるのである。

3　サービスラーニングにおけるサービスとラーニングの関係

3-1　ボランティアとサービス

　さて，1節ではアメリカを中心にサービスラーニングが盛んになった経緯を検討してきた。2節ではサービスとラーニングを学習として成り立たせる

ための新しい考え方について検討してきた。この節では，サービスをしていれば，ラーニング（学び）になるのか，なるとしたらどのように様式によるのか，ということについてそのメカニズムを考えていくことになる。日本語では実習という概念があるが，実習＝サービスラーニングになるわけではないことは言うまでもない。

ここではまず，いくつかの実習形式について整理しておこう。ボランティア，インターンシップ，サービスである（いずれも大学で実習形式で行われることがある）。

ボランティアという場合には，行為者の自発性を強調している。インターンシップという場合には，組織と個人の相性，もしくは個人の組織への適応を強調する。そして，サービスは奉仕であるから，自分の満足よりも相手の満足が強調されるべきであろう。

表10-3　実習にまつわる様々なプラクティスの整理

ボランティア	＝	行為者の自発性の強調
インターンシップ	＝	組織への適応を強調
サービス	＝	奉仕。相手の満足の強調

つまり，サービスはボランティアと異なり，自分が自発的に他者に対して何かをすればよいという話ではない。私は1995年1月に阪神大震災が起きたとき，2ヶ月後の同年3月にある団体のボランティア要員として（数日だけだが）神戸の被災者住民自治会に助っ人として滞在したことがある。私自身は事務室に座っているボランティア，単純に言えば電話番のようなことをしていた。当時，被災者の自治会の方々は自治会を仕切るだけではなく，それぞれ家庭があるし，仕事にも行かねばならない。誰かに自治会室を任せたくなるときがある。ついでにアンケートの集計もしてくれたらいいな，というような人材が求められていたこともあり，いわば裏方で自治会に滞在していたのである。日本で3月末といえば春休みであり，神戸には多くの方が結集し，震災から2ヶ月を経た時点においては，一種のボランティア過剰というような事態すら起きていたようにも見受けられた。「自分は人形劇ができるから人形劇をここでやらせてください！」というような売り込みにおいで

になる方が少なくなかったのである。申し出はありがたいが，かといって，応対も大変だし，受け入れる側にもそれぞれの都合がある。豚汁を作りたいと言って来てくれる方はもちろんありがたい。しかし，昨日も豚汁だったしみたいな，そういうことが起きる場合がある。ボランティアなんだから，それでもよいだろう，貴重なはずだと言われればそれまでだが，しかし，現実の生活の文脈を理解すべきだという考え方もありえる。ニーズに立脚したサービス提供が必要なのである。あのときの神戸で可能だったかどうかは別として，ボランティア人材を管轄する部署があり，この地域のここには，昨日ソバ打ちが訪問した，一昨日はとんかつだった。それじゃ今日はピザにしよう，ピザを作れる人を連れて来ようというような役割を果たす人や機関があってもよかったわけである。サービスラーニングの場合には，このような非組織的なボランティアではなく，カリキュラムとしての組織化が必要となる所以である。

3-2 サービスがラーニングを担保する条件
── サービスとラーニングの微妙な関係

　サービスがラーニングたりうる条件とは何か。この点については表10-1でみたとおりである。全米及びコミュニティサービス委託法（1993）における5項目のうち4項目が条件に関する定義を行っている。ここで繰り返すなら，1．カリキュラム（正課）の一環として，2．コミュニティ（他者）ニーズに基づく活動を，3．その相手と共に行い（協働），4．省察（振り返り）の時間を確保するということである。これらはいわば必要条件を示しているわけだが，現実問題としてサービス提供が学びとして成立することはありえるのだろうか。ありえるとしたらどのような様式で成り立ち，それを支えるにはどのような仕組みを考えるべきなのだろうか。
　簡単に言うと，サービス提供はラーニングになりうる。なぜなら相手ニーズの充足＝相手の満足を得るためには，自分が考えているよりも多くのことを思考しなければいけないからである。自分は人形劇が得意だからといって，人形劇をいくら一生懸命努力してやっても，相手が満足しないことはありえ

る。そのとき，相手は娯楽として何を見たいのかということを一緒に考える。一緒に考えて，相手が満足するものを提供できるようにするという，そのプロセス自体が学びとして成立するはずなのである。押しつけではないサービスを提供できるなら，それこそが力なのである。相手のニーズに敏感になること，それを心理学の最近の言葉では，感情的知性と呼んでいる。心の知能指数とかEQという語が用いられることもあるが，これらはどちらかというとミスリーディングな日本語化であるといえ，感情的知性の原義を考えることが重要となる。

　知的に独創的なことを成し遂げる人，たとえばノーベル賞を得るような人，の特徴は何かというと，自分が躓いたときに助け舟を出してくれる人が周りに多い，ということだそうだ。それを「人徳」と言うのではなく，分析してみると面白いことがわかる。実は，人に助け舟を出してもらえる人は，人が困っているときにうまく助けることのできる人だという。常日頃から，人が困っているなと思うときに，適切なアドバイスや支援ができる人。そういう人であれば，その人が困ったときにいろいろな救いの手がさしのべられるのである。

　何かを必要な人に対して，誰かが救いの手をさしのべる。それが回り回って自分にも戻ってくる。まさに，情けは人のためならず，である。一種の互恵性ネットワークである。ただし，もしその際に互恵性を狭くとると息苦しくなってしまう。昨日Aさんに助けたら今日はAさんに何かお返ししないといけない，などということになると，閉塞感が強くなりすぎる。そういう関係は破綻してしまうだろう。自分が5人の人を助けたならば，その5人とは違うけれど誰かが自分が困ったときに助けてくれる。そういうものが良質のネットワークであり，そういうネットワークがある人は業績をあげることができる。私はこうした関係を指して，「緩やかなネットワーク，軽やかなフットワーク」とスローガン化している。なお，こうしたネットワークを作るのに必要なのがまさに感情的知性であり，そのエッセンスを一言で言えば，誰かが困っていること，必要としていることを見抜く力，ということになる。サービスラーニングがめざすのはそのような知性のあり方である。

　もちろん，ニーズを感知するだけではなく，そのニーズに対して解決を実現するということも重要となる。そのときにも，単に自分の知識を当てはめ

るだけではなく，さまざまな資源を用いて，結果として解決を導くことが重要となる。

3-3 サービスラーニングの多様な形式

では，大学などで行いうるサービスラーニングはどういうものなのか。大学生が解決できる問題のあり方には，どのようなものがあるのだろうか。言うまでもないことだが，病気を治してほしい，老後を安定させてほしい，などというニーズに大学生が応えることは不可能である。

表10-4 大学におけるサービスラーニングの可能性 —— 宛先性の有無による分類

宛先特定型
頭脳労働提供型
スキル伝授型
問題解決型
労働力提供型
宛先不特定型

表10-4にあるように，サービスラーニングを宛先性の有無で分けることができると提案したい。ロシアの言語学者・バフチン（Bakhtin, M.）が「発話にはその作成者と発話の宛先が常に存在する」と述べたのが「宛先性（addressivity）」という概念であるが，サービスについても宛先性が重要であり，その有無で学びとの関係が出てくるように思えるのである。宛先性のないサービス提供は良くて自己満足，悪くて虚無感を引き起こすだろう。たとえば，工場のライン生産（ベルトコンベアー式大量生産）で行う仕事には宛先性が存在せず，故に行為として完結しておらず，虚無感を引き起こすことが多い（ちなみに，現代における多くの学校学習も宛先性が欠如しているので，虚無感を抱えている生徒・学生は多い）。個人のブログなども宛先性がないものであり，一部の人気ブログを除けば，自己満足で終わってしまっていると言えるのではないか（それが悪いわけではないが）。

アメリカのサービスラーニングの定義において，コミュニティのニーズに

寄り添うことが強調されているのは，一方向的なサービス提供（宛先性の欠如）を行うのではなく，相手に届いて初めて完結するのだということが強調されているからであろう。以下では宛先性のあるサービスラーニングをいくつかに分類して考えていく。

頭脳労働提供型

これは，たとえば翻訳や通訳などを行うことである。外国語が不得意であれば，最近では，青空文庫などのように著作権が切れた書籍の文章を公開するサイトが存在する（目が見えない人に対する読み上げ文章としても意義がある）。こうした文庫に入力や校正で貢献することも，単純労働とは異なる頭脳労働と見なすだろう。日本語で音読してそれを録音することも求められている。ただし，自分が訳したいもの，読みたいもの，あるいは読ませたいもののみを翻訳・音読するとなれば，サービスラーニングとは離れてしまう。自分の好みではなく，ニーズに合わせた提供こそがサービスラーニングの要諦である。ニーズに対して適切に翻訳・音読サービスが提供できるのであれば，頭脳労働を提供していくということは立派なサービスラーニングになりえる。そうでないと，宛先性が崩壊し，自己満足の結果だけが蓄積されてしまうのである。

スキル伝授型

自分がこれまでに蓄積した手続き的知識を誰かに伝えることである。たとえば，難しい問題を含んではいるが，こういう例がある。目が見えなくて，知的にちょっと遅れている方に，朝食を作るスキルを教えるということである。簡単には教えられない。朝食を作ると言っても実はパンを焼くぐらいのことなのだが，パンを出してトースターに入れて焼いてバターをつけるということが簡単にできない場合がある。言ってすぐにできるのであれば簡単だが，そうはいかない。一種の訓練みたいな形になっていく。やる方もつらくなっていく。それなら自分で朝食など作れなくてもいいではないか，という意見も出てくるだろう。しかし，こうした取り組みを私は個人的に支持する。朝食を自分で作ることができると行動の自由度が増すからである。この場合

も，相手がどのような人なのかによって教え方が変わってくるから，宛先性が大事である。自分の教え方に相手が合わせるように求めるのではなく，相手が着実に少しでもできるようにサービス供給側が教え方を変えていく必要がある。なお前述の翻訳・音読についても，翻訳をするのではなく，訳し方を教える，ということであれば，頭脳労働提供型ではなくスキル伝授型，になりえる。

問題解決型

　問題解決型のサービスラーニングはどのようなものだろうか。人びとが現実に困っていることをそのニーズに照らして解決することである。特に，障害者の方や病気の方は，困っていることがたくさんある。たとえば神経難病患者（例としてALS患者）が，独立した暮らしをするにはどうすればいいか。家族の支援がある場合もない場合もある。家族がいない人はできない，と言ったらオシマイである。もちろん，一人暮らしを実現する方向に向けて動き出すと，建築物を変えなきゃいけなくなるし，看護師・福祉士とどう関わるかということもあるし，それらに関する法律の問題も知らなきゃいけないしと，いろいろ出てくることになる（改築にしても介護にしても，やりたいことを何でもやっていいわけではなく建築基準法等との調整が必要になる）。私は法律を勉強しているから実際のことは知らないとか，看護の学生だから法律のことは知らないということではすまない。難病患者でも，独立した暮らしをしたい。家族がいない人でも一人で暮らしたいというのが，ここで言うニーズであり解決すべき問題なのだから，それをどう実現するかを考えるのがサービスラーニングであろう。そして，ニーズに沿った解決が可能になったなら問題解決ができたということになる。ニーズを聞いたときに一人でやるのは無茶だと思っても，ニーズがある以上はその実現に向けてやっていくというのが，問題解決型のサービスラーニングということになる。前述した社会関心駆動型のモードⅡ的な学習であると言ってもいい。成功するならば理想のサービスラーニングということになるし，たとえ成功に至らなくても，そのプロセスが重要なのである（つまり，単に成功とか失敗とかがめざされているわけではなく，省察のプロセスも重要であることは何度も触れたとおりである）。

労働力提供型

たとえば地震の後の片付けとか，現実に人手がいるものに対して労力を提供するものである。大学カリキュラムということでいうと不適切かもしれないが，一方で，どんなときにでも時間を作れるのが大学生の利点であるし体力も十分ある。天災・事故は時と場所を選ぶことはない。過疎の村で若い人がいないところ，正月明けでサラリーマンが休みをとれないとき，そういうとき，大学生なら活動が可能であるなら，ニーズに沿った活動が行えるだろう。もちろん，相手との協働や省察が必要なのは他の型の活動と同じである。

ここまでは，ニーズに沿った活動ということで宛先性を強調してきたが，宛先性の見えにくいサービスラーニングもあっていい。誰が必要としているかはわからないが，誰かいるだろうというようなものである。ネット社会においては，検索機能を使って，ニーズが飛び込んでくるということもありえるのである。たとえば，難しい漢字の文章（明治時代の文章など）にフリガナをふっていくというようなことである。日本語を勉強したい海外の人のニーズに合致するかもしれない。自己満足に終わる可能性はあるはきわめて大きいが，サービスラーニングの条件である，カリキュラムへの位置づけや省察プロセスの導入によって，サービスラーニングとして成立する可能性もある。

3-4　コミュニケーションの型を考える ── パッシブとアクティブ

サービスラーニングに宛先性が必要であることはすでに述べた。次にコミュニケーションに関わる人数や主体性に関して考えてみたい。

大学の講義の多くは一対多の関係となる。話す人が一人で，聴き手が多の関係。話し手と聴き手の関係はほぼ成立せず，多数いる聴き手の相互コミュニケーションというものはほぼない。学習者はパッシブ（受動的な）かつ孤独な学習を強いられている。私も大学生だったので経験がある。私の通っていた東京都立大学（現・首都大学東京）に有名な哲学の先生がいたのだが，

その先生の一般教養（現在の共通教育）の授業で私が覚えていることと言えば、毎週机の下に漫画をひそませて読んでいたということだけなのである！正式な科目名すら覚えていないし、内容はまったく覚えていない（とはいえ潜在的な力になっていると信じたい）。そのような学生がいても教師は講義を行うし歯牙にもかけない。そんなものだと思って講義している。目の前にいる学生にすら向かっていない、つまり、一対多のコミュニケーションにすらなっていないということが起きていたりする。また、講義はその性質からいっても、宣言的知識しか与えようとしない。手続き的知識を与えようとしないので、そうなってしまう場合がある。

　サービスラーニングは、講義におけるコミュニケーションとは異なる。サービスラーニングはニーズに向き合うのであるから、基本的に1対1の関係になる。1対1だからコミュニケーションの密度が高い。しかも匿名性もない。また、問題解決こそがめざされるということになると、パッシブではすまない。相手のニーズを聞き過ごすわけにはいかず、アクティブにやることが必要になる。また、一人で解決できないとなれば、さまざまな資源や人脈を活用する必要が出てくる。そうなると、多対1の関係に転換することもある。コミュニケーションの型から見ても、サービスラーニングというのは非常に特殊であって、新しい学びの形になりうる実感がもるだろう。

　パッシブではなくアクティブに学ぶということは、学び手にとっての波及効果がある。それは自己不全感の解消である。今、大学生の多くは、不全感をもって学生として生きている人が多い。中・高と受験勉強に巻き込まれていた人は常に相対評価にさらされており（偏差値主義）、結果的に誰かの下にいると思わされている。それでも最終的に志望校に入学できればよいが、不本意入学という形で入学している人もいる。これはどんな大学にも必ず存在する（たとえば逆説的な話だが、もっとも偏差値が高いとされる東京大学医学部には、偏差値が高いがゆえに受験を勧められ合格し不全感をもっている人がいないわけではない）。そして、自分を枠にはめて見てしまう。自己不全感をもつ。自分のことをダメな人だと見てしまう。こういう見方が問題なのは、他の人のことも勝手に枠にはめて見てしまうところにある。自分より低い人のことを勝手に探しておとしめてしまうのである。民族的な排外主義に不全感のは

け口を見いだす人もいるだろう。

　自分のことをダメな人だと思うのは勝手だとも言えるのだが，このことには副作用があり，自分より劣った存在を見つけようとしてしまう。これが人間の悲しい性（さが）である。何か自分の良い面を探せればいいのであるが，それまでの教育でさらされてきた相対評価の波にもまれ，自分を肯定的に考えることができない。実際にはできることはあるのだが，実感もない。

　しかし，サービスラーニングでほかならぬ自分に顔のわかる誰かからニーズが向けられてきて，それに対してアクティブに関わるようになると，できないとは言っていられない。何ができるのか，ということを考えざるを得ない。すると，何かできることが見えてくる。できる人，というのは普遍的な能力の持ち主ではなく，宛先性があってこそ駆動されるということが実感されてくる。このような活動をすることでできることが増えていき，すると不思議なもので，自己評価があがり，他者のこともおとしめなくなっていく。そのように学生を変容させる力がサービスラーニングにはあるのではないだろうか。宛先性のあるサービス提供をアクティブに行うこと，これがサービスラーニングの本質の一つであろう。

　最初は，相手のニーズに合わせると思っているから相手から感謝されて満足，というような状況であるのに，ある局面から，むしろ頑張らせてくれている相手への感謝が出てくることがある。相手も自分に感謝してくれている。自分も頑張らせてくれた相手に感謝するようになる。こうした状態を私は「感謝の交換」と呼んでいるが，省察によってこのような感謝が芽生え，「感謝の交換」が起きるような状態こそ，サービスラーニングの目標の一つではないかと思われる。なお「感謝の交換」という概念は，湘南工科大学で行われているサービスラーニングプログラムの実践例（田坂ほか, 2007; 2008, 市山ほか, 2009）から生まれたものである。この実践については次節で取り上げていく。

4 対人援助とサービスラーニング

4-1 感謝の交換 —— 湘南工科大学における実践

　サービスラーニングは単なる体験機会であってはならず，ニーズの掘り起こしとそれに対する問題解決が必要となる。それ故，カリキュラム提供側のプログラミングが重要になる。この節では，単なる体験を越えた学びが成立した実践例（事例）を紹介し，そこには「感謝の交換」とでも言うべき現象が見られたことを示してみたい。また，感謝の交換を可能にするのは，サービスを提供したり受けたりする両者がクローズドシステム（閉鎖系）であってはならず，オープンシステム（開放系）たる両者がさらに創発的にシステムを構築していくことが重要だということの例でもある。

　神奈川県藤沢市にある湘南工科大学では，工科系の学生らしい福祉との関わり方を 10 年以上にわたって検討するなかで「福祉ものづくり」という独自の活動が根づいてきている。その一環として社会福祉法人「訪問の家」と「障害者支援モノづくり推進に関する覚書」を交わしている（田坂ら, 2008）。この活動は，現在では「社会貢献活動」の実習の枠組みで実施されており，大学の正規のカリキュラムとして位置づけられている。この実習は同大学における共通教養科目の一つで，社会貢献に関わる 50 時間以上の学内外実習を行うことが単位取得の条件である（福祉機器を製作する「福祉ものづくり」以外にも，子どもやお年寄り向けの理科・パソコン教室，環境保全や新エネルギー利用の啓発活動などがある）。

　さて，「訪問の家」における活動は，まず施設利用者に聞き取りを行うことから始まる。そして，個々人が生活や仕事をするうえで必要とする機器の製作に取り組むことになっている。つまり，学生がやりたいことをやるのではなく，現場のニーズに立脚した活動であることがわかる。さらに，この取り組みでは，現地「訪問の家」での報告会も行っている。ある年の学生が作ったものは，車椅子に座ったままでも缶プレス作業ができる，ユニバーサル

タイプ缶潰し機であった。身体の一部しか可動しない利用者が，動く部分を用いて缶を潰すことで，リサイクルの仕事が可能になるのである。報告会において，学生に機械を作ってもらった利用者は，製作者にお礼を述べた。すると，作った側の学生が言ったのは「こっちこそ，ありがとう」という言葉であった。どのような意味でありがとうなのかをあえて解釈はしないが，ここには利用者の製作者への感謝と，機会を与えてもらった学生の利用者への感謝が相互浸透していることがわかる。ここにおいて（もともとそれぞれオープンシステムであった）個々人が一つのシステムとして成立したのではないか，と解釈することも可能ではないだろうか。感謝の交換が起きる学びは，究極のウィン・ウィン状況であるとも言える。

　感謝の交換に至るまでには，苦労も苦悩もあったと思われる。簡単に達成できない問題が現場のニーズとして立ち現れる。そのニーズを学生が一歩一歩，問題を解決する方向に動き出す。その成果が一つの機械として完成する。完成は成功体験という意味で掛け値なしに重要だが，プロセスの積み重ねが結果をもたらしていることを忘れてはならない。また，こうしたプロセスを積み重ねることが，感謝の念をいだかせ，また自己不全感を払拭することにもつながっている。受験システムの相対評価ではなく，自分ができることが増えていく。そうであれば自己不全感はなくなり，充実感を得，将来展望も豊かになっていく。この自分でも社会で何かできるかもしれない，そう思ったときには自己不全感は消えているのである。感謝の交換に基づく学習というのは，相互に希望を生み出していると言えるのかもしれない。それを可能にするのがサービスラーニングである。単に宣言的知識や技術の受け渡しをしていたり，お気の毒ですね，と同情を垂れ流すのでもなく，ニーズに沿ったサービスの提供を行うことが感謝の交換につながり，それが学びになっていくのである。そして，知識ということでいえば，手続き的知識が学生には蓄積されることになっていくだろう。手続き的知識という補助線を引くことによって，サービスラーニングが大学で取り組むべき価値あるものになると定義できるのではないだろうか。

4-2 サービスラーニング＆対人援助の可能性

　立命館大学で望月昭教授が主導してきた対人援助学（Science for Human Services）という取り組みは，援助をその一部に含む職業の実践について考えてきたのであるが，サービスラーニングとどのような接続が可能なのか，また，サービスラーニングを取り込むことで対人援助学はどのように変容していくのか。最後に考えてみたい。

　対人援助学（Science for Human Services）は，「助ける」という二人称的社会的関係とその十全な実践のために特化した新しい学範（ディシプリン）である。これまでの対人援助学は，「助ける」対象が何らかの「障害性」をもつ個人であることが多く，「助ける」側としては職業的な対人援助職者が想定されているきらいがあった。

　だが，こうした前提を２つの方向で乗り越えていく必要があることも実感されている。まず第一に，職業的対人援助職者以外にも，「助ける」ことで他者と関わることができる人がいるし，障害などをもつ人にとっては，職業人か否かより「ニーズに応えてくれるか否か」の方が重要だという側面もある。先に紹介した湘南工科大学の取り組みのように，学生のサービスラーニングは施設から大きな期待をもたれていたし，小林（2007）は，静岡大学教育心理学研究室が2003年から導入してきた取り組みが，協力相手である小学校から好意的に受け止められていると報告している。第二に，対人援助学の学範としてこれまでに蓄積されてきた宣言的知識・手続き的知識は，対象者の障害の有無を越えて有用であるとも考えられる。すなわち，大学（学生）や学校（一般生徒），そして企業（社員）等における，より普遍的な支援（たとえばキャリア支援）にも転用可能なのである。

　そもそも，対人援助における一般的目標設定は「個別の当事者（被援助者）の自己決定にもとづく社会参加のための選択肢の拡大」（望月，私信）にある。この当事者に大学生が当てはまることは十分に考えられるし，そうであれば，サービスラーニングの宛先が自分と同じ大学の学生であってもよいのである。

　大学という時空間を，対人援助（サービス）と学習（ラーニング）の両者が

スリリングに融合する現場として見なすことができれば，同じ時空を共有する大学生がサービスラーニングという相互行為をすることが可能になる。大学生は大学でパッシブな学習者であるだけではなく，アクティブになるべきだというのがサービスラーニングの一つの目標だが，そのサービスの宛先が同じ大学の学生のニーズであってもかまわないし，学生同士であればサービスの受け手と送り手が協働するということは容易であるとも考えられる。こうした発想の転換は，一種の「コロンブスの卵」的な面白さがある。

　もちろん，課題も多い。たとえば，省察のための仕組みをどう作るか，である。ポートフォリオと称する仕組みは大学や大学院で省察に有益なツールとして提案されているが，「参照されない文書の束」になっているという指摘もある。化粧をしながら鏡を見ないものはいない一方で，学習を振り返る者は現実問題として少ないという状態を，学生の怠慢だと決めつけてきたのが大方の大学教員のあり方ではなかったか。省察を自らしたくなるような課題設定，省察を容易にする仕組みの構築，こうしたことを大学におけるサービスラーニングで実装していけるならば，対人援助学の蓄積を活かした新しい形のサービスラーニングが可能になるのではないだろうか。

　【付記】本稿の執筆にあたっては2009年度・立正大学石橋湛山助成プロジェクトの助成を得た。

II　水平的人間関係を築きながら問題解決に迫る仕掛けとしてのゲーミングシミュレーション
── SNGの意義とその展開

　杉浦淳吉（2005）の論文「説得納得ゲームによる環境教育と転用可能性」（以下杉浦論文とする）は，「説得納得ゲーム」（杉浦, 2003a; Sugiura, 2003）について解説を行い，その転用可能性について論じたものである。このゲームは杉浦自身がグリーン・コンシューマー（緑の消費者＝環境に配慮する消費者）を普及させるためのアイディア開発とその行動実行をめざした活動プログラ

ムとして開発されてきたものである。

　この「説得納得ゲーム」は，ゲーミングシミュレーションの一種である。ここでゲーミングとは，何らかの形で個人や複数人（団体）が成果を比べるまたは競いあう要素があることを指しており[1]，シミュレーションとは現実的問題をモチーフにした問題設定がなされることを指している。グリーンブラット（Greenblat, 1988/1994; 訳書, p.10）によれば，「シミュレーションとは，現実のあるいは提案された，システム，プロセス，環境がもつ中心的な特徴あるいは要素についての操作的モデル」である。

　ゲーミングシミュレーションの扱う内容は広く，国家間の交渉と紛争，産業や企業の栄枯盛衰，都市の発展と荒廃，環境問題に対する個人と集団のジレンマ，個人の異文化体験における葛藤など，社会で実際に起こっている現象を何らかの形で模式的に再現したゲームを通じて，その現象の仕組みに対する理解を深めようとするものである。

　この節では「説得納得ゲーム」の心理学上の意義や実用上の可能性について論じる。開発者の杉浦自身は「説得納得ゲーム」の名称変更を考えており，現在他の呼称を模索中である。本論文では Sugiura's Nattoku Game（SNG＝杉浦の納得ゲーム）と呼ぶことを提唱する。その理由は論文後半で明らかになるだろう。以下，読者におかれては SNG も「説得納得ゲーム」も等価なものとして読み進めてほしい。

　SNG の内容について検討する前に，まずゲーミングシミュレーションということ自体を考えていく。

1　コミュニケーションとしてのゲーミングと未来の言語としてのゲーミング

　ゲーミングシミュレーションの世界的権威であるデューク（Duke, 1974/2001）は，ゲーミングシミュレーションを「未来を語る言語」と呼び，ゲーミングシミュレーションを「人間が行い得るもっとも高次のコミュニケーション手段」として捉えている。ゲーミングとかシミュレーションという

語だけを日本語的に捉えると遊びの延長という感じがするのだが，デューク（1974/2001）はコミュニケーションの一形態としているのである。そこでまずコミュニケーションとしてのゲーミング，未来を語るものとしてのゲーミングということについて検討する必要が出てくる。

デューク（1974/2001）はその著書『ゲーミングシミュレーション──未来との対話』の第三章を「人のコミュニケーションモデル」にあて，そこで4つのコミュニケーションモデルを解説している。それによるとモデルⅠは一方向的な伝達，モデルⅡは（会話のような）二方向的な伝達である。これらの説明は不要であろう。モデルⅢは多者間の逐次的対話とされており，これは一般的な会議や講演の様式を思い浮かべてもらえればよい。会議や講演にはあるテーマが存在し，そのことについて多数の人間が会議や講演という場を（現実にせよバーチャルにせよ）共有して，発話や議論が行われていく。これは会話などのコミュニケーションモードとは異なるものである。また，このモデルⅢのコミュニケーション様式には何らかの記録が伴うことが多い。それはこうしたコミュニケーションが複雑性を伴う目的のために行われているために，その目的達成の形をその場にいない人にも伝える必要があるからである。学級会であればその結果は簡単な記録として残り，教授会なら議事録となる。商品開発の会議であればその最終的成果は商品の設計図となるだろうし，環境に関する国際会議であれば「＊＊宣言」や「＊＊議定書」となるかもしれない。

デューク（1974/2001）の言うコミュニケーションモデルのⅣは，問題解決[2]志向をもつ総体的かつ多重的なコミュニケーションと言うことができる。環境問題などを例にあげれば，オゾン化が地球温暖化に与える影響については化学的には理解されているが，そうした理解はこの問題の解決を導かない。オゾン層破壊の作用機序を知ったところで，それを防ぐ解決策が実行に移されるわけではない。ではこうした解決策に近づくにはどうすればいいのだろうか。その一つの解決法がゲーミングシミュレーションであり，これこそが新しいコミュニケーションなのである。

なぜならば，ゲーミングという形で問題の論理構造を抽象化し，そこに参加者がプレーヤーとして参加することで，一つの問題解決をめざした多重的

なコミュニケーションが行われるからである。そして，多重的なコミュニケーションを通して解決のためのさまざまな選択肢が模索されることになるのである。

　シミュレーションであるから，参加者はある特定の役割構造や論理構造に従って動くことが期待される。しかし，それは将棋の駒のように他者によって動かされるわけではなく，また，役割演技のように制約のきついものではない。何より，ゲーミングには多くの人が参加しているため，あらかじめ設定されたシナリオのようなものは最初期以外にはあまり意味をなさない。状況設定と自身への役割設定を前提にした自発的なコミュニケーションが求められるのである。

　現実問題の構成要素を抽象化して大枠を作り，その枠の中における状況の変化によって個々人が行動することで問題解決をしていくのがゲーミングシミュレーションなのである。この意味で広瀬（1997）の「仮想世界ゲーム」などはその典型であると言えよう。

　ではなぜこうしたゲーミングシミュレーションがコミュニケーションの最高度のものであると言えるのか，そして未来を語る言語となるのか。

　デューク（1974/2001; 訳書, p.68）は「未来を語る言語の目的は，複数の代替案を試し，『もしこうだったら』という問いに対する高度な受け入れ態勢を整え，手がかりがないにもかかわらず，代替案を試す類推の方法を手に入れることである」と言う。つまりゲーミングシミュレーションでは，ある問題をベースにしつつ，現実問題であれば不可能なスピードと密度でコミュニケーションを行うことが可能であり，そのなかでは解決のための複数の選択肢がさまざまな形で現出しやすいし，（それを仮想的にではあれ）試してみやすいのである。かくして，ゲーミングシミュレーションにおいては，参加者がそれを演じている時制にとらわれることなく，未来について語る言語となるのである。

2 「説得納得ゲーム」の特徴

2-1 「説得納得ゲーム」の開発過程

　杉浦論文（杉浦, 2003a）に従って「SNG＝説得納得ゲーム」の特徴についてみてみよう。このゲームは，当初，環境教育のツールとして開発が進められたという。すなわち，環境関連の市民参加ワークショップにおいて，グリーン・コンシューマーを普及させるためのアイディアを開発するための活動プログラム，また，グリーン・コンシューマーの理念に合致する行動実行を可能にするための活動プログラムとして開発されたのである。「説得納得ゲーム」（杉浦, 2003a）では，参加者は説得者と被説得者の2つの役割に分かれ，説得と納得のプロセスを体験する。初期の SNG における説得の内容は環境教育にふさわしいもので，たとえば「ゴミを少なくするために行う行動」を考えたりそれを誰かに説得するというものであった。

　ただしこのゲームはフレームゲームの一種であり，フレームが決められているものの，比較的自由に組み替え改変してさまざまなバリエーションを創作することが可能である（内容も環境教育に限定されない）。

　フレームゲームのフレームの意味は，おそらく，クロスワードパズルの例を出すのがわかりやすい（グリーンブラット, 1988/1994）。クロスワードパズルとは，ヒントを手がかりにして小問を解き，その解答の文字を空欄に埋めていくことで全体の課題を解いていくものである。このクロスワードパズルをその内容や目的からみれば，それこそ千差万別であり，いろいろな形の物がある。しかもさまざまな言語で，たくさんのパズルが作られている。また，クロスワードパズルは，それを解くこと自体で楽しみとなったりするし，時間つぶしとなったりする。英単語の学習用に使われる場合もあれば，雑誌の懸賞クイズに使われたりもする。つまり多様な目的にあわせて使用することができるのである。そして，それにもかかわらず，それらにはクロスワードパズルとして成り立たせている根本となるルールがある。パズルはゲームと

は少し異なるとはいえ，クロスワードパズルをパズルとして成り立たせるこうした枠組みをフレームだと考えればいいだろう。

杉浦（2004a）はSNGの開発について「当初から環境教育のツールとして計画されていたのではなく，環境関連の市民参加によるワークショップで偶然的に生まれた」ものであるとしているが，ここで私たちは偶然という語に惑わされてはならない。名古屋大学における環境問題への社会心理学的研究の成果（広瀬, 1995; 杉浦, 2003b）やゲーミング実践の成果（広瀬, 1997; 野波, 2001）が交叉する地点に生まれたものであり，その意味でこの「説得納得ゲーム」の誕生は必然的であったとさえ言えるものなのである。

環境問題に限らず，ある問題について態度変化を起こすためには，受動的に説得的メッセージを聞くだけよりも，その内容を他者に話すなど能動的に行為をすることが有効である（Janis & King, 1954）。環境に良いとされる行為についてのアイディア（たとえばスーパーの買い物袋を減らすために買い物カゴを持って行く）を例にとれば，このアイディアを聞くだけよりも，人にこのアイディアを話す方が態度変化の効果が大きいということである。聞くだけではなく話すことも大事だというのであれば，講演においてただ聴衆が話を聞くよりも，聴衆が何らかの形で発話するような状況を作ることが重要となる。役割演技（ロールプレイ）などはその一つの方法であろう。

だが，杉浦はこれを単なる役割演技とはせずに，ゲーミングの形に持ち込んだ。このことは役割演技よりも利点があったと考えられる。というのも，役割演技は役割をするように持ち込むまでのウォーミングアップが大変なのである。サイコドラマの創始者であるモレノ（Moreno, J. L.）は，演劇や役割演技を通じて自発性の涵養が可能だと考えていたが，そのためにはその演技を行う場所の設定，ウォーミングアップが重要となる（モレノについては，Fox, 1987などを参照）。また，何よりもディレクター役の指導力が重要である。ウォーミングアップがうまくできないと照れや恥じらいが残り，多くの役割演技は役割を表面的になぞっただけに終わってしまうのである。また，ディレクターの指導力が重要ということと関連するが，役割演技は一度に行える人数をそれほど多くできない。一方，ゲーミングにおいては，得点化ということと競いあいということが相乗効果を発揮して，単に説得する役を演

じると言うよりは，アイディアを積極的に話しに行く人が多いことが実践的に知られている。その結果，ディレクター役の負担も軽くなり，一度に多くの人に参加してもらうことが可能となる。筆者自身の体験を述べれば，立命館大学の授業を利用して杉浦氏の指導のもとに200名ほどの「説得納得ゲーム」を実施したことがあるが，参加者の手抜きやエスケープはほとんど皆無といってよい状態であった。役割演技として行うと役割にはまってしまい自発性が損なわれるという矛盾がおきかねないが，ゲーミングという枠を新たに付与することによって，役割を演じることが単に役割にとらわれることを意味するのではなく，その役割の殻を破るようなことが起きているのである[3]。

　なお，杉浦がSNGを最初に開発したフィールドには参加者にある意味での偏りがあり，それを乗り越えることがまたこのゲームの特徴を生み出すことになった。偏りというのは言い過ぎかもしれないが，環境問題に関心が高く向環境行動を実践している人が多かったということである。環境問題に意識が高い人だけが参加している場において，環境に関するゲーミングと行っても，盛り上がらない。なぜなら説得する者が「環境のために＊＊をしましょう」と言うと，説得を受ける人は「はい，賛成です」あるいは「私はすでにやってます」となりがちで，ゲームが成立しないのである。そこで杉浦が取り入れたのが「断り」という行動であった。これによって予定調和的な進行は妨げられるし，そうしたタフな反対論に対して説得をすることで説得の論理も磨かれることになったのである。副次的な効果として，向環境行動に親和的な参加者が，そうした行動をいやがる者の断る論理を意識するようになったことがあげられる。

　一般に研修会などの企画は参加形態が自発的な場合にはその問題に関心がある人が参加するという傾向にあり，講師と参加者の間や参加者同士の間には問題が見いだせないこともある。一方，研修会への参加が企業からの業務命令などによる場合には，受け身的参加だけですまそうとし，聞いてさえいれば良いではないか，という態度にもなりがちである。前者の場合，コミュニケーションに何の葛藤もないが得られる知識は少ないし，後者の場合，表面的には調和的だとしても必要な知識が伝達されていない。こうした両極とも言える事態に対してSNGなどのゲーミングというコミュニケーション様

式が有効であると考えられるのである。つまり，ゲーミングの導入は，コミュニケーションの新しい形式として非常に新しい様式を提供してくれる予感がある。

2-2 「説得納得ゲーム」のフレームと環境教育

では「説得納得ゲーム」を「説得納得ゲーム」たらしめているフレームとは何か。杉浦自身が作成したHPの解説を参考にしてみたい（表10-5）。

表10-5 説得納得ゲームのフレーム
(http://homepage2.nifty.com/jsugiura/gaming06.htm)

基本的手続き
　説得者と被説得者の2グループに分かれ，役割を演じる
　説得者と被説得者の役割を入れ替える

説得相手の選択
　説得者は被説得者グループから説得相手を見つけ出す場合
　指定された相手に対して説得する場合

説得内容
　個人で開発したアイディア
　他のプレーヤーが開発したアイディア
　第三者が開発したアイディア

非常に単純化して述べれば，説得者と被説得者の役割を交換しながら，自分もしくは他者が考えたアイディア（環境に良い行動）を相手に説得し，説得できた場合にはそれを得点化して得点を競うものである。得点化の仕方や参加人数はかなり柔軟に設定できる[4]。参加人数は数名から数百名まで可能であるとのことである。

また，参加者がゲームを終えた後には「振り返り＝デブリーフィング」を行うことが重要である。これは心理劇や役割演技において演技後のシェアリング（共有）のプロセスが重視されるのと同じである。振り返りがなければゲーミングシミュレーションとしての「説得納得ゲーム」の意味がわからず，体験の面白さだけが印象に残り，ひいてはその体験を学習に役立てることが

できなくなってしまうのである。

　さて,「説得納得ゲーム」は,説得的コミュニケーションと環境教育の接点にあるもので,むしろ環境教育という比較的新しい実践的領域においてそのニーズから生み出されてきたものである。では杉浦が取り組んでいる環境教育とは何か。斯界では環境教育の目的を明確にしたのは,1975年の国際環境教育会議で採択されたベオグラード憲章であることが知られている。ごく簡略に述べれば,世界の人びとが環境問題に関心をもち,その解決のための意欲や技能をもち,個人的にも集合的にも行動できるように行う教育である。

　環境問題などはその価値が共有されやすく,その理念に反対する人は少ない。企業レベルでの対応となると経済効果その他の論点が出てくるために複雑となるが,個人の観念レベルで「ゴミを減らして環境悪化を防ぐ」ということに反対する人は少ないと思われる。しかし,だからと言って「環境にやさしい行動」を誰もが常に行えるわけではない。理念と行動と乖離するということが問題となるのである。

　このように,環境教育はその目的が共有されやすいわりに実行はされにくい。そうしたジレンマを埋めるものとしてSNGの活躍の余地がありうるわけである。しかし,このゲームを環境教育とは異なる目的に転用する場合には,こうした前提自体が保たれるかどうかが検討されるべきであるし,前提が保たれない場合に転用可能なのかどうかを検討する必要が出てくる。

3　「説得納得ゲーム」の転用可能性とその問題点

3-1　「説得納得ゲーム」の転用可能性

　「説得納得ゲーム」というフレームゲームもまた多くの目的に応じて,多くの種類の派生ゲームを作ることが可能であろう。これをやや学術的に言えば転用可能性が高いということである。杉浦論文も職員研修への転用事例を紹介している。現在,説得納得ゲームは環境問題に関する「説得と納得」と

いうプロセスを体験するためのものであるだけでなく，さまざまな領域でのコミュニケーションを考えるツールとして有用だという認識が芽生えつつあり，実際，消費者教育，コミュニケーション教育，行政職員の研修ツールや専門化養成のプログラムとして多方面での活用が検討され始めている。

　すでにコミュニケーションの4類型の説明（デューク, 1974/2001）で述べたように，ゲーミングシミュレーションはモデルⅣのコミュニケーションであり，モデルⅢにあたる講義や講演における一対多の関係を前提とする知識普及形式とは異なる形式をもっている。グリーンブラット（1988/1119）は大学授業におけるゲーミングシミュレーションが講義形式の授業と異なっている点について，1. 参加者が能動的な学習者であること，2. 学習者が提供された論題の全体像を経験すること，3. ゲーミングシミュレーションがシステムとしての特性を表現するのに有効であること，4. シンボリックな経験を全参加者が感覚的に共有すること，をあげている。3番目の点について補足すれば，システムの説明は多くの場合，要素への分割とその関係の仕方の説明に陥りがちで，時間経過に伴うダイナミズムを表せないことが多いものだが，ゲーミングシミュレーションの実施は，オープンシステムの特徴である外界との相互交渉を含むシステムのあり方を体験することができるということになるだろう。4番目の点について補足するなら，市長や会議などの概念は，それぞれの参加者がさまざまな意味をもたせているが，同じゲーミングシミュレーションを経験することで，文脈における意味を共有することが容易であるということである。

　転用可能性の高さはゲームの柔軟性の証であり望ましいことであるが，アカデミックワールドにおいては若干の問題を喚起することになる。一つは説得のもつ本質的な問題，つまり，説得すること自体の可否に関することであり，もう一つは知識生産やその普及と知的財産の間に生じる若干の軋轢に関することである。いずれも，「説得納得ゲーム」が実践現場で生き生きとした活動と関連するからこそ問題となるようなことであるが，以下に筆者なりに整理をしながら検討を加えてみたい。以下では便宜上「説得の可否自体が明確でない場合への転用」「知識生産・普及と知識生産者の権利」という項目にして検討する。

3-2　説得の可否自体が明確でない場合への転用

　「説得納得ゲーム」の転用を考える際に重要となるのは，その解決すべき問題や目標の価値が明確でないときに使用できるか，ということである。すでに述べたように，環境教育において「ゴミの排出を減らす」ということは誰もが認めざるを得ないことである。「わかっちゃいるけど，やめられない」ことは世の中に少なくないので，こうしたことを説得するのは重要であろう。
　だが，世の中の多くの問題は誰もが一致した考えをもっているわけではない（ゴミ問題にしても，そんなことを気にしていたら会社の儲けが出ない，と言う人だっているかもしれないが，それはここでは触れない）。また，コミュニケーションする主体が必ずしも水平的関係ではなく，すでに片方が優位で権威的になりがちな場合もある。一般的に合意のとりにくい問題で権威のある側が説得技術を磨いて相手を説得にかかるような事態を想定するなら，それは避けるべき事態であろう。もちろん，杉浦（2003a）もこのことには自覚的であり，医師と患者の関係のようにコミュニケーション主体の片方が優位で権威的になりがちな場合を例にとって，「既存の社会で優位に立つ権威をもった側のみが有効に使える武器は，もはや平和の武器たり得ない」ことに注意を促している。
　つまりここでの問題は，価値観が複雑にぶつかりあうような課題，コミュニケーションが権威的な場合に，SNGはどのような意義をもちうるのか，が問題になっていると再定式化できる。
　まず後者について言えば，杉浦（2005a）論文自身も述べるように「説得納得ゲームは単なるトレーニング技法ではない」のである。「『説得者』と『被説得者』というそれぞれの役割を演じる個人が，個別に説得と批判・納得を繰り返し，そして途中で役割を交換しながら，ある問題に対する論理構成を深める」ものなのである。したがって，SNGになじめばなじむほど，相手を説得する技術が長けるのではなく，お互いの意見を聞いたり話したりするプロセスに習熟することになることが期待されるのである。
　そうした理由から，SNGは前者のような価値観が交錯するような問題の

ときこそ，有用性をさらに発揮するのではないかと思われる。私たちは複数の価値観がぶつかりあうときや，選択肢が複数あるときの判断の仕方についてあまりよくわかっていない。あらかじめ決めた答えを貫いたり相手の社会的威信が高い場合には盲目的に追従してしまったりする（パターナリズム＝父権主義の温床である）。だが，判断の過程についてもっとよく知れば納得いく判断を下すことが可能に成りやすいのではないだろうか。そしてこのSNGは，そうしたことを学ぶのに最適な枠組みであると思われるのである。

　たとえば医療において「インフォームドコンセント（informed consent）」ということが唱えられ始めてきた。十分な情報を与えられたうえでの同意，という意味である。この語を日本語として納得診療と訳すべきなのか，同意ある診療と訳すべきなのか，あるいはそのいずれでもないのか，ということには議論の余地があるとはいえ，医師の提案に対して頷くしかなかった状態から脱却すべきだという議論の方向は正しいだろう。しかし，患者の立場からすれば，医師から十分に情報を与えられたり，あるいは複数のソースから情報を得ることができれば，自動的に満足のいく同意ができるというものではない。情報が多すぎれば理解するだけでも大変だし，異なる内容であれば混乱も起きる。つまり，ここで求められているのは，提供された情報を理解するだけではなく，時には矛盾する情報をも統括して何らかの判断に至ることなのである。それが自分の望むことであればなお良いが，そうでない判断をすることもあるかもしれない。また，両者が最初から想定しないような解決が生まれるかもしれない。

　こうした，説得とそれへの反論や同意というコミュニケーションを通じて，「説得される」のではなく，主体的に納得していくプロセスが起きるのであれば，SNGが単なる説得技術のためのツールを超えて意味をもち始めるのではないだろうか。

　納得は，同意や意見の収束とは異なるニュアンスをもつ日本語である。

　そして，この納得という心理過程のプロセスの研究はあまりなされていない。説得的コミュニケーションが武力その他による強制的応諾より望ましいことは確かだが，表面的に強制の形をとらない場合でも，強制力が伴う場合もある。また，必ずしも受け手の側の理解や納得を促進しているわけでもな

い。たしかに深田（2002）が言うように，暴力的な問題解決に比べれば説得による影響力の行使は望ましいものである。だが，それを前提にしたうえでも，説得される側の内実についてより細かい検討が必要だということは言えるだろう。本書4章で「される側問題」について述べたが，説得に関しても，説得される側についてより検討が必要なのである。そしてそれは説得されるという受動的行動ではなく，納得するという主体的な行為として理解される必要がある。このように考えれば，人が説得を受けて納得するプロセスの研究，また，納得というプロセスを体験するゲーミングとしてSNGは大きな価値を認められるべきだと考えられる。杉浦のオリジナル「説得納得ゲーム」をパーソナリティ理解の方法に転用することを試みた川野（2004）もまた，納得に焦点を当てることが重要だと論じている。

そこで，このSNGはSugiura's Nattoku Gameと名づけられるべきだと提案したい。説得をとり開発者の杉浦を冠したのには3つの意味がある。まず，最初の命名「説得納得ゲーム」の頭文字SNGが，Sugiura's Nattoku Gameでも維持されるということである。これはささいなことである。次に，説得を外すことで，このゲームの主題は説得ではなく納得の問題だということを強調することができる[5]。そして最後に，オリジナリティの尊重ということである。

3-3 知識生産・普及と知識生産者の権利

杉浦（2003a）は最終に近い部分で，MLでの議論を紹介する形で，ゲームのルールには著作権が発生しないことを引き合いに出し，オリジナリティの尊重が疎外されがちであることに注意を促している。ゲームの使用や転用の際に，他者がオリジナルゲームとは異なる意図で使用（特に商用的に利用）するならば，原著作者の不利益になりかねないというのは一面の真実であろう。しかし，著作権による権利保護の規定がアイディアのオリジナリティの尊重の必要要件というわけでもない。著作権という権利の発生や法による権利の保護とアイディアのオリジナリティ尊重は独立であるべきである[6]。著作権による権利の保護が発生しないことはオリジナリティを尊重しないこ

との原因にはなりえない。そう感じられる事例があったとしても，それはあくまで一部のこととして考える必要がある。

また，以下のような事例をみてみよう。著作権と特許権は異なるが，広く知的財産権[7]の問題として考えてほしい。

　　新しい料理のレシピには著作権があるか？
　　カラオケを開発したのは誰か？
　　ワープロソフトでスペースキーを押すことで変換することを始めたのは誰か？
　　オセロというゲームを作ったのは誰か？
　　レントゲンを発明したのは誰か？

私たちは，開発者や発明者のオリジナリティを称えることなく，その成果に浴していることもあるのではないだろうか？

以上5つの例で，カラオケとレントゲンは開発者本人[8]が権利を行使しなかった例である。ソフトウェアに関しては2002年まで特許が認められなかったので開発主体（ジャストシステム）の権利は保護されるべきだと考えられていなかったのである。オセロに関していえば，ゲームのルールに著作権や特許権は認められないのである。料理のレシピはゲームのルールと同様，法による権利保護が認められていない。

ゲームのルールには著作権や特許権は認められていない。認めたらどのような混乱が起きるのか，認めないことによって生じるさまざまな恩恵を受けているのは誰なのか，という問いを抜きにしてゲーミングと著作権（を含む知的財産権）の問題を論じることはできないはずである。恩恵を受けているのは（普及が容易であることによって）使用の機会を得た使用者である。普及を通じて多くの人が新しい知識や技術に接することができるからである。ただし，ゲーミングのルールは遊戯のゲームとは異なり思想を表すものであるから，著作権の保護対象となるべきだという議論は可能であろう（Fisher & Geiselman, 1992）。それはソフトウェアの特許がある年から認められるようになったということからも実現可能性がないとは言えない。

ただし，そもそも学問を基盤とした新しい知的生産の成果に，作者や著者

のような近代的主体が必要なのかどうかということ自体も議論を要するところである。万有引力の法則などの提唱者・ニュートンは，もし自分が遠くを見ることができるとするならば「巨人の肩の上」に乗っているからだ，という表現を用いて，自身の業績がそれまでの多くの業績に支えられていることをほのめかしている。

　レントゲンやカラオケなど，著作者や発明者がその権利を行使しなかったことで普及した技術があることも忘れてはならないだろう。

　繰り返すようだが，こうした主張は開発者などのオリジナリティへの評価をしないことを意図しているわけではない。権利の主張が他者の制限という形でのみ行われることが良いのかどうかを問題としているのである。ゲームのルールに著作権がないのはおかしいという主張ももっともなようだが，ゲームのルールに著作権などの権利を認めた場合に起きる混乱も大きいと予想できる。

3-4　オリジナリティ評価としての冠名現象

　私たちは知的財産権の問題とは別の枠組みでアイディアのオリジナリティ重視を図っていく必要があると言えないだろうか。佐藤（1997）は学問の評価にさまざまなものがあることを紹介したうえで，学問の世界において冠名現象が評価の一部をなしていることを論じている。

　冠名現象とは業績の人名化であり，ある特定の人物の名を冠した単語や用語を作る科学社会学的な慣例のことである。レントゲンがその例であるが，開発者の名前が技術の名前になっている。心理学になじみのあるものをあげればスキナー箱やロールシャッハテストのように，開発者の名前を冠する用具がある。日本では森田療法（開発者＝森田正馬）や内田クレペリンテスト（開発者＝内田勇三郎）がそれにあたる。ちなみに，物理学の世界ではキュリーやマッハなど，単位に名前を残すのが最大の栄誉の一つだとされている。2011年以降よく知られるようになった単位であるベクレルやシーベルトも，もともとは人名であり，冠名現象である。

　もちろん，ある考えや器具開発や発見は，個人の努力のみに帰せられるべ

きではない。たとえばダーウィンの進化論にしても，彼だけがこうしたアイディアをもっていたわけではなく，同時代に似たようなことを考えていた人は少なくなかった。ただ，そういう多くの人たちのなかでもダーウィンの進化論は理論の整合性や証明の仕方や説得力が優れていたために，彼の進化論が同時代においても後世においても重視されたのである。こうした事例と同じように，ゲーミングシミュレーションでも，冠名現象を作っていけばよいと考えられはしないだろうか。杉浦が開発したフレームゲーム「説得納得ゲーム」が独創的であるとするならば，冠名現象化を図るのが一つの進むべき道ではないだろうか。

そこでこの節のタイトルにも掲げたように，杉浦が開発したフレームゲーム（説得納得ゲーム）を SNG（Sugiura's Nattoku Game）と呼ぶことを提案したのである。もちろん，どう呼ぶかは個人に任せられていることであり，強制力はない。冠名現象について教育心理学に例を求めれば，ピグマリオン効果，ローゼンソール効果，教師期待による成績の増加現象，というのは同じ現象のことを指している（ミルン&ブル，1999; 2003）。

杉浦のフィールドは環境教育であったから，その意図は向環境行動を引き起こすための説得的コミュニケーションであったはずである。しかしこのゲーミングシミュレーションは環境教育のような前提を取り払って転用する際には，むしろ納得に焦点化することが重要だと思われるから，このゲームの普及について考えるなら，むしろ納得に焦点を当て，SNG（Sugiura's Nattoku Game）と呼ぶことを提唱したいのである。

4 結語 —— 説得の理解から納得の理解へ

4-1 非専門家による判断と水平的コミュニケーション

今後の日本社会では，パターナリズム（父権主義＝専門家たちのトップダウン的な意志決定に従う形式）とは異なる形での意志決定が行われる場面は確実に増えてくる。大げさに言えば，非専門家の時代がやってくる。一例をあげ

れば裁判員制度である。「お上」が判決を下すのではなく，私たちが主体的に判断を下していくのである。そのようなときに何が起きるのだろうか。こうした問い「もし裁判員になったら，どうなるのか」はコミュニケーションの一種であり未来志向の言語であるゲーミングシミュレーションの活躍の場ではないだろうか。

　政治的な問題について言えば，たとえば臓器移植や憲法改正などの課題を国民全体としてどう合意していくか，身近なところで言えば住んでいるマンションに光ファイバーをひくかどうか，ひくとしたらどの社にするか，どのように住人全体で合意するかなど，こうした判断をする場合には，説得と納得というプロセスが潜んでいる。私たちはこうしたプロセスについて合意形成プロセスということで扱ってきてはいたが，まだまだ知らないことが多いし，このような現実場面においてどうふるまうかについて訓練がなされていなかった。「黙っておとなしくこうすればいいよ」というパターナリズム（父権主義的）型の説得か，さもなくば「自分で考えて自分で判断しろ（後は知らないよ）」という突き放し型（最近ではこれを自己責任だとする言説が流布している）のスローガンだけがあったと言えるだろう。

　パターナリズム型コミュニケーションの一例として，BSE問題に端を発するアメリカからの牛肉輸入の禁止の解禁に関する例をみてみよう。輸出国のアメリカ関係者や日本の食肉輸入業者や加工業者が輸入解禁を主張するのみならず，日本国内の科学を標榜する専門家や行政官からも輸入禁止の長期化を懸念する声があがった。そのために輸入再開始を求める側は意見交換会を開いたりHPで情報発信をしたりして，コミュニケーションを促進しながら意志決定をしようとしているかのように見えた。しかし，サトウ（2005＝本書11章）の分析によれば，科学を標榜して輸入解禁を促進しようとする専門家たちは「欠如モデル」[12]に依拠しており，（素人と呼ばれる）人びとの判断は感情的で非科学的であるから，専門家による指導に従う形で輸入解禁に至るべきだという意図をもっていたことが明らかになっている。知識や地位の上下関係を前提にした説得は今後も続くべきなのであろうか。専門家の役割は輸入禁止促進双方の意見を聞きつつ双方が納得する解決を導くような手法を開発することではないだろうか。

議論過程の透明性と複数の選択肢の提示は水平的コミュニケーションの基本である。

SNG本体及びそのフレームゲームとしての魅力が，水平的コミュニケーションを追究するための手段として有効に働くことを期待したいし，こうしたゲーミングシミュレーションを通じて，私たちの判断や合意や納得が洗練していくことも期待したい（指宿, 2008）。

4-2 選択肢への想像力と納得が水平的コミュニケーションを可能にする

ゲーミングシミュレーションは，総体的コミュニケーションであり複数の選択肢について語ることのできるほとんど唯一の方法であることをデューク（1974/2001）は繰り返し強調している。そしてこのことは以下のような一般ルールに昇華されるべきだと筆者は考えるものである。すなわち，何かを決定するさまざまな場面において，複数の選択肢を用意したうえで主体的な納得を行うような環境設定をすべきだということである。

目的や問題意識が明確であるにもかかわらず，どちらを選べばよいかわからないという事態は意志決定を行う主体にとっては必ずしも快適状況ではない。レヴィン（Lewin, K.）はその葛藤研究において，「＋＋（プラス・プラス）葛藤」というものを定式化したぐらいであり，等価性の高い選択肢が存在することが葛藤として経験されることを示している（Lewin, 1948など参照）。このように考えると選択肢の存在は良くないことのようであるが，意志決定に関して考えればまったくそのようなことはない。複数の代替選択肢が用意されているという意味で望ましいことなのである。ここにはフーコー（Foucault, M.）的意味での主体的決定とは何か，という問題も横たわっている。

たとえばすでに取り上げたように，医療において重視されつつある「インフォームドコンセント」の例をあげれば，いくら説明を受けて自分なりに考えたとしても，それとは異なる選択肢のない事態であれば納得してもしなくても選びうる結果は同じになってしまい，結果的に従属的行動をとらざるを得なくなる。つまり，複数の選び取る選択肢があった場合にこそ，「説得と納得」が重要になるということが言えるのである（果たすべき使命や目標がは

っきりしている場合には，説得をして納得してもらわなくても行為をしてもらえば十分ということになる)。医療の世界では，セカンドオピニオンということが重視されるようになってきている。

4-3　現実の複雑な問題に立ち向かうための SNG

　青は藍より出でて藍よりも青し，ということわざがある。この SNG もゲーミングと説得的コミュニケーションという 2 つの母体があるわけだが，それらをうまく転換させることによってより大きな転用可能性をもつのではないだろうか。

　これまでの説得的コミュニケーション研究は意見や行動の変容について扱うものであるから，あくまでも外的な意見・行動の変化を扱わざるを得なかったし，価値的に望ましくないものにその知見が使用された場合の対処について考えを詰め切れていなかった面がある。

　それに対してゲーミングシミュレーションを取り入れた SNG は，説得する側の問題から説得される側の問題に目を向けることを可能にしたし，そもそも価値判断が難しい問題解決に関する多数の人によるコミュニケーションを通じた選択肢の創出と納得過程への振り返りを可能にした。さらにこうした過程が個人的な体験として回収されてしまうのではなく，ゲームを振り返ることなどにより，他の参加者にも共有されることが可能となる。同時進行的に行われていた多くの参加者の活動やコミュニケーションについて，他の参加者が知ることができるのである。

　複雑かつ規模の大きな問題の解決には，複数の学範(ディシプリン)による学融や異なるセクター間の融合（セク融）が重要となる（サトウ，2004＝本書 6 章）。行政，産業，学術，市民などがセクターの例であるが，こうしたセクター同士が融合するのは難しい。だが，ゲーミングシミュレーションはそれを可能にする力をもっている。それはゲームのもつ本来の力なのかもしれないが，「楽しさ」や「のめりこみ感」が媒介となって，異なるセクター同士の人を結びつけることが可能だからである。

　こう考えればゲーミングシミュレーションの役割は高まる一方であるし，

特に，納得というプロセスについて明確に言及しているSNG（杉浦の納得ゲーム）は，今後ますます活動の範囲が広がりその果たす役割も大きくなると考えられる。著作権法などの権利保護の文脈とは独立に，私たちにはSNGのもつ可能性をさまざまな場面で生かしていくことが求められているのではないだろうか。

【註】
[1] ゲームとは何かを概念的に検討するのは難しい。だが，ここでは素人の強みであえて「成果を比べるまたは競う」ことをゲームであるとしておこう。たとえば，剣道の素振りを1人で10回行うことはゲームではない。だが，10回という回数を記録して翌日の素振り回数と比較すれば，そこにゲーム的要素が生まれるとするのである。これは複数でも同様で，10人が10回素振りしてもそれはゲームではないが，10回をなるべく早く行う，とすればゲーム的要素が生まれるとする。そして，このゲーム的要素は喜びや失望という感情を生起し，それがその後の類似行動を引き起こすことが多い。こうした特徴がSNG実施にあたって参加者の自発性発揮を比較的容易にすると考えられる（後述）。
[2] モード論で知られるギボンズは環境問題を問題の解の共有が優先されるという意味でモードⅡの典型としてあげていた（Gibbons, et. al., 1994）。ギボンズはそれを学融的研究の促進によって切り開こうとしたが，本節の流れでいけばゲーミングシミュレーションもそうした志向をもつものだと言えるのである。
[3] 杉浦（2005a）は「ゲーミングの一つである説得納得ゲームと心理療法で言うところのロールプレイングとどう違うか，といった素朴な質問を受ける」と述べているが，筆者なりにこの問いに答えるならば，ゲーミングという設定の方が役割演技という設定よりも参加者の自発性を引き出すことが可能だし，ディレクターの関与も少なくてすむ，ということになる。
[4] 「説得納得ゲーム」自体の多様な展開については、杉浦（2004b）を参照されたい。
[5] 開発者の杉浦自身も説得という名称をはずしながらこのゲーミングの命名を変えようという意欲をもっており，彼が主催しているメーリングリストにおいて「私が考えているフレームゲームの名称は，「説得」をはずすことです。略。SNG (Satisfied Negotiation Game, 納得交渉ゲーム)というのが私案です」としている（杉浦, 2005b）。ここで筆者が「杉浦」という固有名にこだわることは本文で論じられるので触れない。納得という日本語を残すのは，納得という語をそのまま用いることも十分このゲームの面白さを伝えるのではないかと考えたからである。また，2005年に京都議定書の基調講演のために来日したノーベル平和賞（2004）受賞者であるケニア環境副大臣のワンガリ・マータイ氏が「もったいない」という語に感銘を受けて広めようとしている

259

ということもある。すべてを翻訳して命名するのも一つの方法だが，オルタナティブなオプション（代替選択肢）として，日本語をそのまま用いることもワールドワイドな命名として有効なのではないかと考えた。

[6] ここでの議論は日本の著作権法がゲームのルールなどに著作権を認めないことを前提として行っているものであり，著作権で保護される著作物に関する議論は一切行っていないことに注意を促したい。ましてや著作権に関する脱法行為を推奨するということもない。また，教育上の使用は基本的に著作権法の例外規定として明言されている。ついでに言えば，著作権保護の議論がアメリカという国の議論をベースにしがちであることに筆者個人は違和感を覚えていると付言したい。論文での引用にさえ事前許可を認めるようなことが言論の自由を保障することになるのか、議論が必要であることは言うまでもない。

[7] 知的財産基本法（平成14年法律第122号）第2条による知的財産及び知的財産権の定義は以下のとおり。

　この法律で「知的財産」とは，発明，考案，植物の新品種，意匠，著作物その他の人間の創造的活動により生み出されるもの（発見又は解明がされた自然の法則又は現象であって，産業上の利用可能性があるものを含む），商標，商号その他事業活動に用いられる商品又は役務を表示するもの及び営業秘密その他の事業活動に有用な技術上又は営業上の情報をいう。

　この法律で「知的財産権」とは，特許権，実用新案権，育成者権，意匠権，著作権，商標権その他の知的財産に関して法令により定められた権利又は法律上保護される利益に係る権利をいう。

[8] カラオケの開発者は井上大佑氏。アメリカの週刊誌『タイム』が1999年に「今世紀もっとも影響力のあったアジアの20人」に取り上げたこともある。「毛沢東やガンジーがアジアの昼を変えたならば，井上はアジアの夜を変えた男だ」とのことである。一方，レントゲンの基礎となるX線を発見したのはヴィルヘルム・コンラート・レントゲンであった（1895）。X線の利用により手術的侵襲を伴わない人体内部の観察が可能となり，その機器が医療の発展に果たした役割はきわめて大きい。発見者や開発者の名前が機器に残されることは冠名現象といい，学界の評価システムの一環をなしている（後述）。

[9] 著作権法の第十条には著作物の例示がなされており，ゲームのルールや料理のレシピは含まれていない。

　一　小説，脚本，論文，講演その他の言語の著作物
　二　音楽の著作物
　三　舞踊又は無言劇の著作物
　四　絵画，版画，彫刻その他の美術の著作物
　五　建築の著作物

六　地図又は学術的な性質を有する図面，図表，模型その他の図形の著作物
七　映画の著作物
八　写真の著作物
九　プログラムの著作物

[10]　この場合，たとえばある料理を作る，というようなことについて「平和追求という思想を表しているがゆえに著作権を認めるべき」という主張があったらどうするのかを思考実験することも重要であろう。著作権で権利保護がなされていないことにはそれなりの理由があるのであり，その理由を考えることは重要である。また，くどいようだが，法による権利保護がないことは，オリジナリティを軽視してよいということはいかなる意味でも意味していない。

[11]　ちなみに，冠名現象は開発者本人が自身の名前をつけて呼ぶことは滅多にない。スキナー箱だって本人がそう名づけたわけではなく，あくまで学界の他者による評価・承認システムなのである。

[12]　素人には知識が欠如しているということを前提としており，そのために知識をもった専門家が正しい判断を導くべきだというパターナリズム（父権主義）に陥ることが多い。

[13]　なお，あるコミュニケーションにおいて，主体的に考えているように見せかけておいて，実は言うなりにしているというような暗示的コミュニケーションをどうするかという問題は残されている。ある種の勧誘のような場合，本人は完全に納得しているが，実際には相手の術中にはまっているというような場合である。しかしおそらくそれは，選択肢の提示と情報の透明性のチェックによってかなり低減することができるように思われる。つまり，人から何かを説得・勧誘されたときに，何に注目すれば水平的コミュニケーションが成立しやすいのか，を考えることが重要なのであり，そのこと自体がゲーミングシミュレーションによる追究課題なのかもしれない。コミュニケーションとしてのゲーミングシミュレーションの役割は，かなり大きいと実感できる。

11章
科学と心理学という学融の実践

　ここでは，主にリスクに対する科学的情報に関するいくつかの事象について，ボトムアップ人間関係論の構築という立場から（佐藤, 2004 ＝本書4章），その科学的根拠や伝達にまつわることを考えてみる。科学的情報は情報のやりとりだけの問題ではない。情報発信者である専門家や行政担当者と受け手である私たちの人間関係だと考えることもできる。そうした人間関係を水平的なものにしていくために，科学情報のコミュニケーションのあり方に関して考察していきたい。

1　リスクとリスクコミュニケーション

　リスクとは何だろうか。環境省「平成12年度リスクコミュニケーション事例等調査報告書」から引用する（http://www.env.go.jp/chemi/communication/h12jirei/chapter1.pdf）。

> 「リスク」は，一般的には「人間の生命や経済活動にとって望ましくない事態が発生する可能性」と理解されている。
> 　一般にリスクの大きさは損失期待値として表される。損失期待値とは，リスクの「発生可能性」とその「損失の大きさ」を乗じたものである。
>
> 　　　損失期待値（A）＝発生確率（B）×損失の大きさ（C）
>
> 　たとえば，自社施設の立地を検討する場合，200年に一度の割合で台風の被害を被る地域Aと，20年に一度同規模の台風被害を被る地域Bの台風リスク

を比較すると，施設は同一とすれば「損失の大きさ」は同じだが，地域 A の台風の発生確率は地域 B の 10 分の 1 であるため，地域 A の台風リスクは地域 B の 10 分の 1 ということになり，台風リスクに関しては地域 A に立地した方が有利になるといえる。このようにリスクの大きさを測ることにより，事業者がどのようなリスク対策を講ずれば効果的か，またどの対策を優先的に行えばよいかの判断が可能となる。

　リスク状況は心理学の立場からみると「マイナス－プラス葛藤」事例である。心理学者レヴィン（Lewin, K.）は葛藤（conflict）の種類には場と人間の関係からみて 3 つの可能性があるとした。一つはプラス－プラス葛藤で，たとえば誕生日のプレゼントにもらうものの候補が 2 つあって，どちらも欲しくて悩む，というような場合である。逆にマイナス－マイナス葛藤というのもある。どちらもやりたくないのに，フロ掃除か玄関掃除をしなければいけない，というような場合である。そして，マイナス－プラス葛藤である。プラスの事象を追求するには，マイナスの事象も経験しなければいけない，というようなもので，勉強しないと遊びにいけない，という状態の子どもがこれにあたる。

　リスク計算では，このマイナス－プラス葛藤状態を複数用意して計算を行い，比較的優位なものを選ぶことを勧めるということになる。

　神里（2002）によれば，リスクという概念はそもそも能動的なものである。日本語の危険のような語はどちらかというと受動的な概念で，リスクとは異なるものだという。「虎穴に入らずんば虎児を得ず」的な「見返りを見通した危険」についての言葉は日本語にはなく，だからリスクはリスクのまま表記される，という指摘は興味深い。

　ただし，先に引用したリスクに関する説明は一面的である。なるほど，リスクが複数の選択肢の判断のために計算されているということについてはよくわかる。しかし，リスクが「人間の生命や経済活動」にとって「望ましくない事態が発生」する可能性だと定義されているにもかかわらず，具体的事例のリスクが経済活動に特化されてしまっているのはどうしたことであろうか。生か死かという問題にまで関係することもある食品安全に関するリスクは，立地 A を選ぶか立地 B を選ぶかというようなものではない。経済活動

の例で食品安全のリスクを説明することは荷が重いだろう。

　では，リスクに関する学問であるリスク論を信用すればよいのかというと単純ではない。リスク論は中立性の仮面を纏いながら片側の意見の代弁をしがちなのである（金森, 2002 参照）。このことは，リスク論が取り上げる話題が限られていることからもわかる。たとえば，リスク論は死刑における冤罪のリスクを取り上げて研究テーマとすることはない。さらに，このことは東日本大震災のあとでイヤというほど思い知らされた。リスク論は人びとのためにあったのではなく，電力会社のためにあったのである。

　ある事柄についてリスクそのものについて決定的なことがわからず，リスク論も役立たないのであれば，人びとは自分なりの合理的な判断と行動を起こすことになりがちである。中谷内（2006）は社会心理学的な研究によって，さまざまな現象について人びとがゼロリスクを求めがちであることを明らかにしている。

　問題はなぜゼロリスク行動をとりがちなのか，ということなのであるが，その詳細はわからない。生命に関するリスクの説明で複数選択肢を用意しにくい，ということが，おそらくゼロリスク行動と関係しているであろう。また，その逆に，食べることに関しての選択肢は豊富であるから，「何か一つの食品を食べない」という行動は，容易な行動である。そして効果絶大である（ように思える）。

　冒頭のリスクの計算式（p.263）が積算（かけ算）であることに注目してみよう。式の左辺をゼロにする方法は，右辺のどちらかをゼロにすることである。また，実際問題として，食品に関して個人ができることは限られている。左辺を小さくするなどということは考えず，ゼロにすればいい。食べなければ発生確率はゼロである。食べるものは他にもあるのだから。

　危険と思われるものを食べないという行動がリスク（損失期待値）をゼロにするための切り札として使われるということがこの式を使ってみるとわかる。つまり個々人の立場からこの式を見れば，ゼロリスク行動にはそれなりの理由があることになる。

　ところが，この上記の式は一般的には政策決定者が外在的に使うものである。そこで，数式上の遊びのようなことをしてみたい。

$$\text{損失期待値}(A) = \text{発生確率}(B) \times \text{損失の大きさ}(C)$$

の式の両辺を入れ替えると

$$\text{発生確率}(B) \times \text{損失の大きさ}(C) = \text{損失期待値}(A)$$

となる。損失の大きさ（C）を求める式に書き換えると，両辺を発生確率（B）で割ればいいので

$$\text{損失の大きさ}(C) = \text{損失期待値}(A) / \text{発生確率}(B)$$

となる。

　福島原発事故の前，電力会社等は危険なことは絶対に起こらないと言っていた。つまり発生確率はゼロであると言っていた。最後の式においてBにゼロを代入するとどうなるだろうか。ゼロで割る割り算にはさまざまな解釈が可能だが，ゼロによる除算の解が無限大であるという考え方がある。この場合──一方で，損失期待値はゼロにならないと特殊な条件をつけなければいけないが──CはAの如何に関わらず無限大となる。リスクの式に基づく限り，発生確率をゼロだと言う一方で何か被害があるのではないかという心配があるならば，損失の大きさは無限大になるのである。

　この書き換えた式は，一般にゼロリスク行動をとる人たちが被害の大きさをより大きく見積もっているという「心理的」現象についてもよく表しているように思える。ゼロによる除算の解釈に納得できない人は，損失期待値（A）が一定の場合に発生確率（B）を0.1，0.01，0.001，0,0001とゼロに近づけていくと商（割り算の答え）がどうなるかを考えてみてほしい。損失の大きさ（C）はどんどん大きくなっていく。

　リスク論で発生確率がゼロ，つまり，「完全な安全」を主張すると損失の大きさが無限大になるかもしれないのである。少なくともリスクの計算式において──損失期待値に一定の数値を割り振ることができるなら──そう読み解くことが可能である。

リスク論を唱える人たちの立場からすると，リスク概念を理解してもらったうえで損失の大きさが無限大だと思うような行動を改めてほしいと願っている。ところが，そのコミュニケーションの方法が適切だとは言えないので，事態は混迷を深めることになる。損失の大きさが無限大だと思っている人に，「他の食べ物だってゼロリスクではありません」と言ってもあまり効果はないだろう。

以下は，BSE問題に関するリスクコミュニケーションに関する若干のフィールドワークとして読んでほしい。

2　食品をめぐる科学的判断

2-1　BSE問題をめぐって

2000年代の初頭に発生したBSE問題はまだ記憶に新しい。輸入が認められている月齢の牛に対して，罹患しているかどうかの検査を一頭ずつすべてに対して行うべきだという日本政府の主張に対して，主にアメリカの食肉生産者と日本の食品関連業者は「非科学的」だと批判した。

次の3つの文章を見てほしい。これらの文は，平成16年9月3日（金）に行われた「食品に関するリスクコミュニケーション（牛海綿状脳症（BSE）対策に関する意見交換会）」事前意見の概要（http://www.mhlw.go.jp/topics/bukyoku/iyaku/syoku-anzen/iken/040903-1b.html）のうちの「検査見直しをすべき」つまり，全頭調査を見直すべきだという意見の持ち主のものである。発言者はすべて異なっている。

　　全頭検査の問題は感情論に流されることなく毅然とした姿勢で早急に結論を出し，BSE検査はサーベイランスであると明確に表現すべき。あいまいな表現はかえって，消費者の誤解を生む。

　　食品の安心・安全を確保する事は必要です。その方法は科学的知見を基に種々の対策を総合的に組み合わせた合理性に富んだものが，望ましい。全頭

検査が唯一絶対なものとは思えません。

　すべての食品にはゼロリスクはありえない。もし，消費者団体の方がそれを求めるなら，米，卵，野菜，魚等すべての食品が食べれなくなる。全頭検査は魚に全匹検査，米に全粒検査をする様なもの。しかも，100％安全を保障するものではないのに，税金の無駄遣いと検査に携わる業者に利益を与えるだけのもの。

　この最初の発言を読んで私は目まいを覚えた。最初は意味がわからなかったのである。専門用語だから仕方ないという考え方もありうるし，調べればわかるが，リスクコミュニケーションのための会の事前意見がHPで公開されているのであるから，もう少しわかりやすくてもよいのではないか。「サーベイランスであると明確に表現す」れば「あいまいな表現」ではなくなり「消費者の誤解を生」まずにすむ，ということを，この発言者がそう言ったのか，あるいは編集上の都合でWebサイトにこう書かれたのか，それはわからないが，問題はそういうことではない。このWebサイト自体もリスクコミュニケーションの一端を担うべく設置されたものであり，その目的に合致していないことこの表現だけで十分言えるからである。もちろん，悪意があるとは言わない。

　当時，あるプロバイダの記事に，牛海綿状脳症（BSE）対策について協議する日米高級事務レベル会合について，概ね以下のような共同通信社からの配信があった（[2004年10月21日]）。

　米国側は日本の全頭検査緩和を前向きに評価し，両政府は来春をめどにした米国産牛肉の輸入解禁に向け条件を詰める作業を続ける。外務省の経済局長は「科学に基づいて日米双方の国内の必要な手続きに従って物事を進めることが大事」と述べた。

　もちろん，これは局長氏の言葉そのものではないだろう。しかし，この係り結びの構造は，「科学に基づいて」「手続きをする」というように読める。
　では，何が科学とされるのだろうか。
　ここでの科学は，科学一般ではない（そもそも科学一般などないのだが）。

牛もしくは牛肉の安全性に関するBSE問題については，少なくとも下記の3つの局面について「科学」が持ち出されている。

1. 罹患月齢問題
2. 月齢判断問題
3. 全頭検査問題

ところが，科学者はこれらの問題について確信ある解をもっていなかった。「3. 全頭検査」に関しては，それは科学的ではない，抽出検査で十分という考えが優勢だが，「2. 月例判断」に関しては，死後の肉や骨で月齢が判断できるかどうかをめぐって日米の意見が分かれている。科学はすべてに解をもっているわけではないのである。

言うまでもないことだが，先に引用した発言は科学による判断を用いるという政治的判断を行っているにすぎない。科学を用いて政治的に決着すると言っているのであって，科学だから正しいということや，ましてや科学だから信じるべきだということを主張しているわけではない。しかし，そのようにとられることへの期待のようなものは透けて見える。科学で決着するんだから，どちらに転んでも納得してくださいね，というような期待である。現今の科学の範囲で判断できない人，あるいはその判断に従おうとしない人は，地震予知の流言を信じる子どものように蔑まれてしまうかもしれない。

もちろん，食品安全に関する科学は自説を受け入れない人たちに対して，地震予知の流言を信じる人たちに対するような態度はとらない。断罪するのではなく，コミュニケーションを試みる。そのなかでも，リスクコミュニケーションという手法が注目をあびている。

2-2　リスクコミュニケーションの社会的逆機能（本末転倒さ）

平川（2004）は，BSEなど食品汚染やテロなどによって喚起された「安全・安心ブーム」のための行政的対応として，市民参加型テクノロジーアセスメント（以下TA）やリスク分析などをあげ，これらが整備されていくこ

とは状況への対応として概ね妥当だとした。ただし，こうした施策がかえって民主的な社会の基盤を脅かすおそれがあることに懸念を表明している。そのおそれの根本要因として彼があげているのが，安全・安心の二分法である。彼が問題視する重大な点は「安全・安心」への焦点化が，科学技術の全プロセスを見ることを難しくしていることだという。実用化段階に近づいたところだけを問題にせざるをえなくなってしまうということである。問題設定のフレームが限られてしまうというのである。

その点はふまえたうえで，こうも言える。つまり，安全・安心の二分法は，安全・安心を求めるセクターの違い（専門家・素人）を単に区別するだけではなく，上下関係を作りがちだということである。二分法が上下関係を内包した二分法になることは，二分法の2つのカテゴリーが権力関係に回収されることであり，それはすなわち水平的関係構築の妨げとなるものであるから，少し検討してみたい。

以下は，安全・安心な社会の構築に資する「科学技術政策に関する懇談会中間報告」Webサイトからの抜粋である（http://www.mext.go.jp/a_menu/kagaku/anzen/houkoku/03093001.htm）。

> 安全とは
> 安全とは，人とその共同体への損傷，ならびに人，組織，公共の所有物に損害がないと客観的に判断されることである。ここでいう所有物には無形のものも含む。
>
> 安心について
> 安心については，個人の主観的な判断に大きく依存するものである。当懇談会では安心について，人が知識・経験を通じて予測している状況と大きく異なる状況にならないと信じていること，自分が予想していないことは起きないと信じ何かあったとしても受容できると信じていること，といった見方があげられた。

安全については専門家が判断し，素人（このWebサイトには個人とか人と書かれていた）は安心について判断する，ということであり，だからコミュニケーションギャップが生じるのだということになる。ここでは，安全・安心

が，客観的 ↔ 主観的という二分法に回収されてしまっている。

次に環境省の「平成 12 年度リスクコミュニケーション事例等調査報告書」のリスクコミュニケーションに関する説明をみてみよう。たしかに，「同報告書」（第 1 章　基礎概念）をみてみると，リスクコミュニケーションがうまくいかない事例について取り上げており，その原因追及を通じてよりよいコミュニケーションをしようという姿勢はよく伝わってくる。しかし同時に，非専門家のリスク受容のあり方について，どのような認識をもっているかも透けてみえる（http://www.env.go.jp/chemi/communication/h12jirei/chapter1.pdf）。

> リスクコミュニケーションがうまくいかない事例では，住民と事業者や行政，専門家の間でリスク認知にギャップがあることが理解されないままコミュニケーションが行われている場合が多い。一般的に，リスクの大きさは，専門家（またその意見を参考とする行政，事業者）は年間死亡率など科学的データで判断するが，住民は感情に基づき判断する傾向があるとされている。
> 　実際に住民が認知したリスクを許容するか否かは，リスク認知とベネフィット認知との関係で定まるといわれている。……略……米国では，比較的合理的にリスクとベネフィットの関係で受容するか否かが決められることが多いが，我が国では信頼できる－信頼できない，好き－嫌いなどの情緒的な因子が大きな要因となっていると言われている。

上の引用文では，専門家の見方と住民の見方が科学 ↔ 感情という二分法で語られている（科学と感情が対概念であるというのは，いかにも文学的表現であるが）。下の引用文では，米国と日本の比較を行っているが，それは印象の域を出ていない。にもかかわらず合理的 ↔ 情緒的という二分法を当てはめようとしている。

2-3　報告書に潜んでいる「欠如モデル」

以上，ここまでに下線を引いた形容句に注目しながら，安全と安心がどのように語られていたかをまとめてみると概ね表 11-1（次ページ）のようになることがわかる。

表11-1 リスク認定のギャップを促すもの

A系列		B系列
安全		安心
専門家	↔	素人
客観的	↔	主観的
科学的	↔	感情的
合理的	↔	情緒的

「安全・安心」への焦点化が，科学技術の全プロセスを見ることを難しくしているということこそが問題だということをふまえたうえで，安全・安心という非常に近い概念が二項対立的に語られてしまっていることに注目しよう。そしてそこにコミュニケーションギャップがある，というところまでは同意しよう。しかし，これらの報告書（者）はギャップの責任が両者にあると考えているのか？といえば，自らの側にあるとは考えていないようなのである。対立や紛争は当事者間の歩み寄りが大切であるとは言うが，歩み寄るのは相手だと言わんばかりである。なぜそう思えるのだろうか。ちょっとした調査を行って，行間の意味を取り出してみたい。

言葉には意味のほかに感情価のようなものがある。大胆とずぼらは似た表現ではあるが，その好ましさ・望ましさの度合いは異なるものである。

ここで，簡単な調査に基づくデータを提示してみたい。上表のA，B両系列の語について，その「望ましさ」の度合いを検討してみるのである。大学生・大学院生59名に，10の語それぞれについて，それが危険性判断の形容として用いられた場合の望ましさを尋ねてみた。

その結果，安全・安心についての「望ましさ」についての平均値にはほとんど差はなかったのだが，個々の形容句については，概ねA系列「安全」の判断に関わる側の言葉が望ましいと評価されがちであった。図11-1では，望ましくないを−1，望ましいを＋1にして図示してみた。素人，主観的，感情的，情緒的，な判断は望ましくないとされる（マイナス）こと，専門家，客観的，科学的，合理的，が望ましいとされること（プラス）は一目瞭然である。

このことは，環境省の「平成12年度リスクコミュニケーション事例等調査報告書」などの文書において，「欠如モデル」を暗黙の前提としているこ

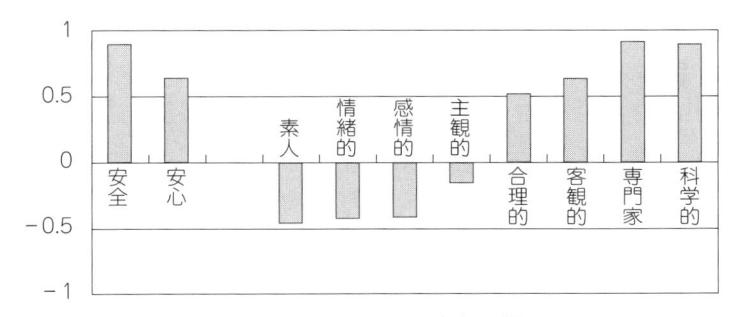

図11-1　報告書に現れる形容句の望ましさ

とを強く示唆するものである。自分たちの営為については非常に望ましい形容をし，非専門家・素人の安心志向には望ましくない形容句を使っている。

啓蒙する！とか，理解せよ！と声高に主張できないご時世であるから，伝達方法の工夫が必要だというのがリスクコミュニケーションであるはずなのに，実際に行われていることといえば，その根本にパターナリズム（父権主義）的なものが隠れているかのようである。もちろんリスクコミュニケーションに関するすべての報告がこのようであるというわけではない。評価や判断には「恣意」が入る，などと書いてあるものもある。ただ，こうした語が科学者による評価や検査を形容する語句として公的な文書に使用されるのは稀である。

2-4　適切なリスクコミュニケーションとは？

先の環境省の報告書では，適切なリスクコミュニケーションに向けて，という節において，以下のポイントが重要だとしている。

(1) コミュニケーションの相手方の理解
(2) 信頼関係の構築
(3) 円滑なリスクコミュニケーションに向けた訓練

である。おそらく，(1) を行ったうえで (2) や (3) に進んでいるというのがこの報告書およびサイト公開の目的であろうが，説得相手の判断・認知の

特徴として，マイナスな感情価を載せた言葉（素人，主観的，感情的，情緒的）を用い，自らの判断・認知の特徴として専門家，客観的，科学的，合理的，などを用いることが，(2)，(3) を妨げていることは明らかであろう。もちろん，(1) にも合致していないと考えるべきである。科学的に判断しているのかもしれないが，その表現は相手との信頼関係を崩すに十分な語彙で埋められていると言えよう。なお，この指摘を言葉狩りのようなレベルで捉えてはいけない。言葉を直せばいいのだ，ということではなく，欠如モデル的思考が存在し，それが無防備に言葉の端々に出てきていることが問題なのである。

事の本質は伝達方法の工夫ですむようなことではない。自分たちの判断の方を暗黙のうちに望ましい言葉で表現してしまっているという欠如モデル的発想こそ，反省的に捉えられるべきなのである。

2-5 ゼロリスク行動を責めてどうする？

BSE 問題に対して牛の全頭検査をするべきだという主張があった。これに対しては，コストがかかり，一部は利権化しているかもしれず，全頭検査のコストに見合う効果があやふや（そもそも被害のおき方もあやふや）という指摘がなされた。

しかし，ここで，全頭検査を求める意見＝ゼロリスク行動を責めても仕方がない，という立場で考えてみたい。罹患可能性のある牛について全頭調査を依頼するということは，発生確率をゼロにすることである。これを責めてどうなるのだろうか。特に，牛肉以外のものにもゼロリスクを求めたら食べるものがなくなる，だから，牛肉もそのリスクを認知したうえで食すべきだ，という意見は論理的にもっともではあるが，現実には他の食品に対して牛肉と同じような基準を要求したりはしていなかった。ほかならぬ牛肉だけにゼロリスク行動がみられたのである。そして，識者なる人びとや輸出国であるアメリカの人びとは，日本人のそうした行動を「非科学的」でありコストを考えない愚かな行動だとして非難したのである。

あらゆる食品がゼロリスクでないことは誰もが知っている。そんなことは先刻承知である。牡蠣にあたることもあれば，フグを食らって中毒死した歌

舞伎役者もいた（連れがフグ毒にあたったとかあたらないと報道された元某県知事もいる）。ゲテモノ食いという言葉もある。食品のリスクをゼロにしようなどとは普通は誰も思わない。しかし，それをゼロにしたいと思う条件が人びとに生じるときがあるのである。そして，それは安全が失われたと思うときである。むしろ，生活全般を考えれば，客観的に安全ではないのに主観的に安心している場合の方が多いはずであるが，それについてリスク論者は何も言わない。政府が情報公開を率先して，安全じゃないものを教えてくれたりはしないのである。

繰り返すが，食品に限らず，人びとがゼロリスクを志向するのはきわめて特殊な条件のもとにおいてである。それを，主観的，あるいは，感情的，と言って責めることは可能なのだろうか，また意味はあるのだろうか？

後者については明白である。そのように責められても誰も行動を変えないのであるから。官僚に責められても人びとは食べないだけである（北風と太陽の寓話を思い出す）。

食品のリスクをゼロにしようとする行動に対する非難は，なぜ人びとが「損失期待値（A）＝発生確率（B）×損失の大きさ（C）」という式の右辺のBをゼロにしようとしているか，ということの理解を欠いているとしか思えない。現実の生活において人びとは，もっとリスクの高いものを食していることは想像に難くない。

当該の食物のリスクがゼロに近いことを示す説得的なリスクコミュニケーションは，リスクをゼロにする行動を覆すことはできないのである。そうであれば，牛肉の問題は，アメリカ産牛肉のリスクが低いことや他の食物と同じレベルであることを語ってもあまり効果がない。なぜ，人びとがリスクをゼロにするというもっとも愚直で（あえて愚のついた熟語にしてみた）確実な方法をとるに至ったのかを理解して，その立場に立つ必要があるのである。

リスクが低いことを理解しないのは愚民だ，というようなものの言い方が功を奏すると思う方がどうかしている，という言い方も可能である。

再々度繰り返すが，人びとは，食品を含むあらゆる生活事象がゼロリスクだとは考えていないし，是々非々で生活をしている。しかし，ある時にリスクをゼロにするための行動をとるのである。

リスクをゼロにする行動を嗤うことはたやすい。交通事故に遭わないように，家から一歩も出ない，というようなものだからである。しかし，だからこそ，そうした行動をとらざるを得ない側の心情を理解することが必要だろう。象徴的に語られる「吉野屋の牛丼」であるが，多くの人は食べたいと思っているのである。安くてうまい，というキャッチコピーが正当であるかどうかは別として，また，BSE問題がクリアできれば「客観的に安全かどうか」は別として，「牛肉を安く食べ」たい人は多い。それをさせないようにした経緯は何だったのか，ということを抜きにして，あるいは，そうした心情の理解を抜きにして，あるいはそうした理解を抜きにして政治決着をしようとする姿勢への反省を抜きにして，主観的だの感情的だのという非難をすることは不可能なのではないだろうか。林（2004）は私信を引用しながら，BSE問題における牛肉への忌避行動は，それまでの安売ハンバーガーなどへの反動という消費行動として考えられることを示唆している。
　こう考えれば，そもそも，人びととか素人とかいう言葉を使うこと自体もきっちりと考えるべきであるのは言うまでもない。先生は素人ですね，と言われていい気分の人がいるとは思えないからである。

　BSE問題などの，科学技術と社会との接点に関する課題には，いずれも「不確定要素をふくみ，科学者にも答えられない問題だが，『今，現在』社会的合意が必要」であるという特徴がある（藤垣, 2003）。このような前提に立ったうえでのコミュニケーションが必要なのだが，実際にはそうはなりにくい，ということをいくつかの例を通じて考察した。次に，地震予知流言という現象をみてみたい。おそらく，多くの読者は「地震予知は不可能，信じるのはおかしい」という感想をもっていると思う。しかし，こうした「科学的」とは思えない例からも，コミュニケーションについて学ぶことはある。

3　科学的根拠がないとされる情報としての地震予言

　まず最初に以下の文を読んでほしい。

11章　科学と心理学という学融の実践

　＊＊＊5年3月17日午前10時26分，福島県喜多方市に震度7の地震が起きる。予言したのは霊能者で知られるG保I子氏。

　この文章は地震を予言した情報である。実際に，1995年3月に福島県喜多方市を中心とする地域に流れたものである。この情報は科学的根拠があるものだろうか？　現時点において地震を分刻みで予知することは不可能であるし，霊能者が予知したことを科学的根拠とは言わないものである。しかし，このとき，子どもたちを中心にオトナを含む多くの人がこの情報を貴重な情報として信じ，不安を感じていた（佐藤, 1997）。なお，この種の地震予知流言は，他の時期他の場所でも起きうるものであり，特殊な現象ではない。

　なぜ地震予知流言は分刻みなのか。それは，「3日後の昼頃」では迫真性がないからであろう。情報が細かいからこそ，信憑性があがるのである。そして，そのことは逆に，科学的地震予知の限界を知っている人にとっては，疑惑性を高めるものとなる。

　では，この地震予知流言を受け入れて信じている子どもたちに対してどうすればいいだろうか。こういう場合，「地震予知流言は科学的に不可能」と言っても無駄である。予測ができないことは，地震が起きないことを確実にする言動ではないからである。彼／女たちにとって，「霊能者の予知」ということが科学と同レベルで受け入れられているからである。アタマごなしの否定はかえって相手を頑なにするだけである。

　こういう場合，子どもに対してもっとも効果的なのは，親も一緒に避難の準備をすることである。子どもたちは，地震が来ることが怖いのではない。自分が死ぬかもしれないことが怖いのである。実際，筆者は調査をしてみたのだが（佐藤, 1997），そこで面白かったのは，地震襲来時刻が学校の休み時間になっていたことであった。学校ごとに休み時間はずれていたとしても，地震が来る時刻は学校ごとに調整されていたのである。つまり，自分たちに行動の自由がある時刻にしていたのであり，地震被害から逃れる，ということが子どもたちの関心事なのである。また，それと同じく重要なのは，親や家族の生き死にである。自分だけ助かるということが，子どもにとって最善

なのではない。自分は避難する準備ができているのに、親は信じていないから何の準備もしていない、こういう状況が不安を増加させているのである。したがって、信じている子どもの視点に寄り添い、避難の準備をし、仮に地震が来た場合の対策を親子で話し合っておく、ということが重要である。「科学」なるものを持ち出すのは勝手だが、それによって相手を非難することはほとんど役に立たない。

　ここには、もう一つの問題も関わっている。流言を否定する側の根拠は科学的であるかどうかである。このような予知を信じるのは非科学的なことである、とだけ言うのなら、そこには序列関係はない。しかし多くの場合、科学的であることは非科学的であることより優れているという序列関係がある。地震予知流言の場合、否定する側は大人が多く、信じる側に子どもが多いという関係にあるから、ここにもある種の序列関係がある。科学的＝大人＞非科学的＝子どもという関係となる。「科学的大人」がそうでない人を教え諭すかもしくは断罪するか、ということになる。パターナリズムの原型とでも呼べるような事例である。このようなコミュニケーションのあり方は妥当だろうか。なるほどたしかに現在の科学では予知できないのかもしれないが、そもそも、（子どもを含めて）科学なるものに信頼を寄せていない人もいる。また、いずれにせよ、地震が来るかもしれないという不安についてはほとんど無視されている。「間違った説」を受け入れて不安になっているのだから、正しい知識があれば不安などなくなるだろう、というのが、否定する側の論拠である。こうした態度は一種の理性主義を思わせる。知識が正しいことを導いていく、ということである。さて、次の絵を見てほしい。どちらの図が大きいと思うだろうか。

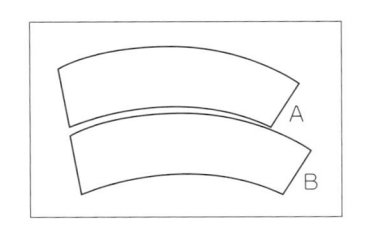

図11-2　どちらの扇が大きいか？

実は、この2つの扇形の大きさは同じである。ここでポイントは2つ。同じ大きさの扇形なのに、置き方によって違う大きさに見える。そして、もっと大事なのは、上と下の大きさが「同じであるとわかっても」、下の方が「大きく見える」ということである。もしこれがテストの問題であるなら、「大きさは同じ」と答えて○をもらうことはできる。しかし、だからと言って見え方・感じ方まで変えることはできないのである。やはり下が大きく見える。

このような知識と感覚の相克は、間違いなく近代心理学成立の原動力の一つであったし、マッハやヘルムホルツのように現在では物理学者としての方が通りの良い人たちも、こうした問題に関心をもっていた。たとえば次の図は同じ正方形の縦分割と横分割で幅が違って見える錯視なのだが、「ヘルムホルツの正方形」として知られているものである。

図 11-3　ヘルムホルツの正方形（2つの正方形の大きさは同じ）

地震予知流言の話に戻るなら、正しい情報が感情状態をコントロールしてくれるわけではなく、ましてや、信じている側は、科学によって情報が否定されたとしても「地震が起きる」ことを完全に否定されたとは考えない。可能性は残っていると考えるし、予知はできないと理性的に判断しえるようになったとしても、感情の方は元に戻りにくいのである。パターナリズムに基づく情報提供は感情の問題を処理できないのである。

地震予知流言に関していえば、「予知不能」という形での科学の限界を示す形になっていて、それは謙虚さを示すことかもしれないが、その伝え方に関していえば謙虚でもなく相手の感情に配慮しているとも言えない。昨今の科学技術をめぐる意思決定に関しては、科学的判断自体が難しく不確定要素を含むという前提があるのだから、なおさらそのコミュニケーションのあり方については慎重であることが求められるべきであろう。

なおこうしたことは筆者自身への自戒でもある。血液型と性格の関係を認めがちな昨今の一般的風潮を「正しいとは言えない」「差別的内容もある」などとして批判しても（詫摩・佐藤, 1994），その声は相手に届かず，むしろ「学者の名を借りた不合理な押しつけ」などとされるなど，コミュニケーションの難しさを痛感しているからである。

4　東日本大震災のあとで
―― ボトムアップ人間関係論からの社会提言

　4章で述べたように，筆者はボトムアップ人間関係論の構築というプロジェクトを提案して研究を行ってきた。このプロジェクトは日本学術振興会の人文・社会科学振興プロジェクト（人社プロジェクト）の下位プロジェクトであり（佐藤, 2004＝本書4章），科学技術ガバナンスとの接点ももっている。
　こうした立場からしても，リスクコミュニケーションをめぐるせめぎ合いは非常に興味深いものであった。はからずもある時期ある状況下であることについてゼロリスク行動をとらざるを得なくなった人びとと，それへの苛立ちを隠しながら，科学によって人びとを導こうとする人びととのせめぎ合いである。そして，前者は素人と呼ばれ，後者は専門家と呼ばれる。こうした命名自体が，ある種の権力性を前提としており，解決を妨げているように思える。言葉には感情価のようなものがあることはすでに説明したとおりである。
　透明性は確保されてきてはいるが，水平性のあるガバナンスには未だ遠い感じである。
　リスクコミュニケーションにおいて，啓蒙や誘導ではなく，水平性のあるガバナンスをもたらすためにどうすべきかについて，以下の2点を提案しておきたい。
　私は従来，モード論の立場に依拠し，異なる学範〔ディシプリン〕の専門家同士がその専門性を発揮することが学融（トランスを融合という意味にとろうと提案している）のための条件だと考えてきた。学者だけが専門家だと言うのではなく，保護

者，行政官，それぞれが独自の専門性をもち，その専門性を発揮することが重要だと考えてきたのである。

　しかし，科学に関するコミュニケーションについては，むしろ逆に，専門家が素人性を打ち出すことが重要なのではないかと感じられた。考えてみれば，専門家の専門は非常に狭いものである。専門家といっても，非専門領域の方が圧倒的に広い。この事実をもっと生かすべきであろう。

　情報をみなで共有しましょう，と言うとき，何となく引かれている「専門家／素人」の境界線。専門家は素人の理解を高めるため，あるいは，蒙を開くためという義憤に駆られて，専門家として奮闘している。知識が専門家から素人の側に流れることを想定する考えを「欠如モデル」と呼ぶことがある。しかし，その二分法は正しいのか？　正しいとしても，欠如なのか？　知識が無いのではなく，「表現がわからない」と声高に言うべきではないか？

　欠如モデルを暗黙の前提にして国民を無知だと責める言葉は，2011年の3．11以後も止まらない。『読売新聞』に掲載されたある人のコメントである。「あるリスクを減らせば，別のリスクが増える。誰しも日常生活では，2つとか3つのリスクを比べながら一定のリスクを受け入れつつ生活しています」としたうえで，放射線のリスクはゼロであるべきという議論が多いことを嘆いてみせる。「放射線のリスクをゼロにしたら，別のリスクが生じる。そのリスクの大きさを明らかにし，これ以上のリスクは絶対ダメだけど，これ以下なら当面受け入れる，その理由はこうですという議論をすべきなのですね。すべてのリスクをゼロにすることは無理だし，人には寿命があることを忘れてはならないのです。」（あえて引用としなかった。）

　すべてのリスクをゼロにできないことや人に寿命があることを国民は忘れているとでも言いたいのだろうか，と疑いたいような文章である。言うまでもなく，ほとんどの国民はさまざまなリスクを引き受けて生活している。寿命があることを忘れている人もいない。

　問題は，なぜ今の，なぜ日本の，国民の一部（もしくは多く）が，外ならぬ放射能リスクをゼロにせよと言っているのか，ということではないだろうか。そして，このことの一つの理由はハッキリしている。政府や事故を起こした会社が情報を出さないからである。列挙はしないが，このことの証拠は

少なくない。

　欠如モデルを前提にして国民を責めるより，他にやるべきことがあると思うのは私だけではないだろう。

　現在，欠如モデルに基づく専門家−素人の二分法とそれに基づく国民軽視を打破するものとして期待されている存在に，lay expert と呼ばれる人たちがある（素人出身専門家）。疾病の当事者などが，その経験を契機に専門的力量をつけていくということである。それが大事だということは認める。しかしここでは，むしろその逆の存在，expert layer のような存在を考えたい。専門家としての訓練を受けた人が，専門外の分野の問題に素人として参加する，これが重要なのではないか？

　「そんな表現分からない」と言うだけのためにいわゆる専門家を呼ぶ必要があるのか？という疑問もあるが，大学の先生相手に「わからない」などと言えない，という雰囲気があるのも事実である。「わからない」のは「理解力が足りない」からだと怒られそうである。だからこそ，「わからない」と言うことのできる専門家たちの出番なのである。専門家出身である素人性を発揮し，さらに，「わからないと言える力」を発揮することが重要となる。

　言葉というのは，使ううちに意味がわかってくる。したがって自分の専門とは異なる会議でも，出ているうちにしだいに理解できてくる。それがうれしかったりもする。専門家も人間である。しかし，それではいけないのではないだろうか。メンバーを固定せず，毎回新しいメンバーで開催することも必要だ。

　最先端の科学は常に新しい概念と言葉を必要とする。学者は基本的に英文で読み書きするので，カタカナ語の方が使い勝手がいい。リスクやサーベイランスもそうした言葉であろう。この文章を書く前も，「パレート最適」「オプス・ポストムム」（カントの遺稿）などと書かれた文章を読んだ。研究者は原語がわかるし，むしろ原語で接しているので，日本語化する方が面倒なのだろうが，そういうことでいいのか？と疑問をもたざるをえない。

　そこで2つ目の提案だが，リスクコミュニケーションには，日本語や漢語に詳しい人材を投入し，あらゆるわかりやすい表現を追求すべきである。人が誤解しやすいのは，人の理解力の問題だけではなく，伝え方の問題だとい

うところまで話が進んでいるのだが，やはりさらに，伝えたい事柄自体の表現の仕方を考えるべきで，非日本語を日本語的表現にするための専門的力を傾注すべきである。日本語が「英語を語源とするカタカナ語」であふれているのが良い状態だとは思えない。

　私自身，拙いながらもいくつかの訳語提唱をしている（文末参考サイトを参照）。たとえば，TPPのTはTransでありTransを融と訳そうということを提案していたりする。ついでながら私はdisciplineを学範と訳そうと言っており，私に近い人は使ってくれている。これは決して悪い置き換えではないと思う。ところが，この用語を私ではない誰かがある学内文書に使ったところ「自分たちだけでわかる言葉を使うべきではない」と反対した人がいたそうである。ディシプリンというカタカナ語でよいではないか，とのことである。以下同じことの繰り返しだが，学者・研究者は原語で読むのでカタカナ語の方がよいのはわかる。しかし日本語として訳を提案している人を，仲間うちだけでわかる言葉づかいをしていると言って非難するのは本末転倒である。学者という仲間うちだけでわかる言葉づかいをしているのはカタカナ語を使っている人たちなのである（足を引っ張るようなことはやめてほしい）。学者村の存在自体が，大きな意味で批判されていることに思いを馳せてもいいのではないか。

【付記】

　本稿はBSE問題をきっかけに書かれたものである。しかし，本書出版の前年に東日本大震災と福島原発事故がおきた。私が本稿で訴えたことと同じことが見られているように見えたたため，最終節を少しアレンジして文章も加えた。思えば，私は（その頃は無名だったが，今は有名になってしまった）福島市渡利に7年間住んでいたのである。そのことを忘れずに，京都で本稿で提起したこの問題を考えていく。

【参考サイト】

心理学訳語向上委員会＋新語提唱委員会
http://www.psy.ritsumei.ac.jp/~satot/newversion/saloon/yakugo.html

あとがき

　私は個人だけで一冊の本を書いたことはごくわずかしかない。盟友・畏友の渡邊芳之氏と明確な意図のもとに書いた共著書はあるが、単著といえば博士論文たる『日本における心理学の受容と展開』と『IQを問う』くらいであった。求めに応じていろいろなことを書かせていただいてきた（これまでは日本語だけだったが、最近は英語の原稿もいろいろとオファーがくるのでうれしい悲鳴をあげている）。たとえ、私に秩序や展望がないにしても、私にオファーを出す社会の側に秩序があるのであれば、私が書いたものにも（エントロピーが拡大するという法則に反して）何らかのまとまりができるはずだと信じている。

　本書は筆者個人のなかでは、『方法としての心理学史』（サトウ、2011、新曜社）、ならびに来年度に発刊されることになるだろう『質的研究の方法論』の間に挟まれた三部作中の第二作目という位置づけである。モード論という抽象度の高い理論があるからこそ、法や医療に関する心理学に取り組むことが可能になるのだということを理解していただければ望外の喜びである。読者におかれては、法・医療・教育・科学と心理学との学融の具体的な内容を読み取ってほしいとも思うが、それ以上に、モード論というメタ理論を知ることでジェネリックな力（ノーブランドかつ一般的な力）を身につけてほしい。そのことによって、読者それぞれが自分自身で行っているさまざまな分野同士における学融活動が可能になるだろう。もちろん、心理学以外の学範(ディシプリン)の方は、それぞれの学範における学融のあり方を追究してほしいと願っている。学問というセクターに属していない方々（政府・当事者団体・企業・NGOなど）についても同様である。

　今回もまた、新曜社社長・塩浦 暲(あきら)氏の編集によって一書が成り立った。塩浦氏と知己を得てからそれなりに長いのであるが、この1・2年、翻訳書を含めて何冊かの本について丸ごと編集してもらう立場になり、一言では言

えないが，「感動的」かつ「有り難く」思っている。本の一部分の原稿を出しているときとは異なる関わり方をしていただいているおかげで，編集者に育てられている気分を満喫している。こんなことを言ったら氏からお叱りを受けそうであるが，この年でそういう経験ができることを本当に有り難く思っている。まさにそんな感じである。育ててもらった，といえば至文堂の川上潤，梅田光恵の両氏にも『現代のエスプリ』の編集を通じて大変お世話になった。本書に含まれているアイディアのいくつかは『現代のエスプリ』がなければ形にならなかったものである。現在，『現代のエスプリ』は役目を終えてしまったが，その編集（者）魂やエスプリを本書で伝えることができれば幸いである。

　「先生と呼ばれるほどの馬鹿でなし」などと言って粋がっていた幸せな時期は過ぎ，「少年老い易く学成り難し」を実感する日々である。2012年2～3月にかけて，ブラジルで法と心理に関する講演等をする機会があったのだが，そこでモード論を紹介したところ，少なくない反響を得た。法と心理だけではなく，たとえば「貧困と健康」など，学融的活動を行っている人々にもアピールしたようである。本書によって，モード論の面白さ，学融のワクワク感を感じとっていただければ，これに過ぎる幸せはない。

　本書は立命館大学人文学会から2011年度・人文学会学術出版助成（A）の補助を受けて刊行されたものである。記して謝意を表する。

2012年3月3日　サンパウロにて
サトウタツヤ

文　献

はじめに
佐藤達哉・溝口元編著　1997.『通史日本の心理学』北大路書房

1章　モード論からみた心理学 ── 進展する「心理学と社会の関係」
Gibbons, M., Limoges, C., Nowotny, H., Schwartzman, S., Scott, P., & Trow, M. 1994. *The New Production of Knowledge: The dynamics of science and research in contemporary Societies*. SAGE Publication.（小林信一他（訳）1997.『現代社会と知の創造』丸善ライブラリー）
浜田寿美男　1997a.「発達・自閉症・供述分析」『現代思想』25（12），48-78.
浜田寿美男　1997b.「心理学は刑事弁護にどうアプローチできるか，またそこから何が生み出されるか」『季刊 刑事弁護』11, 33-37.
一瀬敬一郎　1997.「目撃供述を争う刑事弁護と心理学鑑定」『刑事弁護』11, 45-54.
Japanese Psychological Association 1996. *Japanese Psychological Research*, 38 (1).
小林信一　1996.「モード論と科学の脱‐制度化」『現代思想』24（6），254-264.
ロフタス，E. F./西本武彦（訳）1987.『目撃者の証言』誠信書房
仲真紀子　1997.「『見たこと』は信頼できるか ── 目撃証言」海保博之（編）『「温かい認知」の心理学 ── 認知と感情の融接現象の不思議』金子書房，pp.243-260.
奈須正裕・鹿毛雅治・青木紀久代・守屋淳・市川伸一　1993.「自主シンポジウム『教育心理学の実践性をめぐって』報告集」『教育心理学フォーラムレポート』FR-93-003.
ナイサー，U.（編）/富田達彦（訳）1988.『観察された記憶（上）』誠信書房
日本認知科学会　1996.「特集　目撃証言と記憶研究」『認知科学』3（1）.
大村政男　1990.『血液型と性格』福村出版，p.251.
佐藤達哉　1996.「欧米と日本における証言心理学の展開」菅原郁夫・佐藤達哉（編）『目撃者の証言 ── 法律学と心理学の架け橋』現代のエスプリ No.350, 至文堂，pp.135-142.
佐藤達哉　1997.「わが国心理学会における学会誌の論文査読のあり方を巡って ── 心理学論（へ）の挑戦（2）」『人文学報（東京都立大学）』第278号, 123-141.
佐藤達哉・溝口元（編著）1997『通史日本の心理学』北大路書房
佐藤達哉・尾見康博　1996.「心理学論（へ）の挑戦」『行政社会論集（福島大学）』9, 第1号, 109-132.
菅原郁夫　1997.「事実認定における心理学の応用」『刑事弁護』11, 41-44.
菅原郁夫・佐藤達哉（編）1996.『目撃者の証言 ── 法律学と心理学の架け橋』現代のエスプリ No.350, 至文堂

2章　モードⅡ・現場心理学・質的研究 ── 心理学にとっての起爆力
Bogdan, R. C., & Biklen, S. K. 1998. *Qualitative Research for Education: An introduction to theory and methods*. 3rd ed. Allyn and Bacon.
Creswell, J. W. 1998. *Qualitative Inquiry and Research Design: Choosing among five traditions*. Sage Publication.

Ely, M., Anzu, M., Freidman, T., Garner, D., & Steinmetz, A.C. 1991. *Doing Qualitative Research: Circles within circles*. Falmer.

Gibbons, M., Limoges, C., Nowotny, H., Schwartzman, S., Scott, P., & Trow, M. 1994. *The New Production of Knowledge: The dynamics of science and research in contemporary Societies*. SAGE Publication.（小林信一他（訳）1997.『現代社会と知の創造』丸善ライブラリー）

印東太郎　1973.「心理学におけるモデル構成 ── 意義・展望・概説」印東太郎（編）『心理学研究法17　モデル構成』東京大学出版会, pp.1-28.

Miles, M. B. & Huberman, A. M. 1984. *Qualitative Date and Analysis: A sourcebook of new methods*. Sage.

箕浦康子　1999.『フィールドワークの技法と実際 ── マイクロ・エスノグラフィー入門』ミネルヴァ書房

能智正博　2001.「質的研究」丹野義彦・下山晴彦（編）『講座 臨床心理学第2　臨床心理学研究』東京大学出版会, 第2部第1章

尾見康博　2001.「フィールドワーク, 現場心理学, フィールド研究」尾見康博・伊藤哲司（編）『心理学におけるフィールド研究の現場』第1章, 北大路書房

Orford, J. 1992. *Community Psychology: Theory and practice*. John Wiley.（山本和郎（監修）1997.『コミュニティ心理学 ── 地域臨床の理論と実践』ミネルヴァ書房）

西條剛央　2002.「生死の境界と『自然・天気・季節』の語り」『質的心理学研究』創刊号, 55-69.

佐藤郁哉　1992.『ワードマップ　フィールドワーク ── 書を持って街へ出よう』新曜社

佐藤達哉　1998.『人称性格から性格のモード論へ』現代のエスプリ No.372, 至文堂, pp.162-168.

サトウタツヤ・渡邊芳之・尾見康博　2000.『心理学論の誕生 ──「心理学」のフィールドワーク』北大路書房

澤田英三　2000.「ナラティブ分析」田島信元・西野泰広（編）『発達研究の手法』シリーズ・心理学の手法, 福村出版, 第6章第7節

澤田英三・南博文　2001.「質的調査 ── 観察・面接・フィールドワーク」南風原朝和・市川伸一・下山晴彦（編）『心理学研究法入門 ── 調査・実験から実践まで』東京大学出版会, 第2章

下山晴彦　2001.「事例研究」丹野義彦・下山晴彦（編）『講座 臨床心理学第2　臨床心理学研究』東京大学出版会, 第2部第2章

Strauss, A. & Corbin, J. 1990. *Basics of Qualitative Research: Grounded theory procedures and techniques*. Sage.（南裕子（監修）／操華子ほか（訳）1999.『質的研究の基礎 ── グラウンデッド・セオリーの技法と手順』医学書院）

Taylor, S. J., & Bogdan, R. 1984. *Introduction to Qualitative Research Methods: The search for meanings*. 2nd ed. Wiley.

山田洋子　1986「モデル構成を目指す現場心理学の方法論」『愛知淑徳短期大学研究紀要』25, 31-51.

やまだようこ（編）1997.『現場（フィールド）心理学の発想』新曜社

やまだようこ　2001.「現場データからのモデル構成と分析の基本枠組み」山田洋子研究代表　現代日仏青年の他界観の生涯発達心理学的研究　文部省科学研究費補助金報告書

やまだようこ　2002a.「現場データからのモデル構成プロセス」『質的心理学研究』創刊

号, 70-87.
やまだようこ　2002b.「なぜ生死の境界で明るい天空や天気が語られるのか？」『質的心理学研究』創刊号, 107-128.
やまだようこ・サトウタツヤ・南博文（編）2001.『カタログ現場心理学 —— 表現の冒険』金子書房

3章　モード論 —— その意義と対人援助科学領域への拡張

Gibbons, M., Limoges, C., Nowotny, H., Schwartzman, S., Scott, P., & Trow, M. 1994. *The New Production of Knowledge: The dynamics of science and research in contemporary Societies*. SAGE Publication.（小林信一他（訳）1997.『現代社会と知の創造』丸善ライブラリー）
小林信一　1996.「モード論と科学技術の脱‐制度化」『現代思想』24 (6), 254-264.
太田勝造　2000.『法律』社会科学の理論とモデル 7, 東大出版会
佐藤達哉　1998a.「進展する『心理学と社会の関係』モード論からみた心理学 —— 心理学論（へ）の挑戦（3）」『人文学報（東京都立大学）』第 288 号, 153-177.
佐藤達哉　1998b.「人称性格から性格のモード論へ」佐藤達哉（編）『性格のための心理学』現代のエスプリ No.372, 至文堂, pp.162-168.
佐藤達哉　1999.「ゆるやかなネットワーク・軽やかなフットワーク」安藤清志（編著）『性格・社会・産業』43 人が語る「心理学と社会」3, ブレーン出版

4章　ボトムアップ人間関係論の構築

Gibbons, M., Limoges, C., Nowotny, H., Schwartzman, S., Scott, P., & Trow, M. 1994. *The New Production of Knowledge: The dynamics of science and research in contemporary Societies*. SAGE Publication.（小林信一他（訳）1997.『現代社会と知の創造』丸善ライブラリー）
小林信一　1996.「モード論と科学技術の脱‐制度化」『現代思想』24 (6), 254-264.
斎藤清二・岸本寛史　2003.『ナラティブ・ベイスト・メディスンの実践』金剛出版
サトウタツヤ　2001.「モード論 —— その意義と対人援助科学領域への拡張」『立命館人間科学研究』2, 3-9. http://www.ritsumei.ac.jp/acd/re/k-rsc/hs/ningen/NINGEN_2/003-009sato.pdf
佐藤達哉　2002.「21 世紀の教育心理学 —— 教育心理学の不毛性理論に触発されつつ」『教育心理学年報』41, 139-156.
佐藤達哉（編）2004.『ボトムアップ人間科学の可能性』現代のエスプリ No.441, 至文堂
鈴木みどり（編）1997.『メディア・リテラシーを学ぶ人のために』世界思想社
辻内琢也　2004.「ポストモダン医療におけるモダン —— 補完代替医療の実践と専門職化」近藤英俊・浮ヶ谷幸代（編著）『現代医療の民族史』明石書店, pp.183-224.
吉川弘之　2002.『科学者の新しい役割』岩波書店

5章　クリニカル・ガバナンスと切り結ぶボトムアップ人間関係論の構築という視点

サトウタツヤ　2005.「『科学的』根拠と社会の反応の関係」『科学』75, 66-69.

【関連サイト】
日本弁護士会「裁判員制度はどんな制度？裁判員に選ばれたら？」

http://www.nichibenren.or.jp/jp/katsudo/shihokai/kadai/saibaninseido/seido.html
内閣府大臣官房政府広報室　2005. 裁判員制度に関する世論調査（平成 17 年 2 月調査）
　　http://www8.cao.go.jp/survey/h16/h16-saiban/
千葉県松戸市（すぐやる課）http://www.city.matsudo.chiba.jp/

6 章　融合に立ち向かう心理学 ── 学融，セク融，国融と心理学

Gibbons, M., Limoges, C., Nowotny, H., Schwartzman, S., Scott, P., & Trow, M. 1994. *The New Production of Knowledge: The dynamics of science and research in contemporary Societies*. SAGE Publication.（小林信一他（訳）1997.『現代社会と知の創造』丸善ライブラリー）
小林信一　1996.「モード論と科学技術の脱‐制度化」『現代思想』*24*（6), 254-264.
佐藤達哉　1998.「人称性格から性格のモード論へ」佐藤達哉（編）『性格のための心理学』現代のエスプリ No.372, 至文堂, pp.162-168.
サトウタツヤ　2001.「モード論 ── その意義と対人援助科学領域への拡張」『立命館人間科学研究』*2*, 3-9. http://www.ritsumei.ac.jp/acd/re/k-rsc/hs/ningen/NINGEN_2/003-009sato.pdf
吉川弘之　2002.『科学者の新しい役割』岩波書店

【関連サイト】
社会技術研究　http://www.ristex.jp/top_j.html
人社プロ　http://www.jsps.go.jp/j-jinbun/main.html
子どもとお金研究会　http://homepage2.nifty.com/ToYamamoto/homepage2/MandCframe.htm

8 章　法と心理学という学融の実践
【Ⅰ】
渥美東洋　2008.「取調べの適正化 ── とりわけ電子録音・録画＝いわゆる可視化について」『判例タイムズ』1262 号, 5.1, p.45.
Fisher, R. P. & Geiselman, R. E. 1992. *Memory Enhancing Techniques for Investigative Interview: The cognitive interview*. Springfield, IL: Charles Thomas.
浜田寿美男　2004.「捜査官と被疑者との『信頼関係』から生まれるえん罪」日弁連取調べの可視化実現委員会（編）『世界の潮流になった取調べ可視化』現代人文社, p.8.
浜田寿美男　2005.『自白の研究（新版）── 取調べる者と取調べられる者の心的構図』北大路書房
廣井亮一　2011.「『司法臨床』の概念 ── 我が国の家庭裁判所を踏まえて」『法と心理』*11*, 1-6.
法務省　2010.「取調べの可視化に関する省内勉強会の中間とりまとめ（法務省文書と略）」（平成 22 年 6 月）
指宿信　2008.「取調べ録画制度における映像インパクトと手続法的抑制策の検討」『判例時報』1995 号（4), 3-11.
指宿信　2010.「被疑者取調べと録画制度 ── 取調べの録画が日本の刑事司法を変える」『商事法務』
指宿信・黒沢香　2010.「取調べの可視化」『法と心理』*9*, 82-87.
川出敏裕　2009.「被疑者取調べの在り方について」『警察政策』*11*, 162-183.

警察庁　2009.「警察における取調べの録音・録画の試行の検証について（警察庁文書と略）」（平成21年3月）

警察庁　2011.「警察における取調べの録音・録画の試行の検証について」〈http://www.npa.go.jp/sousa/kikaku/honbun.pdf〉（2011年6月30日）

Lassiter, G. D., Geers, A. L., Munhall, P. J., Handley, J. M., & Beers, M. J. 2001. Videotaped confessions: Is guilt in the eye of the camera? *Advances in Experimental Social Psychology, 33*, 189-254.

ミルン, R.・ブル, R./原聰（編訳）1999; 2003.『取調べの心理学 —— 事実聴取のための捜査面接法』北大路書房

本江威憙　2006.「取調べの録音・録画記録制度と我が国の刑事司法」『判例時報』1922号, 5, pp.11-12.

大橋靖史　2005.「取調べと自白」菅原郁夫・サトウタツヤ・黒沢香（編）『法と心理学のフロンティア』北大路書房, pp.83-113.

R-GIRO　http://www.ritsumei.ac.jp/research/r-giro/common/pdf/utility/issues/R-GIRO_Quarterly-Report05.pdf

最高検察庁　2009「取調べの録音・録画の試行についての検証結果（検察庁文書と略）」（平成21年2月）

斎藤進也・稲葉光行　2008.「地域の知を集める —— 協調的ナラティブの蓄積による日本文化アーカイブの構築」『情報処理学会研究報告人文科学とコンピュータ研究会報告』47, 61-68.

サトウタツヤ　2009.『TEMではじめる質的研究 —— 時間とプロセスを扱う研究をめざして』誠信書房

サトウタツヤ　2011.「法と心理学の融合が実現するマイクロ・ジャスティス R-GIROの活動報告　法と心理学　研究拠点の創成」*R-Giro Quartely Journal*, vol.05,1-2.

重松弘教・桝野龍太　2009.『逐条解説　被疑者取調べ適正化のための監督に関する規則』東京法令出版

Sullivan, T. P. 2004. Police Experiences with Recording Custodial Interrogations. www.state.il.us/defender/acrobatdocs/cwc_article_with%20Index.final.pdf

若林宏輔・指宿信・小松加奈子・サトウタツヤ　印刷中.「録画された自白 —— 日本独自の取調べ録画形式が裁判員の判断に与える影響」『法と心理』12.

渡部保夫　1986.「被疑者尋問テープの録音制度 —— 圧迫的な取調べ, 誤判, 裁判遅延の防止手段として」『判例タイムズ』608, 7.

渡辺昭一　1999.「否認被疑者の自供に至る心理（3）取調べの成功を決定する要因」『科学警察研究所報告防犯少年編』40, 37-47.

渡辺昭一　2004.「取調べと自供の心理」渡辺昭一（編）『捜査心理学』北大路書房, pp.51-73.

【Ⅱ】

Ackerman, N. 1958. *The Psychodynamics of family life*. New York: Basic Books.（小此木啓吾・石原潔（訳）1965.『家族関係の理論と診断』1970.『家族関係の病理と治療』岩崎学術出版社）

Gibbons, M., Limoges, C., Nowotny, H., Schwartzman, S., Scott, P., & Trow, M. 1994. *The New Production of Knowledge: The dynamics of science and research in contemporary*

Societies. SAGE Publication.(小林信一他(訳)1997.『現代社会と知の創造』丸善ライブラリー)
後藤弘子 2008.「福祉施設としての刑務所 —— 国の社会復帰支援義務を考える」『法律時報』*999*, 67-71.
廣井亮一 2007.『司法臨床の方法』金剛出版
廣井亮一 2011.「『司法臨床』の概念 —— 我が国の家庭裁判所を踏まえて」『法と心理』*11*, 1-6.
廣井亮一・河野聡・河野聖子・坂野剛崇・指宿信 2012(印刷中).「司法臨床の可能性」『法と心理』
指宿信 2010.「『治療的司法』への道」『季刊刑事弁護』No.64, 14-15.
犬塚石夫(編集代表)2004.『矯正心理学 —— 犯罪・非行からの回復を目指す心理学』(上巻理論編、下巻実践編)東京法令出版
小林信一 1996.「モード論と科学技術の脱‐制度化」『現代思想』*24*(6), 254-264.
前野育三 1997.「少年司法における事実認定」荒木伸治(編著)『非行事実の認定』弘文堂. pp.151-174.
松本克美・吉田容子・村本邦子 2011.「法曹養成教育における法と心理の協同 —— 立命館大学法科大学院・リーガルクリニックⅡ(女性と人権)と同大学院応用人間科学研究科『司法臨床』科目の連携」『法と心理』*11*, 99-102.
村松励 2003.「家事調停」日本家族研究・家族療法学会(編)『臨床家のための家族療法リソースブック』金剛出版, pp.85-56.
村本邦子 2011.「治療的司法の観点から見た法と心理の協同 —— トロントの治療型裁判所を視察して」『法と心理』*11*, 7-14.
中川利彦 2011.「司法臨床の可能性 —— 弁護士の立場から」『法と心理』*11*, 21-25.
中村正 2011.「『加害者治療』の観点から —— 暴力加害者への治療セッション」『法と心理』*11*, 14-20.
日本弁護士連合会 2005.「解説『弁護士職務基本規程』」『自由と正義』56巻臨時増刊号, 33.
オーマツ, マリカ／指宿信・吉井匡(共訳)2007.「トロントにおける問題解決型裁判所の概要 —— 『治療的司法』概念に基づく取り組み」『立命館法学』*314*, pp.199-212. http://www.ritsumei.ac.jp/acd/cg/law/lex/07-4/ibusuki.pdf
サトウタツヤ 2001.「モード論 —— その意義と対人援助科学領域への拡張」『立命館人間科学研究』*2*, 3-9. http://www.ritsumei.ac.jp/acd/re/k-rsc/hs/ningen/NINGEN_2/003-009sato.pdf
サトウタツヤ 2003.「心理学と社会 —— 心理学領域の拡大」サトウタツヤ・高砂美樹『流れを読む心理学史 —— 世界と日本の心理学』有斐閣, 第3章, pp.76-129.
サトウタツヤ 2006.『IQを問う —— 知能指数の問題と展開』ブレーン出版
サトウタツヤ・厳島行雄・原聰 2008.「法科大学院における心理学教育」『法と心理』*7*(1), 78-82.
フォン・ベルタランフィ／長野敬・太田邦昌(訳)1973『一般システム理論 —— その基礎・発展・応用』みすず書房
若林宏輔・佐藤達哉(印刷中).「寺田精一の実験研究から見る大正期日本における記憶研究と供述心理学の接点 —— 供述の価値とは」『心理学研究』
Wexler, D. 1991. Putting Mental Health into Mental Health Law: Therapeutic jurisprudence.

In D. B.Wexler & B. J. Winick, *Essays in Therapeutic Jurisprudence*. Carolina Academic Press.

Witmer, L. 1907. Clinical psychology. *Psychological Clinic, 1*, 1-9.

『読売新聞』2010年4月17日付け連載「性暴力を問う」 http://www.yomiuri.co.jp/osaka/feature http://www.yomiuri.co.jp/osaka/feature/kansai1286328064854_02/news/20101007-OYT8T01007.htm

9章　厚生心理学 ── 医療（特に難病患者の心理）と心理学という学融の実践
【Ⅰ】

Browne, J. P., O'Boyle, C. A., McGee, H. M., McDonald, N. J. & Joyce, C. R. B. 1997. Development of a direct weighting procedure for quality of life domains. *Quality of Life Research, 6*, 301-309.

Bruner, J. 2002. *Making stories: Law, literature, life*. New York: Farrar, Straus and Giroux.

Cohen, G. A. 1993. Equality of what? On welfare, goods, & capabilities, In M. C. Nussbaum, & A. Sen （Eds., *The Quality of Life*, Clarendon Press, pp.9-29.（水谷めぐみ（訳）／竹友安彦（監修）2006.『クオリティー・オブ・ライフ ── 豊かさの本質とは』里文出版）

Drummond, M. F., O'Brien, B. J., Stoddart, G. L., & Torrance, G. W. 1997. *Methods for the Economic Evaluation of Health Care Programmes*. Second Edition, Oxford University Press.（久繁哲徳・岡敏弘 （監訳）2003.『保健医療の経済的評価 ── その方法と適用』じほう）

福田茉莉　2011.「インタビュー調査における調査者 - 患者間の役割の位相 ── 難病患者を対象としたQOL調査から」『厚生心理学と質的研究法 ── 当事者（性）と向き合う心理学を目指して』（共同対人援助モデル研究2）57-68. 立命館大学人間科学研究所

福田茉莉・サトウタツヤ　2009.「SEIQoL-DWの有用性と課題 ── G. A. Kellyのパーソナル・コンストラクト・セオリーを参照して」『立命館人間科学研究』*19*, 133-140.

福田茉莉・サトウタツヤ　2012.「神経筋難病患者のIndividual QOLの変容 ── 項目自己生成型QOL評価法であるSEIQOL-DWを用いて」『質的心理学研究』*11*, 81-95.

福原俊一　2002.「臨床のためのQOL評価と疫学」『日本腰痛学会雑誌』*8*, 31-37.

福原俊一・鈴鴨よしみ　2004.『SF-36v2日本語版マニュアル』健康医療評価研究機構

舩後靖彦　2009. 2009年度立正大学石橋湛山研究助成公開講演会「生きる ── 出会いの場からの生の創造」於：立正大学　http://www.arsvi.com/w/fy04.htm

Harris, J., 1987. QALYfying the Value of Life. *Journal of Medical Ethics, 13*, 117-123.

池田俊也・池上直己　2001.「選好に基づく尺度（EQ-5Dを中心に）」池上直己・福原俊一・下妻晃二郎・池田俊也（編）『臨床のためのQOL評価ハンドブック』医学書院, pp.45-49.

今橋映子　2008.『フォト・リテラシー　報道写真と読む倫理』中公新書

Neudert, C., Wasner, M., & Borasio, G. D. 2001. Patients' assessment of quality of life instruments: A randomised study of SIP, SF-36 and SEIQoL-DW in patients with amyotrophic lateral sclerosis. *Journal of the Neurological Sciences, 191*, 103-109.

O'Boyle, C. A., McGee, H. M., Hickey, A., Joyce, C. R. B., Browne, J., O'Malley, K., & Hiltbrunner, B. 1993. The Schedule for the Evaluation of Individual Quality of Life （SEIQoL）: Administration manual. Dublin: Royal College of Surgeons in Ileland.（大生定義・中島孝（監訳）（2007）『個人の生活の質評価法（SEIQoL）生活の質ドメインを直接的に重み付けする方法（SEIQoL-DW）実施マニュアル』日本語版（暫定版）.「SEIQoL-

DW 日本語版（暫定版）について（2009年11月13日）」http://www.niigata-nh.go.jp/nanbyou/annai/seiqol/SEIQoLJAP00703WEB.pdf

Patrick, D. L. Starks, H. E., Cain, K. C., Uhlmann, R. F., & Pearlman, R. A. 1994. Measuring preferences for health states worse than death. *Medical Decision Making, 14*, 9-18.

サトウタツヤ　2006.『IQを問う』ブレーン出版

サトウタツヤ　2008a.「常識ずらしの心理学9 ── 難病は『不幸』なのか」2008/09/07 朝日新聞『be』7面

サトウタツヤ　2008b.「『社会と場所の経験』に向き合うためのサンプリング論再考」サトウタツヤ・南博文（編）2008.『質的心理学講座3　社会と場所の経験』東京大学出版会, pp.233-260.

Sen, A. K. 1980. Equality of What?, In S. M. McMurrin（Ed.）, *Tanner Lectures on Human Values I*, Cambridge University Press.（大庭健・川本隆史（訳）1989.『合理的な愚か者』勁草書房）

Sen, A. K. 1985. *Commodities and Capabilities*. North-Holland.（鈴村興太郎（訳）1988.『福祉の経済学 ── 財と潜在能力』岩波書店）

Sen, A. K. 1993. Capability and Welfare. In M. C. Nussbaum & A. Sen（Eds.）, *The Quality of Life*, Clarendon Press. pp.30-53.（水谷めぐみ（訳）/竹友安彦（監修）2006.『クオリティー・オブ・ライフ ── 豊かさの本質とは』里文出版）

Shaw, A. 1977. Defining the quality of life. *Hastings Center Report, 7*, 11.

Szende, A., Oppe, M., & Devlin, N. 2006. Comparative review of Time Trade-Off value sets. In Agota Szende, Mark Oppe, Nancy Devlin（Eds.）, *EQ-5D Value Sets: Inventory, comparative review and user guide*. Springer, Chapter 2, 21-28.

Torrance, G. W. 1984. Health states worse than death. In W. von Eimeren & R. Engelbrecht（Eds.）, *Third International Conference on System Science in Health Care*, pp.1085-1089.

Torrance, G. W., Boyle, M.H., & Horwood, S. P. 1982. Application of multi-attribute utility theory to measure social preferences for health states. *Operations Research, 30*, 1043-1069.

Torrance, G. W., Thomas, W. H., & Sackett, D. L. 1972. A utility maximization model for valuation of health care programs. *Health Services Research, 2*, 118-133.

Valsiner, J. 2007. *Culture in minds and societies*. New Delhi: Sage.

Ware, J. E., & Sherbourne, C. D. 1992. The MOS 36-Item Short-Form Health Status Survey (SF-36): 1. Conceptual framework and item selection. *Med Care, 30*, 473-83.

渡邊芳之・佐藤達哉　1994.「パーソナリティの一貫性をめぐる『視点』と『時間』の問題」『心理学評論』36, 226-243.

Williams, A. 1985. The value of QALYS. *Health and Social Services Journal, 95*, 15. Carr-Hill.

【参考サイト】
ユーロQOL　http://www.euroqol.org/eq-5d/what-is-eq-5d.html

【Ⅱ】
Bruner, J. S. 2002. *Making Stories: Law, literature, life*. Harvard University Press.（岡本夏木・吉村啓子・添田久美子（訳）2007.『ストーリーの心理学 ── 法・文学・生をむすぶ』

ミネルヴァ書房)
今橋映子　2008.『フォト・リテラシー——報道写真と読む倫理』中公新書
木戸彩恵　2011.「日米での日本人女子大学生の化粧行為の形成と変容——文化の影響の視点から」『質的心理学研究』10, 79-96.
松本佳久子　2009.「『大切な音楽』を媒介とした少年受刑者の語りの変容と意味生成の過程」サトウタツヤ（編）『TEMで始める質的研究』誠信書房, 第4章第1節, pp.92-122.
大沼優子　2008.「人生with病——難病患者のQOL調査」『応用社会心理学研究』4, 43-55.
サトウタツヤ（編）2009『TEMで始める質的研究』誠信書房
Valsiner, J. 2007. *Culture in minds and societies*. New Delhi: Sage.
ヴィゴツキー, L. S.　1930-31/70.／柴田義松（訳）1970.『精神発達の理論』明治図書
山本登志哉・高橋登・サトウタツヤ・片成男・呉宣児・金順子・崔順子　2003.「お金をめぐる子どもの生活世界に関する比較文化的研究——済州島調査報告」『共愛学園前橋国際大学論集』3, 13-28.
安田裕子・サトウタツヤ（編）2012（印刷中）.『TEMで始めた質的研究（仮題）』誠信書房
安田裕子・高田沙織・荒川歩・木戸彩恵・サトウタツヤ　2008.「未婚の若年女性の中絶経験——現実的制約と関係性の中で変化する多様な径路に着目して」『質的心理学研究』7, 181-203.

10章　教育と心理学という学融の実践
【I】

Gibbons, M., Limoges, C., Nowotny, H., Schwartzman, S., Scott, P., & Trow, M. 1994. *The New Production of Knowledge: The dynamics of science and research in contemporary Societies*. SAGE Publication.（小林信一他（訳）1997.『現代社会と知の創造』丸善ライブラリー）
市山雅美・田坂さつき・日高友郎・水月昭道・大野英隆　2009.「ALS当事者との出会いからはじまるサービスラーニング——湘南工科大学・立命館大学・立正大学との連携によるITプロジェクト報告」『湘南工科大学紀要』43, 119-134.
Jacoby, B. 1996. Service-learning in Today's Higher Education. In B. Jacoby and associates. *Service-learning In Higher Education: Concepts and practices*. John Wiley & Sons, pp.3-25.（山田一隆（訳）2009「こんにちの高等教育におけるサービスラーニング」桜井政成・津止正敏（編著）『ボランティア教育の新地平——サービスラーニングの原理と実践』ミネルヴァ書房, 第Ⅰ部, 第2章, pp.51-79.
小林敬一　2007.「サービス体験を通して心理学を学ぶ——大学の心理学教育におけるサービス・ラーニング」『教育心理学年報』46, 149-155.
小林信一　1996.「モード論と科学技術の脱‐制度化」『現代思想』24（6）, 254-264.
Macintyre, A. 1984. *After Virtue*. second edition, University of Notre Dame Press.（篠崎栄（訳）1993.『美徳なき時代』みすず書房）
望月昭　2010.「対人援助学の定義を巡って」私信
中村正　2009.「学習者が中心となる『学びのコミュニティ』創り」『大学マネジメント』9月号
佐藤達哉　1998.「進展する『心理学と社会の関係』モード論からみた心理学——心理学論（へ）の挑戦（3）」『人文学報』（東京都立大学）, 第288号, 153-177.
サトウタツヤ　2001.「モード論——その意義と対人援助科学領域への拡張」『立命館人間

科学研究』2, 3-9.

サトウタツヤ（編著）2009.『TEM ではじめる質的研究 ── 時間とプロセスを扱う研究をめざして』誠信書房

Sato, T., Yasuda, Y., Kido, A., Arakawa, A., Mizoguchi, H., & Valsiner, J. 2007. Sampling reconsidered: Personal histories-in-the-making as cultural constructions. In A. Rosa & J. Valsiner (Eds.), *Cambridge Handbook of Socio-Cultural Psychology*, Cambridge University Press, Chap.4, pp.82-106.

田坂さつき・石村光敏・水谷光・二見尚之・眞岩宏司・本多博彦・木村広幸・勝尾正秀 2007.「工科系大学におけるサービスラーニング教育 ── 工科系の特質を行かした社会貢献活動実践型授業科目」『湘南工科大学紀要』41, 111-123.

田坂さつき・木枝暢夫・石村光敏・大野英隆・水谷光・二見尚之・眞岩宏司・本多博彦・木村弘幸・佐藤博之・水澤弘子 2008.「体験による気づきから学びを引き出す『サービスラーニング』── 工科系の特質を生かした社会貢献活動実践型授業科目」『湘南工科大学紀要』42, 107-124.

Valsiner, J. & Sato, T. 2006. Historically Structured Sampling (HSS): How can psychology's methodology become tuned in to the reality of the historical nature of cultural psychology? In J. Straub, C. Kölbl, D. Weidemann, & B. Zielke (Eds.), *Pursuit of Meaning: Advances in cultural and cross-cultural psychology*, Transcript Verlag, pp.215-252.

Valsiner, J. 2001. *Comparative Study of Human Cultural Development*. Madrid: Function Infancia y Aprendizaje.

von Bertalanffy, L. 1968. *General Systems Theory*. New York: Braziller.（長野敬・太田邦昌（訳）1973.『一般システム理論 ── その基礎・発展・応用』みすず書房）

【関連 HP】

あおぞら文庫　http://www.aozora.gr.jp/

文部科学省　全米及びコミュニティサービス委託法（1993）の解説
　http://www.mext.go.jp/b_menu/shingi/chukyo/chukyo2/siryou/011002/001/america.htm

筑波大学人間学群「サービス・ラーニング」の定義
　http://www.human.tsukuba.ac.jp/gakugun/k-pro/aboutSL/aboutSL.html

立命館大学と草津市　「新たな教育研究連携に関わる覚書」および「サービスラーニングに関する協定書」　http://www.ritsumei.jp/press/detail19_j.html

複線径路・等至性モデルとは　http://www.k2.dion.ne.jp/~kokoro/TEM/whatistem.html

【Ⅱ】

Duke, R. D. 1974. *Gaming: The future's language*. SAGE Publications.（中村美枝子・市川新（訳）2001.『ゲーミングシミュレーション ── 未来との対話』アスキー）

Fisher, R. P. & Geiselman, E. 1992. *Memory Enhancing Techniques for Investigative Interview: The cognitive interview*. Springfield, IL: Charles Thomas.

Fox, J.（Ed.）1987. *The Essential Moreno: Writings on psychodrama, group method, and spontaneity*, New York, NY: Springer.（磯田雄二郎（監訳）2000.『エッセンシャル・モレノ ── 自発性, サイコドラマ, そして集団精神療法へ』金剛出版）

深田博己　2002.『説得心理学ハンドブック ── 説得コミュニケーション研究の最前線』北大路書房

Gibbons, M., Limoges, C., Nowotny, H., Schwartzman, S., Scott, P., & Trow, M. 1994. *The New Production of Knowledge: The dynamics of science and research in contemporary Societies.* SAGE Publication.（小林信一他（訳）1997.『現代社会と知の創造』丸善ライブラリー）

Greenblat, C. S. 1988. *Designing Games and Simulations.* SAGE Publications.（新井潔・兼田敏之（訳）1994.『ゲーミング・シミュレーション作法』共立出版）

広瀬幸雄　1995.『環境と消費の社会心理学 —— 共益と私益のジレンマ』名古屋大学出版会

広瀬幸雄　1997.『シミュレーション世界の社会心理学 —— ゲームで解く葛藤と共存』ナカニシヤ出版

指宿信　2008.「取調べ録画制度における映像インパクトと手続法的抑制策の検討」『判例時報』1995 号（4），3-11.

Janis, I. L. & King, B. T. 1954. The influence of role playing on opinion change. *Journal of Abnormal and Social Psychology, 49,* 211-218.

川野健治　2004.「アドバイス納得ゲームによるパーソナリティ理解の促進 —— 説得納得ゲームの転用可能性」『日本パーソナリティ心理学会第 13 回大会発表論文集』pp.46-47.

Lewin, K. 1948. *Resolving Social Conflicts.* Harper and Row.（末永俊郎（訳）1954.『社会的葛藤の解決 —— グループ・ダイナミックス論文集』創元社）

ミルン，R.・ブル，R.／原聡（編訳）1999; 2003.『取調べの心理学 —— 事実聴取のための捜査面接法』北大路書房

野波寛　2001.『環境問題における少数者の影響過程 —— シミュレーション・ゲーミングによる実験的検証』晃洋書房

佐藤達哉　1997.「評価と褒賞」佐藤達哉・溝口元（編著）『通史日本の心理学』北大路書房

サトウタツヤ　2004.「融合に立ち向かう心理学　学融，セク融，国融と心理学 —— モード論・人社プロ・社会技術研究・お小遣い研究チーム・アブダクション」山本登志哉・伊藤哲司（編）『現実に立ち向かう心理学』現代のエスプリ No.449, pp.195-204, 至文堂

サトウタツヤ　2005.「『科学的』根拠と社会の反応の関係」『科学』75, 66-69.

Sugiura, J. 2003. The development of the persuasion game. Proceedings of the 34th Annual Conference of the International Simulation And Gaming Association, pp.713-722.

杉浦淳吉　2003a.「環境教育ツールとしての『説得納得ゲーム』—— 開発・実践・改良プロセスの検討」『シミュレーション＆ゲーミング』*13,* 3-13.

杉浦淳吉　2003b.『環境配慮の社会心理学』ナカニシヤ出版

杉浦淳吉　2004a.「地域環境問題という現実に立ち向かう心理学」山本登志哉・伊藤哲司（編）『現実に立ち向かう心理学』現代のエスプリ No.449, 129-138, 至文堂

杉浦淳吉　2004b.「説得納得ゲームをデザインする」『日本シミュレーション＆ゲーミング学会 2004 年度春季全国大会発表論文集』20-25.

杉浦淳吉　2005.「ゲームの名称」説得納得ゲーム・メーリングリスト（settoku_d@yahoo.co.jp）2005 年 1 月 13 日投稿

11 章　科学と心理学という学融の実践

藤垣裕子　2003.『専門知と公共性 —— 科学技術社会論の構築へ向けて』東京大学出版会

林衛　2004.「科学研究のためのインフォーマル・コミュニケーション」『情報の科学と技術』*54,* 311-316.

平川秀幸　2004.「科学技術ガバナンスの再構築」『現代思想』*32*（14）, 170-172.
神里達博　2002.「社会はリスクをどう捉えるか」『科学』*72*, 1015-1021.
金森修　2002.「生命とリスク ―― 科学技術とリスク論」『談』no.67, 1-32.
中谷内一也　2006.『リスクのモノサシ』NHKBooks.
佐藤達哉　1997.「うわさの現場 ―― 地震襲来流言の実際」川上善郎・佐藤達哉・松田美佐『うわさの謎』第5章, 日本実業出版社
佐藤達哉　2004.「ボトムアップ人間関係論の構築」『21世紀フォーラム』*94*, 24-32.
詫摩武俊・佐藤達哉（編）1994.『血液型と性格 ―― その史的展開と現代の問題点』現代のエスプリNo.324, 至文堂

【参考サイト】
心理学訳語向上委員会＋新語提唱委員会
　http://www.psy.ritsumei.ac.jp/~satot/newversion/saloon/yakugo.html

人名索引

■あ 行

青木紀久代　21
アッカーマン, N.　160
渥美東洋　131
荒川歩　210
アリストテレス　172
池上直己　179
池田俊也　179
市川伸一　21
指宿信　142, 143, 149
ヴァルシナー, J.　203-205, 209, 224
ヴィゴツキー, L. S.　207
ウィトマー, L.　153
ウィリアムズ, A.　189
ヴェクスラー, D.　165
ヴント, W. M.　39, 61
太田勝造　67
大橋靖史　138
オーフォード, J.　46
オーボイル, C. A.　194
尾見康博　37,38

■か 行

鹿毛雅治　21
ガーゲン, K.　209
神里達博　264
川口有美子　212
川出敏裕　130, 133, 148
川野健治　252
ギボンズ, M.　3, 7, 29, 70, 86, 109, 110, 113, 162, 226
久住純司　210
グリーンハル, T.　209
グリーンブラット, C. S.　241, 249
黒沢香　142
ゲイゼルマン, R. E.　138
ケリー, G. A.　194
コーエン, G. A.　195

小林信一　3, 162
コフカ, K.　141
ゴルトン, F.　164

■さ 行

西條剛央　54
佐藤郁哉　57, 60
サトウタツヤ（佐藤達哉）　39, 162, 167, 224, 254, 256
澤田英三　42, 43, 46
ジェームズ, W.　219
重松弘教　131
下山晴彦　60
ジャコビー, B.　217
ショウ, A.　197
城山英明　90, 91
菅原郁夫　10
杉浦淳吉　240, 244, 245, 247, 250, 252
スキナー, B. F.　205
セリグマン, M.　144
セン, A. K.　192, 195, 199, 211, 212
センデ, A.　182

■た 行

ダーウィン, C.　61
辻内琢也　93
テイラー, S. J.　43
デューイ, J.　219, 220
デューク, R. D.　241, 242, 243, 257
ドラモンド, M. F.　184, 188

■な 行

中川利彦　150, 151, 154, 155, 166
中村正　154, 156, 157, 165, 227
中谷内一也　265
奈須正裕　21
ノイデルト, C.　194, 195
能智正博　42, 43, 46

299

■は 行

バイクリン, S. K. 43
パース, C. S. 96
パーソンズ, T. 210, 212
バート, C. 51
バフチン, M. 12, 231
浜田寿美男 13, 14
ハーマンス, H. 209
林衛 276
ハリス, J. 190
バンバーグ, M. 209
ヒューバーマン, A. M. 42
平川秀幸 269
廣井亮一 150, 151, 154-156, 161, 166
フィッシャー, R. P. 138
フォン・ベルタランフィ, L. 154, 222
深田博己 252
福原俊一 174
フーコー, M. 172, 257
舩後靖彦 187
プラトン 172
フランク, A. 209, 212
ブル, R. 138
ベルクソン, H-L. 201
ボグダン, R. 43

■ま 行

マイルズ, M. B. 42
マクアダムス, D. 209
マクロード, J. 209
桝野龍太 131
マッキンタイア, A. 223
松本佳久子 203
水月昭道 210
南博文 39, 42, 43, 46
箕浦康子 45, 46
ミルン, R. 138
村本邦子 154, 159, 165
守屋淳 21
モレノ, J. L. 245

■や 行

安田裕子 210
やまだようこ 36, 39, 46, 48, 54
山本登志哉 115
ヤング, A. 209

■ら 行

ラシター, G. D. 131, 141-143
レヴィン, K. 257, 264
ローエ, L. M. van der 119
ロフタス, E. F. 11, 13
ロンブローゾ, C. 164

■わ 行

渡辺昭一 135
和中勝三 210

事項索引

■アルファベット

ADL → 日常生活動作
ALS 患者会　212
BSE 問題　256, 267
EQ-5D　176, 180, 182, 185, 193, 199
EQOL → ユーロ QOL
HRQOL → 健康関連 QOL
HUI → 健康効用インデックス
iQOL → 個人型 QOL
KTH キューブ　146
QALY → 質調整生存年
QOL　171, 172, 199
SEIQOL　194, 198, 199
Short-form-36 Health Survey（SF-36）　174
SIP → 疾病重大度プロフィール
SNG　241, 244, 252, 253, 258
TEM → 複線径路等至性モデル
TTO 法 → タイム・トレードオフ法
VSLY → 統計的延命年価値
WHOQOL　175

■あ 行

宛先性　231
アブダクション　96, 117
アリーナ性　123
安全・安心の二分法　270
一元的評価　27
一般システム理論　160
医療　103
　　──経済学　188, 191, 192
　　──心理学　211
　　──モデル　208
インタビュー　39
インターンシップ　228
インフォームドコンセント　85, 251, 257
エスノグラフィ　39
冤罪　10
お小遣い研究プロジェクト　114, 207

オープンシステム（開放系）　222, 237
オリジナリティ　254
オルタナティブオプションズ（代替選択肢）
　91, 119, 122

■か 行

外挿的再現性　57
加害者臨床　156, 157
学際　163
　　──的研究　6, 32, 72
学習性無力感　144
学術誌　17, 26
学術論文　27
拡張型認知インタビュー　138
学　範（ディシプリン）　3
学融　32, 72, 86, 89, 110, 163
　　──的協働作業　72
　　──的研究　7, 32
　　──的知識生産　5
家事事件　154
課題発見・解決型現場心理学　42
カタカナ語　283
葛藤　264
家庭裁判所　155, 166
ガバナンス　93, 102, 123
カメラ・パースペクティブ・バイアス　141, 143
監査可能　117
観察　83
患者立脚型アウトカム　192
冠名現象　254
記憶説　67
記号による媒介　204, 207
疑似科学　92
基礎と応用　25, 29, 31
機能　195, 199
虐待　157
供述の任意性　148

301

協働（作業）（コラボレーション） 4, 8, 32, 72
偶有性 205
クライエント 121
グラウンデッド・セオリー・アプローチ 46
クリニカル・ガバナンス 102
クローズドシステム（閉鎖系） 222, 237
刑罰大衆主義 165
血液型 52
欠如モデル 256, 271, 281
ゲーミングシミュレーション 241
原因‐結果モデル 208
研究と実践（学問と実践） 31, 167
健康：
　——関連 QOL（HRQOL） 173, 175
　——効用インデックス（HUI） 175
　——神話 187
　——‐非健康 196
現在 203
現場心理学 25, 36, 38, 58
厚生経済学 192
厚生社会学 212
厚生心理学 211, 212
効用値 175, 184
効率 148
国融 115
互恵 217
　——性ネットワーク 230
個人型 QOL（iQOL） 196, 199, 210
個と普遍性 59
コミュニケーション：
　——の型 234
　——モデル 242
コラボレーション → 協働

■さ 行
再現性 56
裁判員制度 12, 104, 123, 256
サービス 228, 229
サービスベイスドラーニング 218
サービスラーニング 217
される側問題 85, 122
参照可能性 144

時間 203
時刻 203
事実認定 10
地震予言 277
システム論 160
質調整生存年（QALY） 175, 186, 191
質的研究 25, 42, 58
　——のセーフティネット 53
『質的心理学研究』 61, 62
疾病重大度プロフィール（SIP） 174
自白 134, 136
　——調書 129
司法：
　——システム 152
　——臨床 150, 167
シミュレーション 241
市民 5, 73, 104, 106, 186, 218, 219
社会技術 113
主観的ウェルビーイング 174
冗長的な統制原理 204
事例の特殊性 34
素人 281
人社プロジェクト（日本学術振興会人文・社会科学振興プロジェクト研究事業） 79, 87, 112, 120, 280
新生児の QOL 197
心理学 68, 80, 167
心理測定学 192
水平的な人間関係 100, 107, 119
生活の質 → QOL
省察 217
　——的学習 220
生産性 90
性犯罪 157
セク融 110, 258
説得納得ゲーム 240, 244
ゼロリスク行動 265, 274
「全過程」録音・録画反対論 131
宣言的知識 221
選好 189
潜在能力アプローチ 211
専門家 281
　——の協働 159

専門職　121, 123, 159
促進的記号　202
測定　171, 192

■た　行
第一の過誤　52
対人援助　79, 94, 237
　──（科）学　75, 239
代替選択肢　257
第二の過誤　52
タイム・トレードオフ法（TTO）　180
多元的評価　28
知識生産　4, 30, 71
知的財産権　253
超越主義　168
著作権　253
治療法学　152, 165
データ　145
手続き的再現性　56
手続き的知識　221, 238
統計的延命年価値（VSLY）　190
等至性　222
等至点　200, 214, 223
特許権　253
トップダウン　41
ドメスティック・バイオレンス　157
取調べ可視化　129, 130

■な　行
ナラティブ　39
二重基準　166
ニーズ　217, 221, 229, 233, 237
日常生活機能　174
日常生活動作（ADL）　193
人間関係構築論　131, 134, 135, 139
人間関係の偶有性　124
人称性　192
認知インタビュー　138
認知行動療法　157
認知心理学　221

■は　行
パーソナル・コンストラクト　194

パターナリズム　→ 父権主義
パフォーマンス・ステータス・スケール　174
浜田式供述分析　146
犯罪心理学　164
判断バイアス　142
評価　117, 171
　──基準　27
　──軸　28
　論文──　27
費用 - 効用分析　184, 188, 189
費用対効果　90
病人　210
フィールドワーク　39, 45, 46
福祉　211
福島原発事故　266
複線径路等至性モデル（TEM）　146, 200, 208, 213, 224
父権主義（パターナリズム）　251, 253, 273, 278
振り返り（デブリーフィング）　247
文化心理学　196, 204
法：
　──的思考　151
　──的ストーリー　203
　──と心理学　65, 111
　──文化　66
法学　68
ボトムアップ　41, 102, 117
　──人間関係論　79, 81, 85, 94, 99, 107, 119, 120, 263, 280
ボランティア　228

■ま　行
マイナスのQOL　173, 176, 181, 184, 191, 198
メタデータ　145
メーリング・リスト　19
目撃証言　8
モデル構成的現場心理学　36
モードⅠ　3, 11, 13, 15, 35, 71, 109, 163, 226
　──型学習　227
モードⅡ　3, 4, 11, 13, 15, 31, 58, 71, 72, 109, 113, 163, 226

──型学習　227
　　──的研究　18
　　──的知識生産　74
モードのパラドックス　15, 17
モード論　3, 25, 29, 70, 86, 109, 162, 225
問題解決型裁判所　158

■や　行──────

役割演技　245
融合　109
優生劣廃学　52, 167, 172, 191
ユーロ QOL（EQOL）　175, 176, 180, 186
良い研究・面白い研究の基準　62
要保護性　155

■ら　行──────

ラポール　139
リスク　263
　　──コミュニケーション　267, 269, 271, 275, 282
立命館大学・R-GIRO「法と心理学」研究拠点　143
リプラス・プリベンション（再発防止）技法　157
リフレキシビティ（省察性）　95
流言　277
臨床　153
　　──的思考　151
臨場的再現性　57
録音録画の陥穽　140

初出一覧

第一部 モード論と心理学の関係

1章 モード論からみた心理学 ── 進展する「心理学と社会の関係」
佐藤達哉 1998.「進展する『心理学と社会の関係』モード論からみた心理学 ── 心理学論（へ）の挑戦（3）」『人文学報』第288号, 153-177, 東京都立大学.（サトウタツヤ・渡邊芳之・尾見康博 2000.『心理学論の誕生 ──「心理学」のフィールドワーク』北大路書房, に収録）

2章 モードⅡ・現場心理学・質的研究 ── 心理学にとっての起爆力
佐藤達哉 2002.「モードⅡ・現場心理学・質的研究 ── 心理学や教育心理学にとっての起爆力」下山・子安（編）『心理学の新しいかたち』pp.173-212, 誠信書房.

3章 モード論 ── その意義と対人援助科学領域への拡張
サトウタツヤ 2001.「モード論 ── その意義と対人援助科学領域への拡張」『立命館人間科学研究』2, 3-9.
http://www.ritsumei.ac.jp/acd/re/k-rsc/hs/ningen/NINGEN_2/003-009sato.pdf

第二部 モード論とボトムアップ人間関係論

4章 ボトムアップ人間関係論の構築
佐藤達哉 2004.「ボトムアップ人間関係論の構築」『21世紀フォーラム』No.94, 24-32, 政策科学研究所.

5章 クリニカル・ガバナンスと切り結ぶボトムアップ人間関係論の構築という視点
サトウタツヤ 2005.「クリニカル・ガバナンスからみた医療・法曹職のあり方に望むこと」城山英明・小長谷有紀・佐藤達哉（編）『現代のエスプリ』458号「クリニカル・ガバナンス ── 共に治療に取り組む人間関係」pp.199-208, 至文堂.

6章 融合に立ち向かう心理学 ── 学融, セク融, 国融と心理学
サトウタツヤ 2004.「融合に立ち向かう心理学 ── 学融, セク融, 国融と心理学 ── モード論・人社プロ・社会技術研究・お小遣い研究チーム・アブダクション」山本登志哉・伊藤哲司（編）『現代のエスプリ』449号「現実に立ち向かう心理学」pp.195-204, 至文堂.

7章 水平的社会の構築 ── オルタナティブオプションズによるボトムアップ人間関係論の構築
サトウタツヤ（編）2007.『ボトムアップな人間関係 ── 心理・教育・福祉・環境・社会の12の現場から』東信堂. 前書き・あとがき

第三部　学融を目指すモード論の実践　法律・医療・教育・科学との学融

8章　法と心理学という学融の実践
Ⅰ　取調べ可視化論の心理学的検討
　　サトウタツヤ・若林宏輔　2011.「取調べ可視化論の心理学的検討」『法律時報』83（2），通巻2031, 54-62, 日本評論社.

Ⅱ　司法臨床の可能性 —— もう一つの法と心理学の接点を求めて
　　サトウタツヤ　2011.「司法臨床の可能性 —— もう一つの法と心理学の接点をもとめて」『法と心理』11, 26-37, 日本評論社.

9章　厚生心理学 —— 医療（特に難病患者の心理）と心理学という学融の実践
Ⅰ　QOL再考 —— 死より悪いQOL値を補助線として
　　サトウタツヤ　2010.「QOL再考（死より悪いQOL値を補助線として）」立命館大学生存学研究センター（編）『生存学』vol.2, pp.171-191, 生活書院.

Ⅱ　時・文化・厚生
　　サトウタツヤ　2009.「時・文化・厚生」サトウタツヤ（編）『TEMではじめる質的研究 —— 時間とプロセスを扱う研究をめざして』pp185-199, 誠信書房.

10章　教育と心理学という学融の実践
Ⅰ　モードⅡ型学習としてのサービスラーニング —— 対人援助学との融合をめざして
　　サトウタツヤ　2010.「モード2型学習としてのサービスラーニング —— 対人援助学との融合を目指して」望月昭・サトウタツヤ・中村正・武藤崇（編）『対人援助学の可能性 ——「助ける科学」の創造と展開』福村出版.

Ⅱ　水平的人間関係を築きながら問題解決に迫る仕掛けとしてのゲーミングシミュレーション —— SNGの意義とその展開
　　サトウタツヤ　2005.「ゲームシミュレーションとしてのSNG（Sugiura's Nattoku Game）の意義とその転用可能性 —— 杉浦論文へのコメントを兼ねて」『心理学評論』48, 155-167.

11章　科学と心理学という学融の実践
　　サトウタツヤ　2005.「『科学的』根拠と社会の反応の関係」『科学』75, 66-69, 岩波書店.

著者紹介

サトウタツヤ（佐藤達哉）
東京都立大学大学院博士課程中退。博士（文学　東北大学）。福島大学行政社会学部助教授等を経て，現在立命館大学文学部教授。専門は，応用社会心理学，文化心理学，心理学史。
主要な著作
『日本における心理学の受容と展開』（2002，北大路書房），『「モード性格」論』（共著，2005，紀伊國屋書店），『IQを問う』（2006，ブレーン出版），『社会と場所の経験』（共編，2008，東京大学出版会），『TEMではじめる質的研究』（編著，2009，誠信書房），『心理学・入門』（共著，2011，有斐閣），『方法としての心理学史』（2011，新曜社）他。

学融とモード論の心理学
人文社会科学における学問融合をめざして

初版第1刷発行　2012年3月30日

著　者　サトウタツヤ
発行者　塩浦　暲
発行所　株式会社新曜社
　　　　〒101-0051　東京都千代田区神田神保町2-10
　　　　電話（03）3264-4973（代）・Fax（03）3239-2958
　　　　E-mail: info@shin-yo-sha.co.jp
　　　　URL http://www.shin-yo-sha.co.jp/
印刷所　銀河
製本所　イマヰ製本所

© Tatsuya Sato, 2012　Printed in Japan
ISBN978-4-7885-1285-6　C1011

新曜社の関連書

書名	著者	判型・価格
方法としての心理学史　心理学を語り直す	サトウタツヤ 著	A5判224頁　本体2400円
ワードマップ　質的心理学　創造的に活用するコツ	無藤 隆・やまだようこ・南 博文・麻生 武・サトウタツヤ 編	四六判288頁　本体2200円
質的心理学の方法　語りをきく	やまだようこ 編	A5判320頁　本体2600円
対話的自己　デカルト／ジェームス／ミードを超えて	H. ハーマンス・H. ケンペン　溝上慎一・水間玲子 訳	A5判304頁　本体4200円
キーワード心理学9　非行・犯罪・裁判	黒沢 香・村松 励	A5判176頁　本体2100円
ワードマップ　パーソナルネットワーク　人のつながりがもたらすもの	安田 雪 著	四六判296頁　本体2400円
性格とはなんだったのか　心理学と日常概念	渡邊芳之 著	四六判228頁　本体2200円
心理学者，心理学を語る　時代を築いた13人の偉才との対話	D. コーエン 著／子安増生 監訳／三宅真季子 訳	四六判512頁　本体4800円
論争のなかの心理学　どこまで科学たりうるか	A. ベル　渡辺恒夫・小松栄一 訳	四六判256頁　本体2400円
心理学への異議　誰による，誰のための研究か	P. バニアード　鈴木聡志 訳	四六判232頁　本体1900円
入門・マインドサイエンスの思想　心の科学をめぐる現代哲学の論争	石川幹人・渡辺恒夫 編著	A5判304頁　本体2800円
経験のための戦い　情報の生態学から社会哲学へ	エドワード・S・リード　菅野盾樹 訳	四六判274頁　本体2800円

＊表示価格は消費税を含みません。